岁月与海浪
布鲁姆斯伯里文化圈人物群像
The Bloomsbury Group:
A Collection of Memoirs and Commentary

[加拿大] S.P.罗森鲍姆 编著

徐冰 译

凤凰出版传媒集团
江苏教育出版社

图书在版编目（CIP）数据

岁月与海浪：布鲁姆斯伯里文化圈人物群像／（加）罗森鲍姆著；徐冰译．—南京：江苏教育出版社，2006.7
（布鲁姆斯伯里文化圈）
ISBN 7-5343-7610-6

Ⅰ.岁… Ⅱ.①罗…②徐… Ⅲ.艺术家—生平事迹—世界 Ⅳ.K815.7

中国版本图书馆 CIP 数据核字（2006）第 083311 号

The Bloomsbury Group: A Collection of Memoirs and Commentary
edited by S.P.Rosenbaum
© University of Toronto Press Incorporated 1995
图字：10-2005-032

出 版 者	江苏教育出版社
社　　址	南京市马家街 31 号　邮编：210009
网　　址	http://www.1088.com.cn
出 版 人	张胜勇
书　　名	岁月与海浪：布鲁姆斯伯里文化圈人物群像
作　　者	[加拿大] S.P.罗森鲍姆
译　　者	徐冰
责任编辑	熊娉婷
集团地址	凤凰出版传媒集团有限公司 （南京市中央路 165 号　210009）
集团网址	凤凰出版传媒网 http://www.ppm.cn
经　　销	全国新华书店
印　　刷	北京威远印刷厂
厂　　址	北京市通州区台湖镇台湖大街 2 号 电话：010-61535277
开　　本	830mm × 1250mm　1/32
印　　张	9.875
字　　数	228 千字
版　　次	2006 年 7 月第 1 版 2006 年 7 月第 1 次印刷
定　　价	21.00 元
发行热线	010-62223842

苏教版图书若有印装错误可向承印厂调换

引 言

布鲁姆斯伯里文化圈的第一次正式聚会是在1920年3月4日,一直以来,其成员就喜欢在他们的信函、日记和写给朋友的散文中谈论着彼此。他们更喜欢用文字或者绘画来勾勒自身的形象,用传记来描述历史,小说是他们创作文学作品的主要形式。

在本书中,这一文化圈的不同成员(有时是其成员的子女),直接或者间接地对各成员与文化圈之间的关系作了探究。穆尔(George Edward Moore)在《伦理学原理》(Principia Ethica)中阐述的主要原则中的一条,可以很好地说明这些联系的不同性质。穆尔认为,他所说的有机整体的价值,"与其组成部分的价值总和不成固定比例"。(穆尔解释道,意识到美丽物体的心理所构成的一个整体,其价值并非简单地表现为这种意识和物体的价值总和,因为这两者本身都没有什么价值。通过这一方法,他阐明了他所指的有机整体的概念。)穆尔的观点不但有助于我们认识布鲁姆斯伯里文化圈各成员对整个文化圈的价值,也有助于我们评价该文化圈对其成员的影响。这些个人以及他们在圈子之外所做的工作,其重要性与他们各自在圈子本身这个有机整体中所具有的意义,是不成固定比例的。因此,要研究布鲁姆斯伯里文化圈,就必须得考虑其成员与该文化圈,以及该文化圈与其成员的各种关系。

据克莱夫·贝尔(Clive Bell)说,大约在1910年或1911年,是莫莉·麦卡锡(Molly MacCarthy)在按照地域整理友人的名单时,造出了"布鲁姆斯伯里文化圈"一词。在将布鲁姆斯伯里的朋友从所有朋友中区分出来时,这一名称还是颇有功效的。本书在讨论布鲁姆斯伯里文化圈时,依照成员年龄的大小来排列选文顺序——年龄最大的与最小的相差将近二十岁——不过,有关夫妇二人的文章都被归置到了一起。在本书里,关于某些成员的话题,我手头有相当多的文章可以选择。在筛选的过程中,我力图挑选出能够反映个体与群体间的相互关系的文章,与广大读者共享。

content | 目 录

罗杰·弗莱　/弗吉尼亚·伍尔夫　/1

罗杰·弗莱　/克莱夫·贝尔　/23

德斯蒙德·麦卡锡　/摩根·福斯特　/48

德斯蒙德·麦卡锡　/伦纳德·伍尔夫、弗吉尼亚·伍尔夫　/52

莫莉·麦卡锡　/伦纳德·伍尔夫　/61

摩根·福斯特　/弗吉尼亚·伍尔夫　/63

摩根·福斯特　/戴维·加尼特　/71

瓦奈萨·贝尔　/弗吉尼亚·伍尔夫　/82

瓦奈萨·贝尔　/昆汀·贝尔　/89

邓肯·格兰特　/罗杰·弗莱　/96

克莱夫·贝尔　/戴维·加尼特　/102

克莱夫·贝尔和邓肯·格兰特　/安杰莉卡·加尼特　/107

弗吉尼亚·伍尔夫　/摩根·福斯特　/119

弗吉尼亚·伍尔夫　/伦纳德·伍尔夫　/143

伦纳德·伍尔夫 /昆汀·贝尔 /149

弗吉尼亚·伍尔夫和伦纳德·伍尔夫 /安杰莉卡·加尼特 /161

利顿·斯特雷奇 /伦纳德·伍尔夫 /171

利顿·斯特雷奇 /德斯蒙德·麦卡锡 /178

多拉·卡琳顿 /戴维·加尼特 /192

约翰·梅纳德·凯恩斯 /弗吉尼亚·伍尔夫 /203

约翰·梅纳德·凯恩斯 /克莱夫·贝尔 /210

莉迪亚·洛普科娃 /昆汀·贝尔 /232

戴维·加尼特 /亨丽埃塔·加尼特 /246

布鲁姆斯伯里文化圈大事年表 /259
参考书目 /291

罗杰·弗莱[1]

弗吉尼亚·伍尔夫

1934年罗杰·弗莱(Roger Fry)[2]去世后,他的妹妹玛杰里(Margery)请弗吉尼亚·伍尔夫(Virginia Woolf)[3]考虑一下罗杰生前向她提过的建议,就是应该"将你提出的传记作家应该具备哪些基本功的各种理论付诸实践,来写写他本人"。在此之前,有人在利顿·斯特雷奇(Lytton Strachey)去世后就提过建议,要写一本全面的、关于布鲁姆斯伯里文化圈的传记,然而大家不久便发现,即便为利顿写传,而且写得再真实,它永远都难免会招

---

[1] 本文选自弗尼古亚·伍尔夫:《罗杰·弗莱传》,伦敦:贺加斯出版社,1940年,第261~268、269~270、278~279、288~294页。——原注

[2] 罗杰·弗莱(1866~1934),英国画家、美术评论家,推崇塞尚及后印象派画家,曾任剑桥大学美术教授(1933),著有《塞尚》、《视觉与设计》等。布鲁姆斯伯里文化圈重要成员之一。

[3] 弗吉尼亚·伍尔夫(1882~1941),英国小说家、评论家,伦纳德·伍尔夫之妻,瓦奈萨·贝尔的妹妹。主张淡化情节,运用内心独白和意识流手法写作,著有长篇小说《海浪》、《达洛卫夫人》、《到灯塔去》、《幕间》等和评论集数种。布鲁姆斯伯里文化圈重要成员之一。

致非议。但就当时的情况而言,除了传记,也没有其他什么可以纪念他的形式了。言不尽意依然是弗吉尼亚写弗莱生平之时面临的众多困难之一。后者自从其妻罹患精神疾病之后,曾经卷入不少风流韵事之中,对于弗吉尼亚来说,她的两难之处在于:一方面受到来自弗莱的妹妹的压力;另一方面她又不太愿意提及弗莱对她自己姐姐的爱慕。

这篇节选的文章,主要讲述弗莱作为艺术评论家以及作为友人的意义。这两种身份也表明了他在布鲁姆斯伯里文化圈中的重要性。除了关于"相互仰慕社团"(mutual admiration societies)的那些话(所谓的"相互仰慕社团",如果那种组织存在的话——在某些观察家眼里它确实存在——早就会在首次会议上将罗杰·弗莱开除出列),① 伍尔夫在文中并未将弗莱与布鲁姆斯伯里文化圈直接联系在一起,虽然她的文字处处都在暗示这两者的关系。

如果说牛津拒绝了他(因为1927年在那儿他没有被授予斯拉德教授[Slade Professorship]之职),那么伦敦倒是接纳了他。令他颇感诧异的是,这些年月中,每当作有关艺术的演讲时,他发现自己总能使女王音乐厅(Queen's Hall)内座无虚席。伯灵顿宫(Burlington House)的冬季展给他提供了这样的机会。他谈佛兰德斯(Flemish)艺术,谈法国艺术,谈意大利艺术,于是自然而然地,大厅就被挤满了。那些听众"热情洋溢、如痴如醉"(正如其中一位所记录的那样)。听他演讲,真是震撼心灵的精神享受。当年的女王音乐厅中,在冬夜里弥漫着

---

① 见本书第20页。

绿蒙蒙的雾霭,回荡着劳苦大众的喷嚏声和咳嗽声。而令他们兴奋不已的不是别人,正是这位身穿礼服、握着长长的讲解棒、站在一块白色布幕之前的绅士。他们之间是如何建立交流关系的呢?在如此不和谐的环境中,精神世界与现实世界又是如何实现交融的呢?用霍华德·哈内(Howard Hannay)①先生的话说——首先凭借的是"整体性格",也就是他的人格魅力。"他只需指着某幅画中的一条甬道……喃喃自语一声'三维性',立刻就把神秘的氛围营造出来了。"他说此番话时,既慢条斯理、温文尔雅,又俏皮诙谐、风趣幽默。嗓音中所流露出的,往往都是人们无法在他的文章里觉察到的信息——这位拥有具疯癫性格的理论家或荒唐观念的捍卫者头衔的男士,其精灵古怪的面具之后隐藏着他的宽容大度和丰富阅历。显然,从他后续的演讲内容中可以看出,那些荒唐的观念总是不断地在他脑海里涌现。在很多听众看来,这位演讲者虽然身着礼服,却更像一个腰间束着草绳的"斋戒中的修士",正在引领他们参悟一种全新的宗教。他颂扬着一位新式圣徒——那是生活艰辛而"对世人的褒贬漠不关心"的艺术家,那是精神疲乏、谦逊温和而对信念忠贞不渝的艺术家。如果他谎称"这位艺术家失却了灵感源泉",那就意味着此人显然遭到了贬抑。说起对"灵"的求索时,所有姓弗莱的人中,没有人比他更为热烈;提及死亡的宿命时,也没有人比他更为严肃。但是,此时他说"请放幻灯",于是,银幕上出现了各种黑白画面——伦勃朗(Rembrandt)②的、夏尔丹

---

① 霍华德·哈内,著有《罗杰·弗莱以及其他随笔》(*Roger Fry and Other Essays*)。
② 伦勃朗(1606~1669),荷兰画家,擅长运用明暗对比,讲究构图的完美,尤善于表现人物的神情和性格特征,作品有群像油画《夜巡》、蚀版画《浪子回家》、素描《老人坐像》等。

（Jean Baptiste Siméon Chardin）①的、普桑（Nicolas Poussin）②的、塞尚（Paul Cézanne）③的。演说者一边讲解一边指点，那根细长的讲解棒，犹如某种奇妙而敏感的昆虫的触须般抖动着，落在某些"极富韵律的字眼"上。接着，他使观众看见了——"那些宝石般的讲解，犹如魅力四射的绿玉，好似华贵的黄玉，珠光宝气、熠熠生辉，室内灯光相形失色"。不知不觉间，银幕上的黑白画面穿透雾霭，光芒四射，连帆布上的细粒和纹理也纤毫毕现。

所有这些内容，他都早在书中反复写过。不过，演讲时的情况有所不同。当幻灯投射出下一幅画作之时，他的讲解会出现片刻停顿。他重新凝视画面，灵光一闪，突然找到了自己所要的那个字眼，便将现场感受即兴加入解说，仿佛是第一次作这样的演讲。这或许就是他能始终攫住听众心灵的秘密吧。在聆听时，他们常能目睹那种灵感突然袭来、创见逐渐形成的过程；在感知的片刻，他灵性勃发，通体透明。于是，闪回之间，精神现实的世界出现在一幅又一幅的幻灯片之中——在普桑的作品里，在夏尔丹的作品里，在伦勃朗的作品里，在塞尚的作品里——女王音乐厅的银幕上所呈现的所有画面，无不密切相连又自成整体，组成一个跌宕起伏的世界。这位演讲者透过眼镜片长久地注视着银幕，终于，他的讲解停止了。指着塞尚最新的一幅作品，他困惑了，摇了摇头，讲解棒抵

---

① 夏尔丹（1699～1779），法国画家，擅长创作风俗画和静物画、描绘市民阶层生活和普通物品，主要作品有《碗橱》、《一个女人在喝茶》等。
② 普桑（1594～1665），法国画家，法国古典主义绘画奠基人，晚期作品多以古典神话和《圣经》为题材，主要作品有《圣母升天》、《台阶上的神圣家族》、《四季》等。
③ 塞尚（1839～1906），法国画家，后印象派代表，认为自然物体均与简洁的几何体相似，对运用色彩和造型有新的创造，代表作有《玩纸牌者》、《圣维克图瓦山》等。

着地面。他说,这幅画作远远超出了自己的分析能力,所以,他并没有说"下一张幻灯",而是深深地鞠了个躬,于是听众自行散去,转往兰厄姆宫(Langham Place)。

接连两个小时,人们欣赏着那些绘画。但有一幅画面,演讲者没有注意到,他们却看见了——银幕映衬出一位男士的剪影,一位苦行僧的身形,他身着礼服,时而踌躇,时而沉思,然后举起讲解棒指指点点。这个画面犹如一幅粗糙的速写作品,但在今后的岁月里,将会与银幕上所显示的所有作品,一同常驻于人们的记忆之中,它将帮助听众回想起这位伟大的批评家,探究他拥有何等品格。他敏感、深邃而又极度坦诚。当他的逻辑无法进一步穿透表象时,他便毅然停止讲演,不过,他已心悦诚服,也已使人心悦诚服,那,就是他所看到的一切。

这些讲座的成功令他十分惊喜。也许是他错估了英国公众的鉴赏力,也许是受其怪异的讲演方式吸引,大众对于艺术的情感,实际表现得比他预想中的更为丰富。无论如何,事实俱在——

> 某些情况下,英国大众对"高雅"的东西变得兴趣大增。……罗杰·弗莱就有能力使他人感受到艺术的重要性……虽然没有华丽的辞藻,也不简单地迎合低级趣味,他却能让听众始终兴致盎然。

每当他讲演之际,不同阶层、不同行业的人们就被吸引过来,将女王音乐厅挤得人山人海。不但大厅里水泄不通,人们还扬言要涌上伯纳德大街(Bernard Street)。有一次,在这样的讲座结束之后他写道:"像往常一样,我全天深陷于各种电话和人们的来访之中。某位小姐——希望知道,她是否可以前来参观我所收藏的马蒂斯(Henri Matisse)①的画作。某位先生——想登门求教,与我讨论有关往昔艺术大师的许多问题……A君要借我藏品里的莫里斯·德·弗拉曼克(Maurice de Vlaminck)②作品一用。B君又来与我商量他儿子学艺术的事了。"除此之外,还有那些信件——数以百计的信件。其中有一封信来自某位小学女学生,她写道:

> 亲爱的弗莱先生……我们的女美术老师带领大家参观了波斯艺术展,我们被不少画里那些将食指放在嘴唇前的人物所吸引。我们还看见,又有一些画里,动物们在相互撕咬。如果您能告诉我这些动作含有什么意思,或者是否具有象征内涵,我将不胜感激。还有一个问题:家猫真的源自波斯吗?

对于小学生的问题,他总是乐于答复。能给孩子们一些建议,他对此感到非常高兴。他常带领着"成群来自美国、手持笔记本、寻求信息的女学生们",引导她们参观自己所在的那些展厅。接着,他接待一位来自曼彻斯特的才华横溢的小伙子,这位年轻人对中国的陶器颇感兴趣。然后,他去伯灵顿宫参加一个委员会议,商讨安排意大利艺

---

① 马蒂斯(1869~1954),法国画家、雕刻家和版画家,野兽派领袖,作品以线条流畅、色彩明亮、不讲究明暗与透视法为特点,代表作有油画《戴帽子的女人》等。
② 莫里斯·德·弗拉曼克(1876~1958),法国画家,起初画风接近野兽派,后用厚涂的灰色、白色和深蓝色作风景画,形成法国式的个人表现派风格,作品有《红色村的风景》等。

术展的事务。最后,他要出席《伯灵顿杂志》(*Burlington Magazine*)的编委会会议。当他深夜回到家中时,还有人在等着他,"想就举办某场俄罗斯圣像展请我出谋划策"。这就是他平常一天的工作。整个展季中,过的都是这种生活,难怪临近尾声时他要喊道:"伦敦,真是令人无法忍受!"

大约每年二三月间,这种感叹便会难以抑制地迸发而出。倘若他真想寻求耳根清静,那就必须得告别伦敦,远离伦敦所有吸引人的和让人心烦的一切。倘若他打算继续讲演,那么暂别伦敦也同样必要。他必须从源头活水处获取灵感,必须重新审视那些画儿,以新的体认充实自己的"库存"。于是,他走了——去柏林,去威尼斯、西西里、罗马,去荷兰,去西班牙,而且一次又一次地前往法国。对于那些古老的画作,必须重新分析,必须用全新的目光加以审视。"整个下午我都泡在罗浮宫,试图忘却所有的观点和理论,就像平生第一回见到它们那样,欣赏着每一件作品……唯有这样才能有所发现……每件作品都必须成为一次全新的、莫可名状的体验。"

他六十岁时的工作方式,与三十岁时并无不同。画廊刚一开门,他便欣然而入。连续六小时,他在里面不知疲倦地工作,一幅又一幅地研究着每张画作,并用铅笔作着简要记录。午餐时间的到来,总能带给他不小的惊喜,与以往一样,他要和同伴交流观感,然后将讨论所得匆匆写进信里,寄给那些留在家中的好友。1928年,他从柏林给瓦奈萨·贝尔(Vanessa Bell)[①]写信时说:"看过的画作为数众多,我的审美感觉正在变得日益疲惫。我甚至怀疑,自己一生中是否承受

---

① 瓦奈萨·贝尔(1879~1961),英国著名女画家,弗吉尼亚·伍尔夫的姐姐,布鲁姆斯伯里文化圈重要成员之一。

过这样繁重的工作——不过,这些博物馆里价值连城的瑰宝的吸引力,委实令人难以抗拒。"对于他看过并对之作过记录的画作,我们可以列出一张长长的名单,上面有阿道夫·冯·门采尔(Adolph Friedrich Erdmann von Menzel)①的、马克斯·利伯曼(Max Liebermann)②的,有威廉·特吕布纳(Wilhelm Trübner)③的,有"伟大的塞尚",有马奈(Edouard Manet)④的,还有埃及艺术和中亚艺术作品。在柏林,满满地陈列着油画、雕塑、微型人像的艺廊多达十家,而在大英博物馆里,这样的展品却只有区区几件。由于这些杰作的刺激,各种理念油然而生;或许它们来得太快——或许原本可以将它们搁置不论。"事实上,我并不知道自己想到的究竟是什么。我满脑子似乎正酝酿着各种各样的模糊想法,它们仿佛正在将我引向一种崭新的审美学说……"

正是通过面对画作本身,他收集到了演讲的素材。从这些全新的、不可名状的体验里,产生了形形色色的模糊思想,引领他走向崭新的美学观念。他必须消除它们的含糊感,必须将这些发着酵的材料,搓成一根结实的观点线绳,用它挽起所有的论说。一旦演讲结束,将其整理成文的苦差事又要开始了。对于那些难以抑制、难以捉

---

① 阿道夫·冯·门采尔(1815~1905),德国杰出的现实主义画家,创作题材广泛,作品有历史画、风俗画、风景画。1848年创作《阵亡烈士葬仪图》。其《轧铁工场》是反映资本主义工业生产场景和工人生活的油画。他的艺术成就影响了19世纪末许多现实主义画家。

② 马克斯·利伯曼(1847~1935),德国油画家、版画家,印象派领袖。作品以敏锐的观察力和写实技巧直接描绘现实生活,刻画处在社会底层的劳动者形象。代表作有《拔鹅毛的妇女》、《养老院》、《制鞋作坊》、《细纱女工》等,画面简洁洗练,人物形象生动自然,色彩清新明快,具有印象主义的艺术特点。

③ 威廉·特吕布纳(1851~1917),德国画家,是德国分离派的领袖之一,画风写实并受法国印象派的影响。

④ 马奈(1832~1883),法国画家,革新了传统绘画技法,对印象派产生影响,画风色彩鲜明,明暗对比强烈,尤善表现外光及肖像创作,主要作品有《左拉像》、《奥林匹亚》等。

摸的观念,他得找到合适的字眼加以表达,或者不得不造出新的表述方式加以形容,这些措辞还须把他脑中的原生感觉"包裹"得恰如其分。终于,他的著作一本接着一本地出版了——关于法国艺术的,关于佛兰德斯艺术和英国艺术的,关于不同画家的,关于艺术史的;大量阐释波斯艺术、中国艺术以及俄罗斯艺术的论文;无数论述建筑学、艺术学和心理学的手册——所有这些书籍、论文和文章足以证明,对于人们给予的"当代最伟大的批评家"这一称号,他是当之无愧的。

但是,如果为了写作和演讲,而有必要"像第一次见到它们"般看看这些画儿,那么为此也有必要不断地拜见老友。想形成自己的观点,就必须博采众长。理论必须经得起切磋。最好常和夏尔·莫隆(Charles Mauron)①这样的朋友进行探讨,因为他们敢于推翻他的理论。不过,即便朋友无法推翻,也应该和他们分享这些理论。玛丽·莫隆(Marie Mauron)曾说:"他极好交际,以至于倘若不能与周遭的朋友即刻分享自己的灵感所得,他就没法好好享受它给自己带来的快乐。"正是为了分享,为了寻求志同道合的观点,正是为了找到身边某个人,或者哪怕找到可以"神交"的朋友们来探讨一番,他才草草地涂写出了那些无法让人引用的信件,因为它们既没有开头,也没有正文或结尾。那些信件通常凭借速写的地形图,或是罗雅特(Royat)市香肠店老板娘的侧面像,或者几条笔记,用以解释、说明他从脑海里的画面中"看到了"什么。不过,倘若我们无法全篇引用那些信件,这里倒有一张他写的明信片,内容相当完整:

---

① 夏尔·莫隆(1899～1966),法国文学批评家,著有《美学与心理学》等,其妻子是玛丽·莫隆。

在开往爱丁堡的列车上,我寻思着,你是否可将以下物品寄到爱丁堡来:1.我那顶十分适合旅行时戴的贝雷帽。2.一些毕加索的雕像,也就是那些奇形怪状的鸟儿的幻灯片。我想它们被归置于"生命力"系列了,放在楼上的柜子里。3.一幅神情特别茫然、毫无特点的黑人头像(速写)。这幅速写被夹在有关黑人主题的讲稿里,我把稿子摞在起居室内老式法国橱柜的抽屉里了。车厢里几乎没有暖和过。该死的英国人!

"该死的英国人!"——这话对英国人已不再适用了——难道英国不是唯一允许言论自由的国度么?然而,从这句牢骚倒可以看出,他并不像许多传记作家笔下的人物那样对自己的同胞胸怀本能的热爱。他的同胞经常使他感到困惑和震惊。在乌黑浓密的眉毛下,那双炯炯有神的眼睛突然目光凝固,他如同自己当法官的父亲那样威严,就要宣布判决了,他对查尔斯·霍姆斯(Charles Holmes)[①]爵士说:"你在助长人们天生的兽性。"这位无辜的爵士,只不过给了他一本有关垂钓的书,在其中回忆了与他为伴时的某些尴尬片刻。但是,如果说他不合群,他却又非常友善——用他自己的话来形容,就是"顽固不化的友善"。友人在他心中至关重要,为了和他们相聚,他甚至可以放弃在乡村之间或画廊之间漫步的欢愉。春来秋往,他常发出这样的感叹:"我很想彻底远离英国,就这么一直游荡下去,到西班牙,到摩洛哥……"可是最后总是这样结尾:"如果你们这帮倒霉蛋愿意待在伦敦,那么伦敦肯定还会把我拽回来。"

---

① 查尔斯·霍姆斯(1868~1936),画家、批评家,曾任英国国家美术馆馆长。

如果将这些朋友列举出来，可以组成一个长长的名单，上面会有众多社会名流——画家、作家、科学家、艺术家、政治家。不过，名单中还会出现不少鲜为人知的人士——火车上相识的旅人、客栈里邂逅的住客、疯疯癫癫的诗人，以及忧心忡忡的大学生。通常，这些人的姓名早被忘却，对他来说，名字的意义已经越来越不重要了。他偶尔也会参加上流社会的社交活动，但回家时必定神情沮丧。（在给弗吉尼亚·伍尔夫的信中）他写道："你的老朋友拜访了那位风度翩翩的王子……可是带着又一个业已破灭的幻想回来了——他现在知道，所有的贵族实际上只不过是群百无聊赖者而已，所以再也不愿遭他们的罪了……这个所谓的王子，曾经一度是他在这片贫瘠的海岸上绝望地撒出的最后一张网。"他还梦想过这样的好社会：在那里，各行各业的人们和谐相处，气氛融洽，大家在阳光下畅所欲言。可是战争结束之后，他不得不放弃这样的梦想。人民太贫穷，他们拥有的时间过于窘迫，而且英国人几乎不怎么具备在公共场合讨论一般性问题的天分……

而在伦敦，他不再那么雄心勃勃了。对他来说，伦敦的魅力在于：在这里，他能够轻而易举地组织各种小型聚会，让旧友新朋得以相见，哪怕这些朋友的名字早已从他的记忆中溜走。因为，如果名字变得日益无关紧要，那就意味着人本身越来越重要了。对他来说，朋友究竟具有多么重大的意义？他是如何从生活的一端到另一端，始终奔波在友情的长途上的？在一封又一封的信件里，他又是怎样突然夸起自己的朋友来的？这些内容，都不是长长的名单所能传达的。如果某些朋友——戈兹沃西·洛斯·狄金森（Goldsworthy Lowes Dickinson）[①]、德

[①] 戈兹沃西·洛斯·狄金森(1862～1932)，英国作家、学者，著有《希腊的生活观》等。

斯蒙德·麦卡锡（Desmond MacCarthy）①、瓦奈萨·贝尔、菲利帕·斯特雷奇（Philippa Strachey）②、莫隆夫妇、他的妹妹玛杰里——显得特别突出，那是由于他们各自身边围满了背景迥异、语言迥异的其他朋友，以至于要想再从他们之中作出选择，或者要想列举他从其中每一位的身上究竟有何获益，都是不可能的。不过，与这些朋友相处，确实是他主要的快乐。搬到伯纳德大街时，他曾写道："你们可曾意识到，咱们将能够举办多么欢乐的小聚会吗？"一个这样的小型派对，足以说明此类聚会的所有特点。

客人来到时，发现他在写作。他废寝忘食，正打算完成一篇讲稿。但是，他欣然搁下手中的笔，同来访者交谈起来。房间里乱七八糟，一如既往：墨水瓶和咖啡杯，校样和画笔，不是堆在桌上，就是撒在地板上。还有那些画儿——有些装裱好了，有些则斜靠在墙根。其间有安德烈·德兰（André Derain）③画的雪中斑点狗，有马蒂斯画的泊靠港湾的蓝色船只，有各式黑人面具和中国雕像，以及多种多样的盘子——从珍贵的波斯瓷盘，到在集市上仅以一个旧便士捡回来的廉价土制盘子。这里总有些新鲜玩意可看——一幅新画，或者一小片木版，从上面还可隐约看出人的脸庞——这很可能是乔托（Giotto di Bondone）④所画的但丁肖像，还很可能在给但丁送葬的行列中被使用过。室内十分拥挤，尽管罗杰·弗莱极度敏感，但对物质享受却淡漠得出奇。椅凳已然破旧不堪，对面地铁站里，电梯无休无止地发

---

① 德斯蒙德·麦卡锡（1877~1952），英国评论家、文学编辑，著有多卷评论集。布鲁姆斯伯里文化圈成员之一。
② 菲利帕·斯特雷奇（1872~1968），英国女权主义者，被称为"皮帕"（Pippa），利顿·斯特雷奇的姐姐。
③ 安德烈·德兰（1880~1954），法国野兽派画家。
④ 乔托（1267~1337），意大利画家、雕刻家、建筑师。

出哐啷哐啷的声音,弧光灯从外面大街上射进来一束光线,而被他美其名曰"伯纳德大街的赞美诗"的,则是隔壁扬声器里刺耳的喊叫声。可是,这些全都无关紧要。他在描述其中一次聚会时写道:"晚宴办得很成功。那些喧闹的野鸭子,不过是些小无赖,我们的朋友真的并不挑剔。"他在信中继续写道:

> 晚餐过后,我们围绕"存在",亦即善良是否具有绝对性的命题,展开了一场剑桥使徒式的讨论。夏尔(莫隆)和我代表现代科学,我们揭露了奥利弗·斯特雷奇(Oliver Strachey)①和伦纳德·伍尔夫(Leonard Woolf)②神秘主义者的本质。他们既接受不了事物与人性之间具有完全的相对性,也不相信孤立地看问题的不可能性。真是稀奇,想要挖掘出中世纪对于万物的"物质性"进行思考的思维习惯,认为万物存在于各种联系之外,这是多么困难啊!而且事实上,它们的"物质性"并没有任何意义……可怜的奥利弗,一想到自己身处此类困境,他便感到恐怖万分。……那次讨论非常愉快。各种自由批评,首先将哲学辨析得丰富多彩。除了大家对他所扮演的角色给予同情之外,奥利弗被攻击得遍体鳞伤——当他说"可是真正邪恶的人是——"之时,新一轮围攻便应声而起,直逼得他满世界地奔逃……

---

① 奥利弗·斯特雷奇(1874~1960),英国音乐家、作家,利顿·斯特雷奇的兄长。
② 伦纳德·伍尔夫(1880~1969),英国政治家、经济学家、学者,弗吉尼亚·伍尔夫的丈夫,主要著作有《播种》、《成长》和《重新开始》等。布鲁姆斯伯里文化圈重要成员之一。伍尔夫夫妇于1917年共同创办了贺加斯出版社(Hogarth Press)。

幸运的是,年轻一代——他的子女及其友人们的子女,正在茁壮成长,并将在生命延续的过程中,起到巨大的帮助作用。他注意到,"他们完全缺乏敬畏之心"。在他这一代人的培养下,孩子们取得了很大的进步。早在他们幼年时,他便教他们配制美丽的蓝绿色硫酸铜溶液,或在塞有黏土的陶管里制造煤气,让他们掌握化学基础知识。他常常会出现在孩子们的某个派对上,全身佩戴着从伍尔沃思(Woolworth)零售店借来的链条和煎锅,这身奇装异服闪闪发光,正如它们一贯具有类似的功能,在这种情况下,也不容置疑地产生了堂吉诃德式的效果。之后,他会来到孩子们在剑桥的宿舍,回想起当年自己对长辈说话的态度,欢快地大声喊道:"他们一味高谈阔论,只注意自己的兴趣和快乐,全然没有注意到我们的存在。"但在这里,他错了。他们完全意识到了他的在场——注意到了他的幽默、他的古怪、他的"宽广的严肃性"以及同样宽广的制造快乐的力量。他可以一头扎进自己的癖好或正在思考的问题中去。他会让孩子们帮他翻译马拉美(Séphane Mallarmé)的作品;他会以"极端的贵格派的严谨和理性的诚实",与他们无休无止地辩论上几个小时,而且他还会下国际象棋,通过下棋引导他们理解他自己的美学理念。"他特别善于帮人找回自信心",其中一位叫朱利安·贝尔(Julian Bell)①的大学生写道:

> 这主要是因为他对别人的见解总是十分尊重,甚至尊重到了愿意讨论它们,或者如果他不赞同的话,就驳斥它们的地步。……他同别人分享思想所带来的快乐。……他能分析诗歌,能让人看

---

① 朱利安·贝尔(1908~1937),诗人、学者,弗吉尼亚·伍尔夫的外甥,瓦奈萨·贝尔的儿子,1935 年被聘为武汉大学英语文学教授。1937 年死于西班牙内战中。

到正发生着什么,那种能力对于我们是特别有用的。……我从没有遇见过像他这样能将自己的快乐如此慷慨地让他人分享的人。……他似乎总是准备着尽情享受周遭的一切:食物、美酒、人、风流韵事。有他相伴,我从未感到过无聊。他永远不会衰老,也永远不会令人生厌。

罗杰·弗莱回复了这些恭维。对于朱利安·贝尔本人,他深怀喜爱之情——称其为"自詹姆斯·肯尼斯·斯蒂芬(James Kenneth Stephen)①以来,我所认识的最高尚的人"。对和这位青年及其朋友的交谈,他至今记忆犹新,并且进而感到,与年轻人在一起的自在惬意是和同辈人为伍时绝对享受不到的。年轻人使他意识到,"从自己这代人的立场出发,我早就风尘仆仆,行程也已到达极远之处……并非我不愿与老友相见,而是因为我已体认到,加入年轻一代的行列,将会带来何等欢乐"。

……如果和罗杰在一起,正如肯尼斯·克拉克(Kenneth Clark)②爵士所说,"你有时会感到,回答托尔斯泰'何为艺术'之问时,最好的答案便是'什么不是艺术'这样的反命题",所以,回应"何为生活"之问时,最佳答案似乎也只能是"什么不是生活"——生活应包容一切,汲取一切,研究一切。肉体可能会日渐衰老,而头脑却运转得更加灵活自如、畅通无阻。它伸出思维之手,抓住每一细节——一个新

---

① 詹姆斯·肯尼斯·斯蒂芬(1859~1892),弗吉尼亚·伍尔夫的堂哥。
② 肯尼斯·克拉克(1903~1983),英国艺术史学家,曾任英国国家美术馆馆长,著有《温莎堡的绘画》、《伦勃朗与意大利文艺复兴》、《文明》等。

缝的针脚、一个拉链上的咬口、一个天花板上的影子。每个细节都须检查研究,仿佛通过揭示其中蕴涵的神秘性,他便可以更加牢固地把握住生活,并使生活之泉多涌出一滴理性、文明的快乐之露。既然他不喜欢含糊其辞,这里就十分适合引用他自己"所理解的对生活的"界定:"……任何时期的人,其生存都是为了完善自我意识、完善宇宙观以及完善他们与同类之间相互关系的观念。生活就是这些人对其身处的环境所作出的一般性的、本能的反应。"如果能再多活五年,"生活便将赋予我所期望的一切",1933年他这样写道。

唯有一个命题,似乎逸出了他永不知足的好奇心之外,那便是他自己。一旦触及这个问题,分析便会戛然而止。在我们获得更多心理学知识之前,或许人性真是无法解释的。他坚信,作为动物的人类非常奇怪。对他的了解,我们现在只是刚刚起步。当然,他也乐于挑战各种理念——清教徒式教育的效果,自卑情结的起源,他注意到这种情结也在不时地侵袭着自己。虽说对于过去,他的兴趣不如对现在的大,但是若在压力之下,他也愿意尝试写写记忆中的往昔。他有一本自传,相关段落的开头这样写道:"首先映入眼帘的,便是位于海格特(Highgate)的幼稚园,窗外那片榆树林里,光和影在枝叶间嬉戏。……"他能记起许多场景,以及这里、那里发生过的事件,出没过的人物,譬如滑冰场上的父亲,或是长着草莓鼻子和一对小红眼睛的摩根(John Pierpont Morgan)①在意大利如何买画。但是,中心人物

---

① 摩根(1837~1913),美国金融学家、铁路巨头,组建摩根公司、美国钢铁公司、国际收割机公司和国际商业海运公司,在解救1895年及1907年美国金融危机中起过重要作用。

依然模糊不清。当别人要求他解读自己时,他曾写道:"……我不想假装对这一命题知道得很多。它几乎从未引起过我的兴趣。""你说我很疯狂,想知道我是否冲动",在给海伦·安雷普(Helen Anrep)①的信中,他继续说道:

> 为何我应该想到自己是冲动的,而非疯狂的?不过,我当然不清楚这个问题(我并不喜欢这种性格,想来你也一样)。不,我的个性绝非疯狂——而是极其理性、谨慎,而且富有逻辑性的——令我看似疯狂的原因,在于我从不轻易接受任何外界的俗见②及价值观,而是自有一套价值体系,并且始终坚守着它。……不过,我应该说过自己极易冲动,也就是说,被自己喜欢的东西吸引时,显得有点忘乎所以。我想,这说明我有浪费精力、条理不清的缺点,对此我也深感悔恨,并且希望能得到你的原谅——哦,也许你会愿意帮我改正。

对中心人物漠不关心也自有其独特魅力——那位中心人物对周遭一切备感好奇,唯独不在乎自己。这使他毫无戒备之心,当他成为被年轻人挖苦的笑柄时,居然也会乐在其中;在中产阶级经常出没的那些饭店里,他会在大庭广众之下紧紧抱着玩偶匣③,毫不在乎贵客名媛的惊诧莫名。可是,这魅力也有弊端,倘若他忽视了自己,那么

---

① 海伦·安雷普(1885~1965),罗杰·弗莱的伴侣,布鲁姆斯伯里文化圈成员之一。
② 原文为法文"idées reçues"。
③ 原文为法文"le diable"。

有时也就会忽视别人。因而,十分容易收集到对于罗杰·弗莱毫不客气的评述,这些评述数量可观,来自各处。当然,这些评述也常常自相矛盾。在一部分人眼里,他显得不够真诚——他的观点转变得太快。热情令他为第一眼看到的事物激动兴奋,而当批判性的感官发生作用时,同一事物在他眼里又会变得如此令人失望。昨天还是天鹅,今天就可能成为家鹅——这样的落差,自然连鸟儿自己也无法接受。但是,另一些人的印象恰恰相反,他显得过于无情,过于盛气凌人——十足一个希特勒,一个墨索里尼。或执著于某个观点而不能自拔,或鞭挞某种动机而冷酷无情,他无视情感,力排众议。自以为旁人都必须赞成他的看法,并且都应该以同样的热情将其付诸实施。反复无常,感情用事,固执己见以及专横跋扈——这些,构成了负面评价集中攻击的目标。

他是第一个意识到这些攻击具有某种程度的真实性的人。他知道自己确乎感情用事;他也固执己见;他还担心自己有点自负。他曾写道:"我突然看见了那藏匿在自身某处的奇怪而扭曲的自大心理,过去,它通常在我稍微受到'刺痛'而变得愤怒时发作出来,因为我经常打电话给伊莎贝尔和艾格尼斯,想向她们展示我的收藏(但却遭到拒绝)。"此外,他也确实"脾气暴躁,一惊一乍,尖刻辛辣,吹毛求疵,如此这般"。也许心理分析学家能够帮助我们认识罗杰;也许就普遍的人性而言,他的性格,实在太不合乎理性,太直觉化,因而无法加以分析,甚至已经无可救药了。他继续哀叹人类头脑对于理性有着一种天生的无动于衷,继续嘲笑人类用以自我折磨的非凡的道德观;他不断地思考这样一个问题:不久的将来,人们是否仍然不肯接受如下朴素信条,即"一切正直善良均来自那些决意自寻快乐的民族,尤其来自那些能够享受求知欲和对艺术的热爱所带来的快乐的民族"。在那种对于全人类的思索中,他特别忘却了对自己的关注。当然,他会拒绝傻坐着,让人给他画一幅丰满而完美的肖像。他厌恶一成不变的态度,他质疑矫揉造作的姿势,他敏感地指出敬畏之心所带来的致命后果。然而,不论他喜欢与否,还是应该坐下来,让朋友们画一画这位深受他们喜爱的人物。事实似乎让人不得不承认,他在认识他的人们心中,引起了最为炽热的爱慕和崇敬之情。众多信件都说:正是罗杰·弗莱,使我重新站了起来,并且使我开始了崭新的生活。他是我所有朋友之中最活泼、最乐于助人的挚友。这些信件继续谈着他的体贴入微,他的宽厚仁慈,以及他博大、谦逊的胸怀。所以,虽然他树敌不少,也得罪过许多旧相识,却又因为那冲动、冷酷的奇怪气质,把朋友更紧密地团结在了自己身边。他那冲动、冷酷的一面,只不过是漂浮在深层思维能力之上的一种表象而已。

不过,还有另一面的生活——作为艺术家的生活。在这个领域里,他对自己的所作所为问心无愧。一件艺术品不是什么别的,它就是一件艺术品:个人意见在此毫无价值。显而易见,在委员会里,他是一个颇难应付的人物。亮起观点来,他坚定、机智而且辛辣,有时单凭一声低沉的哼哼,便足以表明自己的立场。他对权威嗤之以鼻。"如果你对他说,'这肯定是正确的,因为所有的行家都这么说,希特勒这么说,耶稣基督这么说,《泰晤士报》也这么说',他便立即回应,'那好吧,可我还是怀疑,我们等着瞧吧'……离开时,你会恍然大悟,原来众多名流所支持的某个看法,可能到头来真是毫无价值的。"众所周知,那些艺术家和艺术评论家都不是好惹的,自然,他便受到了猛烈围攻。人们指责他只关心过去的艺术大师,或者反之,只关心最新的艺术潮流;认为他总是变换看法,还偏执地袒护朋友的作品。他的缺点,不但未使他的判断分文不值,相反,却自有其分量——无论如何,罗杰·弗莱具有影响力。这种影响力,比自约翰·罗斯金(John Ruskin)①名声鼎沸以来任何一位评论家的都要深远,这一点是毋庸置疑的。

在没有任何权势支持的情况下,他怎能拥有如此广泛的感染力呢?这个问题,最好还是留待画家们自己忖度。他们的作品显示着这种影响的效果,而且无论是好是坏,可以说无人能够对它视而不见。总而言之,至少对于外行来说,他的影响力的秘密,是建立在公正无私这一基础之上的。按照他自己的界定,他属于布道者的行列,而非预言家或供应商。无视诽谤与政治,无视成功与失败,他似乎超越了所有的其他评论家,径直穿透到画面本身里去了。关于这个问题,外行人通过直接观察,还可补充罗杰·弗莱的一项特征——他从不沉醉于阿谀奉承之中。朋友,他是有的——他不会偏爱其中的一部分人更甚于另一部分人。所谓的"相互仰慕社团",如果那种组织存在的话——在某些观察家眼里它确实存在——早就会在首次会议上将罗杰·弗莱开除出列。因为对于朋友的作品和敌人的作品,他

---

① 约翰·罗斯金(1819~1900),英国艺术评论家、社会改革家,推崇哥特复兴式建筑和中世纪艺术,捍卫拉斐尔前派的艺术主张,反对经济放任主义,著有《近代画家》、《建筑的七盏明灯》和《时与潮》等。

是同样诚实的。他会久久注视,目光挑剔,如果喜欢所看到的东西,便夸奖一番,平心静气;倘若不喜欢,他便默默无语,或者仅以一言而定褒贬。然而,他对自己作品的态度,最能深刻体现他那达观而公正的精神。对于他来说,自己的画作是无与伦比的,其重要性甚至超过那些批评文章。他从不气馁,坚信自己具有自己所称的"一点儿艺术感觉",并且坚信终于将这点感觉表现出来了。他常把自己创作的油画支在画架上,等待朋友的评判。然而往往事与愿违,那些朋友,那些他最为看重的朋友,却经常连一句褒奖之词也给不出来。对于那一时刻出现的沉默,他是多么在乎啊!这从他写的一封封信件里,便可窥知一二。不过,这样的挫折改变不了什么。他把自己的画作反靠在墙脚,转过头去研究那些不肯给他赞赏的人的作品了。他以纯粹的平常心来审视那些作品,赞扬之声并非出于友情,而是因为他确实钦仰它们。"有一件事我是问心无愧的,"他写道,"就是当看到别人创作了优秀的作品时,我从不因忌妒或羡慕而感到刺痛。它给予我的是纯粹的欢愉。"这句话里,也许恰恰隐藏着作为批评家的他,之所以影响深远的玄机吧。

如他自己所说,"我们对于人类精神生活的节奏,所知实在甚少",他的影响力提醒我们,作为一个凡人,试图拨开神秘的面纱,揭示艺术作品的真实本质,将是困难重重的。他不相信,单凭自己的学识便能解开艺术作品之谜。人类不是艺术品。他们并非为飨读者而刻意著书,为装饰墙壁而刻意作画。罗杰·弗莱,这位作为普通人的批评家所背负的使命,比塞尚的任何一幅画所带给他的,都要更加艰巨无比。他的性格,也由此而变得更加棱角分明,每次转变都会使他获益良多。对于那个时代的大众生活,他代表着某种弥足珍贵的东西——福斯特(Edward Morgan Forster)①写道:"罗杰·弗莱的逝世,对于文明无疑是一种损失。现今活着的人中,无人能够与他抗衡,因为他占领了时代的制高点,而且纹丝不动。"他以自己的文章,改变了那个时代的品位;以捍卫后印象主义画派的战斗,改变了英国绘画领域的发展趋势;以自己的演讲,不可估量地增强了人们对艺术的热爱。他自己,也给熟识他的人们,留下了一个十分丰富、复杂而又清晰的印象……

---

① 福斯特(1879~1970),英国著名小说家、散文家、评论家。代表作有《霍华德庄园》、《印度之行》、《小说面面观》等。布鲁姆斯伯里文化圈重要成员之一。

罗杰·弗莱[①]

克莱夫·贝尔[②]

相较于布鲁姆斯伯里文化圈的任何其他成果,罗杰·弗莱的艺术批评应是与克莱夫·贝尔的批评理论联系最为密切的(或许瓦奈萨·贝尔及邓肯·格兰特[Duncan Grant][③]的绘画属于例外)。克莱夫·贝尔于1952年首次发表的对于弗莱的称颂,向我们展示了布鲁姆斯伯里文化圈成员之间关系非比寻常的一面。于公于私,都有足够的理由使贝尔和弗莱彼此生恶,然而,他们的友情却在磕磕碰碰中维持了下来。贝尔评价弗莱时,虽然对其创造性的尝试和极端拘谨的清教主义持

[①] 本文选自克莱夫·贝尔:《老朋友》,伦敦:查图—温都斯书局,1956年,第62~91页。——原注

[②] 克莱夫·贝尔(1881~1964),英国美术和文学批评家,瓦奈萨·贝尔的丈夫,著有《19世纪绘画的里程碑》、《普鲁斯特》等,并在《艺术》一书中提出"有意味的形式"的美学理论。布鲁姆斯伯里文化圈重要成员之一。

[③] 邓肯·格兰特(1885~1978),英国后印象派画家和图案设计师,布鲁姆斯伯里文化圈重要成员之一。

批判的态度,但对于他的艺术敏感性和活力却颇为欣赏。与弗吉尼亚·伍尔夫写的传记一样,贝尔的回忆通过描述作为朋友和批评家的弗莱的品格,暗示了弗莱在布鲁姆斯伯里文化圈内部的地位。

贝尔的文章也包含了布鲁姆斯伯里文化圈的一个重要思想:形式主义美学。他对自己的著名术语"有意味的形式"进行重新界定时,清晰地表述了这一美学思想。至少在某个旁观者眼里,贝尔和弗莱的亲密程度,在马克斯·比尔波姆(Max Beerbohm)①创作的那幅讽刺画中得到了突出的表现。贝尔曾经复制过这幅漫画,并且把它作为自传《老朋友》(*Old Friends: Personal Recollections*)一书的卷首插图。画中描绘的是贝尔与弗莱交谈的场景,被恰如其分地冠名为"有意味的形式",他们的对话内容如下:

> 克莱夫·贝尔:我一直认为,当某人感到他(她)已将某一理论演绎得过于遥远之际,那么也就到了把这理论推进得更远一点的时候了。
>
> 罗杰·弗莱:只是再推进一点儿吗? 老天啊,伙计,你衰老到这个地步了吗?

本文删节了贝尔原文中的三个小段——描写弗莱1904年巴黎生活的段落,关于科特尔德(Samuel Courtauld)②收藏的离题段落;以及关于弗莱容易上当受骗的另外一件趣闻。

---

① 马克斯·比尔波姆(1872~1956),英国小说家、散文家、批评家、漫画家。
② 科特尔德(1876~1947),英国工业家、收藏家,收集有大量法国印象主义画派以及后印象主义画派的作品,是伦敦大学科特尔德艺术学院的奠基人。

当我同一位美国友人谈到罗杰·弗莱时,他说:"既然你对他了如指掌,为何不给我们讲讲你心中的弗莱呢?"我答道,因为弗吉尼亚·伍尔夫写过一本弗莱的传记,这本传记不仅属于现今似乎将被出版的传记之中最全面地介绍了弗莱生平的著作,而且恰巧还是一部出自大师之笔的杰作:我无意与这位和我同时代的大作家竞争。当然,我心里明白,那位美国友人脑中所想的,是和伍尔夫女士所写传记的内容完全不同的东西;他寄希望于我的,是一篇开胃性的演讲,一场为时55分钟的津津有味的闲谈,也是我未曾发表过的自传中的一个章节。但是,这里又有一只拦路虎:因为弗莱去世之后,为博朋友一乐,我确实曾经胡乱涂过几笔,记录了他生前的不少趣事,以说明他本性的一个方面——那招人喜爱的荒谬性。我感到,只有认识这位主人公的人,而且必须是熟悉他的人,才能品味这些怪诞故事的真谛。但是,现在弗吉尼亚·伍尔夫已让我们熟悉了他,对我记录的那些逸闻趣事,这位女士甚至可以信手拈来——这些故事当然也非常乐于为她效劳——栩栩如生地在这里抖出一点荒诞性,在那里抖出一点放纵感。我可不是弗吉尼亚·伍尔夫,我不会把死的说成活的,所以我无法生动地复述自己所知的故事。我所能做的便是呈现——或者说试图呈现——这位男士,这位批评家和画家。我所选取的,更多地是我记忆中的他的言行举止,而不是他所发表的论著,因为他的著作,大家毕竟都能买到,而且大多数人对它们也很熟悉。述及他的思想,我有时必须参阅他的著作,不过,关于他的性格和天赋,我将尽力提供一份基于印象的介绍。

"罗杰·弗莱给你的印象如何?"我想,这是一个不容易答好的问题。以前那种将性格还原为与体液相对应的各种个性成分,然后加以分析的精细活儿,现在已经过时了,而且我认为,作为一种方法,它是不够深刻、不够敏锐的。然而,如果我说人们想起他时,首先映入脑海的是睿智、亲切、热情、敏感这些品格,认识他的人对此恐怕不会有所争议;我相信,大家也无法否认,他首先吸引那些初识者的,极有可能便是其博大精深的学问。我必须承认,他给我留下的第一印象则是外貌方面的。他身材很高——我敢说有六英尺高,但实际上却看不出真有那么高。兴许他有点儿驼背;他挺魁梧,不显瘦长,但无论如何不会让人觉得他十分高大。你所注意的是他那双眼睛,又圆活又犀利——一对难得的组合——而且,在那副大而圆的眼镜衬托之下,显得尤为浑圆。你也会注意到他的头发——我想,那曾经是乌黑的,但当我们相遇时,已经灰白了——他的长发,桀骜不驯而又柔软光洁,在某种程度上突显出他的特点。不管怎么说,从侧面看来,他的轮廓相当分明。经过精心修理之后,他的面容总是非常光鲜。他带着一种法官的神情,不过,从他身上散发出的,更多地是一个永远对生活感到惊喜的人所具备的气质——因为他确实就是这样的人。有时候,他令我想起高度灵活的摇摆木马。他常常会把好衣服穿得很别扭。显然,这些衣服全都出自手艺正常的裁缝之手,但是穿在他身上,总令人感到不太对劲。或许脖子上那条看不出质地的领带过于花哨,或许脚上那双黄褐色的凉鞋,本应换成黑色的,才同他的衣着更为相称。他的各种帽子都颇为独特,圆圆的帽檐很宽,严谨而且得体,与贵格会教徒的身份颇为相称。唯有穿戴全副晚礼服行头——白领带结、白背心、熨烫得笔挺的衬衫,以及服服帖帖的衣领——之时,他才显得精神抖擞,此时他的银发梳理得当,看上去德高望重,风度翩翩。

以上是第一次见面时,他留给我的印象。随着关系从点头之交升级为把臂之友,你便会注意到他那精力充沛的脑力活动和体力活动。正如我所说的,他热忱、聪颖、敏感、亲切、优雅,而且博学:这些品性早晚都会流露出来,对于认识他的每个人来说,这种流露总是来得很早,所以,我必须先来谈谈他的上述品德。但是,令他的密友们着迷的,却是他的极易上当受骗,正如他那些少有的个性一样:对此,我将稍后再作介绍。

我已说过,初见他时,给你留下最深刻的印象的,也许就是他的学问。你会因他广博的知识而惊叹不已,然后你恍然大悟,原来这些知识仅仅是为获得某种更珍贵的东西而必须掌握的工具而已——那珍贵的东西,用一个最贴切的词来表述,就是"文化"。罗杰·弗莱正是培根所说的"完整的人",他那庞杂的学识,只不过是进行思考、培养情感、丰富生活的一种手段。学问增强了艺术研究的乐趣,它使人们能将任何一个不期而遇、看似奇怪的事件,与其他实情、各种理论联系起来,然后将事件填入那块巨大的拼图板上,从而充分地挖掘其中蕴涵的信息。但是,对于结果,他从不坐享其成,除非他能理清与之相关的前因后果,从这里,你能体认到一位学者型批评家所具有的某种基本品格。在剑桥,他读的是理科,这一点大家必须记住,因为它有助于我们更好地理解他这个人以及他的优缺点。他曾经在"自然科学荣誉学位考试"(Natural Science Tripos)中一举夺魁。我敢保证,要得到这个冠军,仅靠肤浅地涉猎一点植物学知识或者解剖几只青蛙,是远远不够的。我想,要做到这一点,相当于要把思想拧成一个弯度,而在今后的生活中,无论碰到多么纷繁复杂、惊心动魄的经历,这个弯度也难纠正回来。

接着我要请你记住,罗杰·弗莱,无论从他所受的教育还是从他的某种性情来看,都是一个具有科学头脑的人。我不要你牢牢记住他的智慧和可爱,因为智慧和可爱正是我描绘他生平时所用的油彩。

我希望,随着文章的展开,他的这些品质能够自然而然地被人们感触到。不强调这些品质,对于他的老朋友们而言是不足为奇的,但是对于我并未突出强调他的敏感性,他们中的某些人却可能产生疑惑。是的,弗莱具有异常敏锐的感悟力,对于所有认识他,或读过他的文章,或听过他演讲的人来说,这是众所周知的事,至于与之共过事的朋友,对这一点他们更为清楚。看着他,或者更确切地说,只要跟得上他的思路,你就能体会得到他的判断是多么令人信服,因为这是建立在训练有素的敏感和渊博知识之上的。在那些情况下(譬如驳倒某个愚蠢的假设时),他所采用的方法是概括性或宣判式的。我曾见到一个小商人诚惶诚恐、战战兢兢、小心翼翼地从一只上着三道锁的保险箱里,捧出一幅据称是拉斐尔(Raffaèllo Sanzio)①所作圣母像的真迹,弗莱只是瞥了一两眼,便温和而坚定地说道,"这是18世纪的复制品,而且就当时的标准来看,做工也很粗糙",然后我看到,那位商人显然当场就心服口服了,他把画儿往保险箱里一扔,连箱门都懒得去锁。这就是弗莱的敏感性——基于智慧和学识之上的、训练有素的敏感性所具有的力量。据我所知,从未有人对他的这一能力有所质疑。但是,无论多么博学多才,他所不具备的,或许正是那种天生的艺术直觉,那是对美的渴望,是患上酒瘾似的对于艺术的迷恋,正如海兹利特(William Hazlitt)②所说的,这是一种"由衷的兴味"。对于不少二三流的画家或一些评论家而言,这种直觉已是最佳的天

---

① 拉斐尔(1483~1520),意大利文艺复兴盛期画家、建筑师,主要作品有梵蒂冈宫中的壁画《圣礼的争辩》和《雅典学派》,其他代表作有《西斯廷圣母》、《基督显圣容》等。
② 海兹利特(1778~1830),英国批评家、散文家。

赋了,譬如特奥菲尔·戈蒂埃(Théophile Gautier)①……

　　罗杰·弗莱在追求艺术的路途上,备受清高、保守家族传统的阻碍,以至于我敢断言,这种阻碍导致他后来不可避免地作出一些错误的假设,也导致他落入某些本可绕开的陷阱;如果他在自然的、文化程度不高的家庭教育氛围中长大,是完全可能避免误入这些歧途的。此外,剑桥的大气候,在"19世纪80年代"甚至以后,也并不完全有利于培养人们的审美情操,何况当时他阅读的,还尽是些科学书籍。这些我都考虑到了:虽然如此,重新审视他的早年经历,我仍觉得他所犯下的失误,他那无缘无故的热情,还有他的偏见,这些都不只是某个年轻艺术家会产生的过错,而是任何年龄层次的知识分子都会患的通病。确实,年轻人的稚嫩、天真、轻率,都与上述缺陷无干;1892年弗莱才二十六岁,而且有一段时间他还专攻艺术,这就令人不禁困惑了:倘若他具有艺术直觉,绝不至于在巴黎待了好几个月——在菲利普·朱利昂(Philippe Jullian)家也住过很长时间——竟然不为那些印象派的作品而兴奋,竟然会在卢森堡找不到比巴斯蒂昂·勒帕热(Bastien Lepage)②的画作更令人激动的作品。

　　我刚才提到清高而保守的家族传统:对于罗杰性格中清教徒式的气质,他的朋友可能喜欢,但决不会对其复杂内涵视而不见。即便在他放纵自己的片刻,这种特质也会以对立的形态表现出来。他的异教徒信仰是属于新教的——这又是对于清教徒主义的一种反抗。他在知性上是最自由的,但是他的公正性却让人不敢恭维,当他解放思想而去接纳被其先祖称为"邪恶的快乐"那种东西时,你会发现他

---

① 特奥菲尔·戈蒂埃(1811~1872),法国诗人、作家、戏剧文艺评论家。
② 巴斯蒂昂·勒帕热(1848~1884),法国乡村风俗画家、肖像画家。

有着淡淡的痛苦和微微的挣扎。随着地位的日渐提升,他被追逐、尊奉为权威,而这一清教徒式的气质,也就日益成为与他唱反调者纠缠不清的焦点。他思想开放,但又并非毫无成见,因为如前所述,他做事固然不偏不倚,却又十分看重原则;他深信,自己拥有的强烈情感便是原则,旁人的感觉一旦与之不同,即被视为偏见。清教徒式的教育,使他在某种意义上将自己的原则奉为上帝的意志。因此,在他的意识里,任何与自己作对的人,一定像撒旦似的说过这句话:"邪恶的是你,我的好人。"与他意见相左的人们发觉,这一点是十分令人讨厌的。

我们之中,没有几个人是坚不可摧的,正如约翰·德莱顿(John Dryden)①所说,大多数人都"被谎言泼洒过。即便最优秀的人,也总会有瑕疵"。就是"某种苦的东西"把生活这杯酒给搅浑了,而且当你把它吞下去之后,苦涩便会经常哽在喉头,弄坏生活的滋味。罗杰那杯酒里,散发出清教徒的浓烈气味:你几乎闻不出这种气息,但我相信,作为一个人和一位评论家,他的大部分缺点都可以追溯至此。当然,并非所有缺点全都源自这里,有些不足之处,应该归咎于他所受的科学训练以及他的脾气,但就前面提到的那些缺点来说,把它们记录下来也是值得的。这位纯洁而不按科学原理办事的美学家,实在是个感觉主义者。他先感受,直到上天恰巧把某个跃跃欲试的想法赐予他——或者诅咒他——他才会让自己的感情屈从于逻辑。说罗杰·弗莱的情感完全服务于他的理论,这是错误而且愚蠢的;他实

---

① 约翰·德莱顿(1631~1700),英国桂冠诗人、剧作家,著有诗歌《奇异的年代》、剧作《奥伦-蔡比》、文学评论《论戏剧诗》等,共写过三十部悲剧、喜剧和歌剧,有的文学家把他创作的时代称为"德莱顿时代"。

在是个好得过分的自然哲学家,以至于居然无法享受理论被事实刺痛的快感。这位纯粹的美学家,现已永远地处于被事实击倒的困境之中:令他颇感沮丧的,常常是那些按照当前理论本不应该,却又不知怎的大获成功的艺术作品(例如英国国会大厦或是吉卜林[Joseph Rudyard Kipling]①的作品)。我们的美学家,这位感觉主义者,更喜欢败在外行人的手下。摔倒之后,爬将起来,振作精神,继续走他自己的路,并为感受了冒险经历而欢欣不已。罗杰·弗莱并非完全喜欢这样的冒险。当他踏进画廊时,脑中常常带着某个笼统的概念——某个在当时来说,是,或者应该是,能全面解释艺术的概念。他不是一个故意否认事实的人,只是由于过分敏感,而往往忽略了那些盘旋在像我这种人的脑子里的想法。不过,我的确认为,他经常会给绘画作品打上主观的印记,因为它们的创意好,所以其效果也应当不差,对于那些看似违背光感原则的作品所体现出的明显而令人困惑的美感,有时他会极不情愿承认。这种不公正的倾向,十有八九源自清教徒对自然诱惑力的抵触,为了抗拒这种情绪上的抵触,科学精神便将他的思想极大地释放了出来,从而使之豁然开朗。他是我所见过的思想最为开放的人,的的确确是个试图将科学基本原理付诸实践的人——认为任何事物的真伪,都必须在经受试验之后,方能进行评判。这使他非常乐于倾听别人对任何问题的看法,即便在有些问题上他自己就是众所皆知的权威,哪怕这个"别人"不过是位小男生,或者是个女佣,他都照样听得津津有味,这一特点使他成了个十

---

① 吉卜林(1865~1936),英国小说家、诗人,作品表现英帝国的扩张精神,有"帝国主义诗人"之称,著名作品有《丛林故事》、长篇小说《吉姆》、诗歌《营房歌谣》等,获1907年诺贝尔文学奖。

足的大傻瓜——此乃后话，下面再说。倘若他在帕多瓦(Padua)①的阿雷纳礼拜堂(Arena Chapel)里邂逅了一个小男生——一个真诚而热切的男生，这个男生坦言，自己从乔托在此所作的湿壁画上，看不出丝毫含有价值之处，罗杰一准当场便会与他讨论起来，一幅一幅地加以分析，而且丝毫不带沾沾自喜的神情。我们的大批评家，总是把那个男生设想成严肃而热切的鉴赏者，所以对于这个小小的大逆不道者所提出的论点和反驳，自然极愿聚精会神地聆听：如被对方说服，我想他就要修正自己原来的判断了，必要的话，还会重新整理他的美学观。

关于给他带来如许麻烦的美学观，我还有话要说。但是首先请容许我举一个有关他思想开明、诚恳正直的例子，以此作为一种修正，因为如前所述(稍后还将说到)，他对待艺术品的方式，往往都是略带偏见的。他对印度画一直较反感：这种绘画冒犯了他的逻辑感和艺术品位。后来，也许他得到机会，研究了更多更好的作品，也许仅仅是在研究那些随手可得的作品时，他怀着更加愉快、更加包容的态度，反正后来他改变了对印度画的看法。看法既已转变，接着要做的便是坦率地"承认"事实。他是在一次颇具洞见的演讲中"招供"这一切的。当你想到在撰写那篇为印度画平反的演讲稿时，罗杰·弗莱已经年逾古稀，而且在欧洲早已是响当当的一流批评家了，我想，你就会同意我的意见，即他通过身体力行，展示了思想可以开放到何种程度，并给我们上了生动的一课。在欣赏高雅艺术作品时，他的科学精神并非一无是处，他的性格同样如此。

他的观念固然开放，可这并不意味着他真如那些忌妒的傻瓜所

---

① 帕多瓦，意大利城市名。

津津乐道的那样,是个易为冲动所左右的变化无常的人。有一件令人难以忘怀的事,对此,肯尼斯·克拉克爵士在为弗莱所著《最后的演讲》(*Last Lectures*)作序时曾经提请读者注意:尽管弗莱付出了努力,却总也无法使自己喜欢希腊雕塑。他本可十分高兴地喜欢上这种艺术,因为希腊的灿烂文明,因为希腊式的视角和生活方式,因为希腊的散文、诗歌、经典哲学以及科学观念,举凡受过良好教育的聪明人所能感受到的一切,他都体会得到。他认为雅典是人类的杰作,所以,在生命之路即将走到尽头之时,他还亲自和三位友人——他们都是威望极高的智者,其中一位还是卓有成就的专攻希腊文化的学者——相约,一同前往希腊,他想通过此行,验证自己的见解是否没有问题。他怀着希望自己能够爱上那个地方的初衷,可是,诚实,对于自我感受的忠实,仍然占了上风。他发现,无论是古希腊的,还是那些现被称为"表现伟大的时代"的雕塑,全都比较枯燥无味。于是,他就实事求是地这么说了。

  罗杰·弗莱深受美学的困扰,任何一位在乎艺术,而又难以抑制智力冲动的人,必定都是这样的。对于自己的情感,罗杰赋予了热切的关注,并且极爱进行分析,我认为,他在这方面做得比以前任何人都要好。分析过后,他要继续解释这些情感,于是便陷入了所有这样尝试的人全都难以逃脱的困境之中——请相信我的话。艺术如同生活,广袤无垠而不可捉摸;试图作出一个能够解释所有艺术的猜测,将和试图解释宇宙一般棘手,正如前者之看似简单一样。罗杰的困惑也是我们的困惑。正如很久以前人们认为生活蕴有恒量一样,艺术也有一个恒量,我记得他们称之为"C"——反正那是很早以前的事了。不过,我确信在那遥远的岁月里,有机物与无机物的区别,是根据某种可限定物质的存在与否来判断的,因此我们仍然可以说,一件艺术作品如果存在,除非它具有我过去所说的"有意味的形式"(或者随你怎么称呼它——只要你所用的名称也是指线条与光线的组合或词语与注解的组合,它们自成系统,即无须参照外部世界的标准,便能自由运作),倘不具备这一条件,那件艺术品就不算存在。只不过这么说,既不能回答"何为艺术"之问,又无法说明那个"C"究竟为何物,也解答不了"何为生活"的问题。雷诺阿(Pierre Auguste Renoir)①创作那些女孩和水果的作品时,将注意力全部集中在了画面的形式和色彩上,可是这些他所无法割舍的形式和色彩,却隐隐约约地表现出了令人垂涎欲滴的效果——观众产生了想要吻吻画中姑娘脸颊、尝尝画中桃子滋味的冲动。显然,如果画家以挑起这种欲望为创作的出发点,那么他就不成其为艺术家,而是变成色情画家或情欲至上者了。雷诺阿从未试图唤起那样的情欲;他所在乎的,只是表达出自己对形式和色彩的感觉。然而,有意或无意地,他也的确感受到这些形式、色彩之间所蕴藏着的某种开胃性的东西。他表现的是他所感觉到的一切。现在一位艺术家所能表达的任何主题,都成了他艺术作品的一个部分。问题开始有点棘手了,你试图理解这些作品,于是你将情况复杂化,为了加强可比性而将研究的案例成倍增加。这样,你就离罗杰被困住的地方不远了。他从不轻信我那冲动的教条——抛开一切,自始至终只关注"有意味的形式";因为他的知识太渊博,所以总会发现新鲜佳肴老是哽在自己科学性的食管里。他曾几乎将这些美味硬吞了下去,但他总是试图拓展理论范围,使之延伸到新的困境——这些困境之所以层出不穷,其原因不仅在于他那敏

---

① 雷诺阿(1841~1919),法国印象派画家,创作题材广泛,尤以创作人物画见长,主要作品有《包厢》、《游船上的午餐》、《浴女》等。

锐而不安于现状的智慧,而且还在于他那训练有素的、以大量实际体验为基础的敏感性。难题总是接二连三地出现在他的解释之前,这还用我说吗? 在与困难较量的过程里,他提出了许多有趣的问题;更好——极佳之处在于,他为人们理解一般艺术及具体作品提供了大量智慧之光。重新阅读一下《变形》(Transformations)中"美学上的几个问题"(Some Questions in Aesthetics)一章吧,在那洋洋洒洒五十五页的经典论述里,他对主题的挖掘深度,是任何前人或同辈中人都未曾达到过的——写这番话时,我并未忘记自己对之景仰之至的马克斯·伊斯曼(Max Eastman)①。你会发现,在这篇文章中,他那破坏性的批评特别富有说服力;他对审美体验的分析,会使你深受启发;你还会欣赏到理查德先生用那单纯心理解释之刀所剁出来的精致细小的肉末儿,它意味着一个荒谬结论,即我们对于艺术品的反应和对生活的反应是一样的。当我们试图寻找得出这个结论的缘由时,还是让弗莱自己来解释吧:

> 至于审美情感的价值——显然,它不属于托尔斯泰试图将之束缚住的伦理价值范围。它似乎远离真实的生活及其实际运行,正如最没有用途的数学定理之脱离生活一样。我们只能说,体会过审美情感的这一价值的人,感觉到了它所具有的某种"现实"性,一种对于他们的生活无比重要的现实性。任何解释它的尝试,都有可能使我最终掉入神秘主义的深渊。所以,我还是悬崖勒马,就此打住吧。(《视觉与设计》)

---

① 马克斯·伊斯曼(1883~1969),美国诗人、编辑,第一次世界大战之后的激进派领导人。

无疑,思想上的摸爬滚打,令他的批评理论体魄强健,不过这种体魄的形成,也耗费了许多珍贵的养料——包括久经训练的敏感、智慧、特殊的知识、广泛的文化常识、科学精神,还有荣誉。弗吉尼亚·伍尔夫曾经提及过"他那把绘画作品说活,使人们感受到艺术之重要性的独特本事"。罗杰·弗莱为他那代人以及下一代人究竟作出了怎样的贡献,这是我们无法用语言充分表达的。学会了如何深刻感受视觉艺术作品里的美感、辉煌和奇妙之后,恕我直言,他便能够松开锁住自己情感的扣子,将它平摊在一副犀利程度非同寻常的镜片之下了——我不说是显微镜下。一经如此审视,他就可以找到,并且时而可以创造出传递情感的词语,从而用读者、听众能够理解的表述,对情感加以分析了——其实,做他的听众远比做他的读者幸福得多。说这话时,我想到的,并不是他在教堂或画廊的作品跟前所作的令人难以忘怀的谈话和讨论,而是他的演讲。演讲是罗杰·弗莱最好的批评实践;他几乎是世界上最完美的演说家。伴以播放幻灯片的演讲,也是绝佳的评介绘画的方法,事实证明,它能让演讲者将所言、所想,与他所感受到的物质形象,一起直观地呈现在听众面前。如果你无缘在罗杰·弗莱的陪伴下参观画展,那么能听一场他的演讲,就是最好的选择了。他不受讲稿的束缚,任凭自己在银幕激发起的灵感中纵横驰骋。演讲是一个从感觉到语言的过程。人们几乎完全"看"得见他的思索和感受。

要将那激荡于胸中而又难以名状的情绪表达出来,他不得不在遣词造句上苦下功夫。依我看来,他的语言功底很深。他的文章浅显易懂,笔调活泼,而且有时机智隽永,妙语如珠。为他写传记的作家,曾以批判而又亲切的语气,提到他写文章时,有一种反复使用心爱字眼的习惯。既然语言里并无专供艺术批评使用的词儿,那么艺术批评家在写文章时犯这样的毛病,自然也就不可避免。例如"塑造的顺序"(plastic sequence)、"塑造的统一性"(plastic unity)、"内在生活"(inner life)、"结构面"(structural planes)等术语,其出现频率之所以很高,是因为在现成的语言里,只有这些符号可以用来传达同样层出不穷的深奥而复杂的观念。让读者或听众清楚地知道批评家用语的所指,这是非常重要的,也唯有通过以同样的术语反复地表达相同的概念,批评家才可以指望赋予这些术语以大家都能接受的、普遍的意义。从某种程度来说,艺术评论家必须创造出自己的语言。

作为一门精致的艺术,写作乃是罗杰的弱项。说起散文、诗歌的韵律,他有一点朦朦胧胧的概念,但却迷恋于创建关于韵律的理论。对于他所翻译的马拉美作品,还是评论得越少越好。唯一重要的是,他深信自己的译文翻得相当贴切。它们让我想起那位改编弥尔顿作品的理查德·本特利(Richard Bentley)①,因为,毕竟本特利是一位非常伟大的批评家,并在某些方面深谙希腊诗歌,其实没有一个现代人对此有过真正的理解。说到弥尔顿,我想起了罗杰写过的一些文理不通的话——只有亲密的友人才看得懂——这些莫名其妙的文字,确实具有和弥尔顿的《基督诞生之晨颂》(Ode on the Nativity)相似的音韵效果,但却没有他坚信的这首诗中应该存在的东西,亦即原诗的全部或近乎全部的优点。那些杂乱无章的文字,当然是被故意写得文理不通的——仅是语音的堆砌,实际毫无意义。其实,它又蕴含着高度的奥妙,我敢肯定,在其背后隐藏着漂亮的理论,因为我发现这些文字,同我若干年前对视觉艺术所作的解释,是极其相似的。只是

---

① 理查德·本特利(1662~1742),英国古典学术研究史上的重要学者和校勘家,曾任剑桥大学三一学院院长(1700)和钦定神学讲座教授(1717),编校过西塞罗的著作《图斯库路姆论辩集》和《贺拉斯诗集》等。

罗杰试验这一理论的时候,我们已经处于20世纪20年代末期,对后印象派的痴狂业已成为往事。反正在罗杰的文字里,绝对没有任何出于私心的东西。他只不过是喜欢这个理论,因为感到寻求"魔力"靠的就是这样的理论。它来自内心而不是头脑,罗杰自己也想相信它。现在,正是这些文理不通的文字,正是他对这些文字的阐释,还有他对自己的观点进行辩护的激情,使我看清了一个事实:罗杰对诗歌的感觉是清教徒式的。我想这个事实,对于那些反对他的人来说,早就明白无误了。诗歌的魅力、浪漫、意象、魔性和神秘,触犯了他心灵深处的贵格派精神,因此,他非常愿意相信诗歌中的全部所指,都可简化成清清楚楚、干巴巴的一堆骨骼。

对于他的写作和演讲,说得已经够多了,下面有必要谈谈他的绘画。这可不是一件值得羡慕的工作,因为罗杰·弗莱把自己的绘画看得比批评理论重要得多,那些仅仅通过他的学术成就而认识他的人们,必定感到这很荒谬。绘画在他的生活中至关重要,至少他自己是这么认为的。他这样说,所以朋友们也就对此深信不疑,然而,有些友人难免会提出这样的问题:他一定知道自己乃至今健在的、最为优秀的批评家,那么他在内心深处,是否同时认为自己属于优秀的画家呢?他知道,那些他自己所推崇的朋友,并不这样认为。在我看来,他的早期绘画,尤其是水彩画和那些在丝绸上画出来的作品,当属最令人感到愉快的成果了。坦率地说,它们的风格相当折中,每一笔都可看出源自哪些艺术大师,这些大师通常都是英国的水彩画家。可是,从他大部分的画作(1910年前的作品?)里,我真的没有找到任何令人赏心悦目的东西。那些狂放不羁的日子里,他无所顾忌地运用知识,尽情地提升自己的品位,努力发挥细致入微的观察力和敏捷的笔法。这些特点促成了一种尝试性的风格,它在某种程度上确乎表现出他禀性中的犹豫不决。后印象派画风的嬗变,极大地解放了他的潜能,同时也吞没了他谦虚的品质。改革释放了他的生活能力和享乐能力,但对他的画风毫无益处。那场即将把青年及年轻艺术家所具有的全部值得被解放的创造力释放出来的运动,那场他在国内大力提倡的运动,却损害了他的绘画创作,并且将之引向一条并不恰当的道路。他试图凭借自己理解透彻并能对其加以敏锐阐释的风格进行绘画创作,然而却无法形成个人的风格。过去那种华贵光鲜的装饰风格再也看不到了,从某种程度来说,那种装饰风格至少还是符合他的禀性的。可他的绘画天赋显得苍白贫乏,使人失望的是,我们已经察觉到它将不会取得任何突破。恰恰是他的活力和灵敏,或许能在别的领域给他带去丰厚收益,而在绘画方面的表现,却显得相当糟糕。他作画时速度飞快,既感受不到徘徊于某一主题之中,直至领悟到最后一丝意义渗透而出时那种可以反复咀嚼的快乐,也缺乏将构图调整到无懈可击地步的耐心。我曾经亲眼看见他毫无原则地,或怀着试图揭示某种神秘感的希望而不顾一切地,继续在画一幅明知再多一笔便是画蛇添足的作品,简直就像一名考生,明明已把自己所知道的一切写下来了,却为让卷面显得更加美观,而把写好的答案又誊写一遍。罗杰知道,他并没有在自己的画作里面增加什么东西。也许,他懂得太多了。

罗杰·弗莱是个没有耐心却十分优秀的工匠,他手艺过硬,而且学得很快。在这方面他所取得的最好成果,便是为欧米伽工作室(Omega Workshops)①制作的那些白色器皿;其中的一部分,有望被保

---

① 欧米伽工作室,1913年7月由罗杰·弗莱倡议成立于布鲁姆斯伯里费兹罗伊广场33号,主要帮助一些年轻画家发挥艺术之长,从事室内装饰,如碗、花瓶、桌椅、窗帘、地毯等的设计。1919年6月宣告结束。

存为公共收藏品,因为它们已经为数不多了。可是,他一想到有必要装饰某把椅子、某张桌子,或是某个衣柜,一想到应该美化一下窗帘、灯罩或是上衣,就会让某些东西出错。我时常揣想,肯定有鬼,有一个出自清教徒主义的魔鬼,它在年轻而充斥着"艺术气息"的岁月里备受娇惯,潜伏在主人的下意识里,一旦气候适当,就原形毕露了。无论如何,除了上述纯白色的器皿,在他为欧米伽工作室所做的其他所有工艺品中,我都感受到一种令人不舒服的味道——一种浓郁的"艺术性"的味道。那便是魔鬼的复仇;或许正是这一邪恶精神,把他挡在了创造之国的大门外面。他受到那个极乐国度的排斥,也无法到达那一世界的边境,因为他的艺术无论产自何方,总被某种邪恶的潜意识或自我意识缚住了手脚。它究竟是什么?我无从知晓。在内心深处那无法通向理性的某个阴暗角落里,他会不会相信,会不会希望,风格可由外界强加而来呢?(恐怖的想象力:那条路上罗列着艺术协会、服装、凉鞋、土布,还有福利事业,路的尽头是一家古老的英式茶房,它的门户张着大口。)——不,他既不可能这样相信,也不可能这样认为。如果罗杰没有创作出"艺术品",而是仅仅绘成了一幅图画,其原因很可能在于他实在无法将自己一贯鼓吹的理念——什么在创作中,所有的马儿都必须齐头并进啦,什么你不能像往昔的马夫被追赶者盯住不放那样,被风格或美感牢牢拴住啦——付诸实践。要是你问我,为何罗杰的画作看上去总是死气沉沉,我能回答的,便是雷诺阿在被问及艺术来自心灵还是头脑时所说的话:"是私处。"①

倘若罗杰·弗莱不是一位艺术家,那么除了最为招人喜爱之外,他更是同辈中最了不起的人物之一。这一地位,已为他的传记作家

---

① 原文为法文俚语"des couilles"。

所确立,其他朋友所能做的,只不过是在他的丰碑之前放上一束鲜花,缅怀上面的题词而已。我初次与他相遇,是在从剑桥开往国王十字车站的早班列车上。那是1910年初,从某种意义上讲,当时他刚开始新的生活。他的过去是如何结束的? 他又是以何等的勇气和虔诚与之抗衡,甚或在某段时间里是如何极力躲避它的? 关于这场悲剧,伍尔夫女士有着最生动的叙述。1910年罗杰·弗莱四十五岁:一种生活即将落幕,而另一种崭新的,或许更加激动人心的生活正要开始。确实,它是一场新的运动,每个人都能从空气中嗅到飘荡着的刺激感,就连我——甚至是我——也禁不住坐了下来,把事态的概况描述进一部著作里,颇有分量地给它冠以"新文艺复兴"(*The New Renaissance*)这一书名;三年之后,我确曾将其中一个部分予以发表,并且编成《艺术》(*Art*)一书,该书在原作品中只占一个章节。显然,当时社会出现了一种躁动:无论在伦敦还是巴黎,人们都预感到某种正确的进程即将来临,尽管现在以我看来,把这一进程描述为一场"复兴"似乎颇可质疑。这是一个学术问题:通常它由政治家出面解决,所以,阿斯奎斯(Herbert Henry Asquith)[1]先生、爱德华·格雷(Edward Grey)[2]爵士和勒内·维维亚尼(René Viviani)[3]先生向德国宣战了。但在1910年,只有政治家们才会做打仗的梦,而那些头脑相当清醒的人们所想象的,则是即将到来的美好时光。奇迹似乎随

---

[1] 阿斯奎斯(1852~1928),英国自由党内阁首相(1908~1916),自由党领袖(1908~1926)。

[2] 爱德华·格雷(1862~1933),英国外交大臣(1905~1916),奉行亲法反德政策,联合俄国,在第一次世界大战爆发后,因德国破坏比利时的中立,说服内阁对德宣战(1914),战后支持国际联盟。

[3] 勒内·维维亚尼(1863~1925),社会主义政治家,一战期间曾任法国总理。

时都可能发生,可当那天早晨罗杰·弗莱在列车上告诉我,他打算向英国大众展示最新一派法国画家的作品时,我跟他说,自己如能助他一臂之力,将很引以为豪,不过我也坦言,他的计划实属异想天开。并非我真的能帮得上什么忙——罗杰从不需要谋士①献计献策,而是因为我曾经夸赞过塞尚、高更(Paul Gauguin)②以及其他"革命者",他觉得我还是可以给他搭一把手的。反正,我被安排进入了某个无所事事的委员会,那年夏末,我在巴黎又加入了以罗杰和德斯蒙德·麦卡锡为首的行列;同年秋天,举办了首次后印象派画展……

第一次画展的结果是,罗杰·弗莱成了那些英国年轻画家的鼓舞者和支持者,但没有成为他们的领导者。几乎很少有年轻人会将他错看成领导者,尽管他们向他求教,从他那里受到鼓励,并且不时地还向他寻求物质上的支持。凭借杰出的智力、广博的文化知识和擅长各种游说方法,他成为现代艺术的代言人——我们在最高委员会中的代表。因为他的言语平实妥帖,《泰晤士报》觉得有义务将他的函件以大号字体登为头版头条。甚至连优雅的夫人们,连那位女首相,对他的见解至少也得假装侧耳倾听。于是,在他魔术师般的讲解棒的指点下,在他的神情、声音、变化多端的风格和明显的虔诚心的感染下,那些开始聆听他演讲的人发现,自己正在转变原来的立场。正是现在,这和平时期的最后几年,法国成了他后半生永存于心的——第二故乡;他在那里结识了许多思想深远、挚诚可爱的朋友,

---

① 原文为法文"État-major"。
② 高更(1848~1903),法国后印象派画家,醉心于"原始主义",用平涂表现带装饰性的真实场景及原始趣味和异国情调,作品有《黄色的基督》、《两个塔希提妇女》等。

这些人后来都起过相当关键的作用,在他阴郁颓丧的生活中燃起了希望之火。1910年至1914年间,他在英国国内也结交了不少友人,其中一部分后来成为他的亲密伙伴和共事者;应该指出,他们中的大多数人,都比他小一辈。我想,与那些和他共同步入中年的朋友相比——顺便提一下,他从未失去过、也从未停止过关爱这些老朋友——这一代年轻人更加放荡,更加粗俗,更加处变不惊,更加喜欢寻欢作乐,也更难于为严肃的风格和细腻的感情所打动。正是从这些年轻人那里,他学会了近乎无耻地享乐——是的,几乎如此。他们以反妖魔的行径,帮助他对内心深处那个宗教恶魔的劝诫实行抵制。说到这里,我也要记述一下年轻人向他学习而得到的回报。他所教授的东西委实不少:他把完全无私、绝对真挚的艺术激情和对正义的热爱、对残酷的憎恶互相结合起来,使青年们认识到了善良的美丽。善良受到青年们的推崇,这实在令我们之中的某些人颇感诧异。正如一切良好的人类关系所启示的,这些新建的友情,同样意味着给予和索取,而且我很清楚,是谁给予得最多。然而我注意到,在首次后印象派画展和一战之间的这个时期里,罗杰·弗莱的改变是十分惊人的,相比之下,从剑桥时期到画展的所有岁月里他所经历的变化,反倒显得平淡无奇了。

我已指出,罗杰之所以不能精心创作出一件艺术品,之所以匆匆地制造出了太多的工艺品,原因之一便是精力充沛导致他失去了耐心。伴有强大意志的这种精力是可怕的,因此,他的敌人们,还有那些偶尔受过他欺负的朋友们,都称他为冷酷无情、固执己见的人,这是不足为奇的,因为,如果你的司机把你径直拉到一片长满庄稼的田地,而原因仅仅是他不肯承认自己的地图可能过时了,或者他可能把地图读错了,这实在是件十分令人恼火的事。关于他的精力过剩和他的任性,在我

尚未出版的笔记里有一段文字,或许可以对之作进一步的说明:

我想起了8月某个寒冷而阴雨绵绵的周日——我已不能确定具体的年份了。当时,罗杰和我们一起住在查尔斯顿(Charleston)庄园,他正处于康复期,因为,罗杰也是一个虽然体魄异常强健、精力异常旺盛,却经常觉得自己这里出了问题、那里也有毛病的人。记得好像是在用早餐时,我听见妻子说,她怀疑罗杰想在下午某个时间,让人开车送他到八九英里以外的希佛德(Seaford)①去,他的老朋友欣德利·史密斯(Hindley Smith)就住在那里,但是,由于天气恶劣,路很滑,汽车又是敞篷的,而且性能不太好,所以她不打算帮这个忙。恰巧,在午饭之前,那位也和我们住在一起,而且和我妻子一样具有钢铁般意志的弗朗西斯·马歇尔(Frances Marshall,帕特里奇[Partridge]夫人)②向我打过招呼,说她有点头痛,如果不太兴师动众的话,想在午餐之后就上床睡觉。无论如何,她不准备和罗杰下棋。就我而言,我是从不在乎和罗杰下棋的;假如,万一你略施小计,成功地将了他的军——为对手设计陷阱,是任何像我一样狡猾的棋手从下棋中获得的乐趣所在——他就会拒绝接受结果,并说我的策略"没劲",硬要赖掉已经走过的几步棋——通常,这样悔棋都是对他自己有利的。然后,他继续下子,直到按照科学的、公认的原则,把对手杀到令自己满意的程度,方才罢手。不管怎样,

---

① 希佛德,英国地名。
② 弗朗西斯·马歇尔(1900~2004),日记作家,在拉尔夫·帕特里奇的妻子多拉·卡琳顿为利顿·斯特雷奇的逝世而自杀后,与拉尔夫·帕特里奇结婚。布鲁姆斯伯里文化圈成员之一。

在这个阴霾乏味的周日,吃罢午饭,罗杰便从椅子上一跃而起——当时如此虚弱的他,在需要行动的场合居然能够跳得起来。他兴奋地大声喊道:"现在轮到弗朗西斯和我下棋了。"可是,当弗朗西斯刚刚以他所能接受的方式输给他时,他又欢快地跳了起来:"瓦奈萨,我们还有时间去看望欣德利·史密斯!"瓦奈萨只好如同温驯的羔羊一般,跟着他出去了。

我刚才谈到罗杰思想开放,他随时都会听取自己认为态度真诚的人的意见,这是一件好事。而且,我认为,在不靠谱的场合,他发现真诚之处的能力也十分强,不过,有时这也会令他陷入困境。可以不忌讳地说,罗杰是个超一流的大傻帽儿:轻信他人,是他性格缺陷中既可笑又可爱的地方。这方面的故事不胜枚举;我可以自豪地说,有一两件这样的趣闻,是最初见于我的笔记,后来才出现在弗吉尼亚·伍尔夫所写传记里的。……

一个如此容易上当,而且受骗如此频繁的人,不可避免地会变得疑心重重起来——但他猜忌的对象往往不是真正的骗子,而是自己的老朋友和一片好心的旧相识。更加糟糕的是,罗杰在实用心理学方面毫无禀赋。在我遇见过的人中,像他这样看人不准的,简直少有。和卢梭一样,他总是乐于相信霍尔巴赫(Paul Henri Dietrich d'Holbach)①的种种阴谋,而且喜欢凭借子虚乌有的事实和动机,去

---

① 霍尔巴赫(1723~1789),18世纪法国唯物主义者,认为人的权利就在于自由地运用自己的才能去谋求幸福,但权利必须受理性的限制,自由要受到法律的制约。他的主要著作有《自然体系》、《自然政治》、《社会体系》、《普遍道德学》、《被揭穿了的基督教》、《神圣的瘟疫》等。

剖析那些他认为专门针对自己,其实不过是他自己凭空编造的阴谋诡计。这听上去是不是太恶劣了?其实不然,他的注意力具有极大的随意性,可以从个人的牢骚马上转到大家关心的一般问题之上,更为甚者,又可以马上转移到某件具体的事情上——说白了,就是流言飞语之上。对于上述两者,他都兴趣浓厚。此外,他的脑筋转得太快,他的享乐心理太强,他的品位太纯,他的游戏态度过于活跃,这些都使他对小麻烦不会关注太久。他和卢梭的相似之处毕竟不多。但是他很多疑,而且疑心重时言行常常有失公正。他可以变得像某位状况不佳的法官一样苛刻挑剔,这种个性很可能来自遗传。然后,那个隐藏于内心深处的清教徒原形毕露了,并且撺掇他相信,凡是与其意见相左的人,必定都受到了卑鄙动机的驱使。怀着这样的情绪,他就怀疑那些反对自己的人会像撒旦一般对他说:"邪恶的是你,我的好人。"此外,这种情绪似乎随着岁月的增长而变得越来越强烈,宽容度也变得越来越小了。至少在我看来,情况似乎就是如此。或者,是不是他的某些老朋友正在变得难以对付了呢?这样的理解,也是可以接纳的。

通过这篇不得要领的文章,我希望大家对于罗杰·弗莱的品性有所了解,正是这些品性,使他成为其同辈中最杰出的人士。智慧与敏感的结合,在艺术、历史、科学等领域无所不晓的渊博学识,对于精致工具的灵巧运用,以及使语言贴近思想情感的无与伦比的组织表达能力,这些都使他无可争议地成为了一流批评家。事实上,他不仅仅是那个年代的一流批评家,据我这个通晓三种文字的人所阅读过的材料来看,他还是有史以来在视觉艺术方面最优秀的作家之一。也许还有不少俄国人或德国人,他们对艺术品的反应更加细腻,他们的分析也更加尖锐,他们可能已经努力达到了离问题核心更为接近的地方,如果真是如此,他们的作品一经译成英文,我将会非常高兴地拜读,并且认真地加以研究。至于罗杰·弗莱,除了上述天赋之外,另有一些天赋也是人们常向公众提起的,还要补充的是他在私交中表现出来的使人愉悦的品质,例如,伴随着对于美酒佳肴的独特赏识,他总会显示出顽皮的才智、自由的幻想、欢快的兴致,于是除了那位伟大的批评家,你又找到了一位难得的志趣相投的伙伴。我认识的男士中,脾气比他更随和者不在少数,可是在取悦大众方面,谁也没有他那样好的先天条件。大体而言,他有乐天的性格,而且这种性格也成了别人快乐的源泉。唯有一个焦虑永久地困扰着他,那就是后代子孙的品德。去世之前几年,他尤其担忧文明会崩溃。因为,文明是他一直高度关注的目标,眼见那些对于文明最为致命的敌人横行于世——狂热主义、迷信思潮、教条主义、非理性主义、对于暴力和愚昧的追捧,以及对于真理和接近真理的方式的蔑视——凡此种种,都令他心灰意冷。其实,通过列举那些罪恶,我已指明了他的品德,也就是与种种罪恶截然相反的优良品性。他是个集各种美德于一身的人,更为可贵的是,他在实践中努力将这些美德发扬光大,令人备感友善亲切。

德斯蒙德·麦卡锡[1]
摩根·福斯特

"我想,他与布鲁姆斯伯里文化圈愉快的气氛密不可分,与对那些难以应付的、性格执拗的人物的调和,与压倒争议和刻薄的那种宽容妥协的普遍精神,也密不可分,须知尖酸刻薄也是这个学术圈子的特点之一。"[2]对于德斯蒙德·麦卡锡在布鲁姆斯伯里中的作用,昆汀·贝尔(Quentin Bell)所作的评价,被摩根·福斯特在为这位老朋友所作的悼文中阐述得很好。这篇悼文来自"传记俱乐部"(Memoir Club)的一篇文章,该文章于1952年麦卡锡辞世后与其他悼文一起被重新发表。

对于早年的德斯蒙德·麦卡锡,我已没有什么印象了,不过幸运

---

① 本文参见摩根·福斯特:《悼念德斯蒙德·麦卡锡(二)》(*Tributes to Desmond MacCarthy, II*),载《听众》(*Listener*),1952年6月26日,第1031页。——原注
② 昆汀·贝尔:《弗吉尼亚·伍尔夫传》(*Virginial Woolf: A Biography*),两卷本,伦敦:贺加斯出版社,1972年,第一卷,第103页。——原注

的是,还清楚地记得我们第一次相见的情形。那是大约五十年前,在剑桥大学校园内的某个小型辩论社团里,这种社团为数众多,而且不断地自生自灭。我很高兴,这些社团还继续繁衍生息着,我知道,天国里的德斯蒙德也会为此而感到欣慰的。

我们相识的那个社团名叫"亚平宁山脉"。它的邀请卡上画着连绵的青山,寓意双关,这里就不细说了。当时我得在这个社团宣读一篇论文,然后便被批得体无完肤。在我的批评者中,有一位面容温和、肤色黝黑的年轻人,他声音悦耳,举止优雅,坐在房间里非常靠后的座位上,虽然温文尔雅,却深知自己要说什么,以及应该如何措辞。那就是我对他的第一个印象,而且可以说,也是最后一个印象。这位青年后来变成了垂垂老者,变成了名噪一时的人物,可是他依旧性情温和,文质彬彬,总是对自己的思想一清二楚,而且总是坐在房间里靠后的座位上。在这方面,与他形成鲜明对比的,则是那位锋芒毕露的批评家某某先生,或者是那位唠唠叨叨的专栏作家某某爵士,他们都是想方设法抢坐头排的人。我觉得并非德斯蒙德的谦虚使他"离群索居",而是他非常清楚自己应该置身于何处。离开"亚平宁山脉"几年后,他在从事文学编辑工作时,给自己取了个笔名——"和善的老鹰"(Affable Hawk)。这个名字对他来说,真是再合适不过了。他总是尽可能和颜悦色地对待自己的同行,不过,倘若某部作品写得肤浅或是狂妄、粗暴,这只老鹰便会扑将下来,而它的猎物就要毛羽横飞了。

我和他交情甚好。在那些遥远的日子里,我们曾经一同住在萨福克郡(Suffolk)[①],后来又迁往别处,可是我对他的所有鲜活记忆,都

[①] 萨福克郡,位于英格兰东部。

呈现为他与其他人构成团体时的场景。所以,还是让我们从剑桥转到伦敦去吧。在20世纪初,我记得那里有个专门的团体,它的组建目的,只是为了让德斯蒙德可以把他的小说写出来。他很想写自己的小说。他可以口述那部小说——人物、情节、事件,一切都那么引人入胜:我记得故事讲的是威尔士的某个苍翠山谷,那里埋藏着一幅名画。可是,他总是无法将这小说落笔到纸上。于是他的一些朋友认为,假如建立一个社团,每个成员都要创作小说,并且在每次集会上都要大声朗读刚刚脱稿的一个章节,那么,德斯蒙德就会不情愿地被大家拖到写作的道路上来了。然而不出所料,他又硬生生地逃脱了这一拙劣的圈套。别人开始写小说了——不但开头漂亮,而且在第二章里已将情节铺展开来,他呢——他说他把构思好的东西忘记了,他说稿子不知被搁在哪儿了,他说没有时间写。所以,他终于没把故事写出来。第一次世界大战之后,这个社团得以重建:不是为了写小说,而是为了写回忆录。

在写回忆录方面,德斯蒙德可是无人能比的。他常说:"记忆是一部最好的排字机。"在这个拥有利顿·斯特雷奇、弗吉尼亚·伍尔夫以及梅纳德·凯恩斯(Maynard Keynes)①的团体里,他在把握过去、重组过去的能力上技压群芳。我特别记得他的一篇论文——如果可以称其为论文的话。在邓肯·格兰特的工作室里,他像鸟儿一般远远地栖息在某个角落里,面前放着一只打开的手提箱。他告诉我们,那个斜支着的箱盖,正可用来摊放他的文稿。他不断地朗读

---

① 梅纳德·凯恩斯(1883~1946),英国经济学家、凯恩斯主义创始人,认为失业和经济危机的原因在于有效需求的不足,主张国家干预经济生活并管理通货,主要著作有《就业、利息和货币通论》等。

着,像以往一样,因为他的才智、博学和洞见,我们听得欢欣不已,直到那手提箱因他轻轻摆了一下手而不幸地掉了下来。里面竟然空空如也,根本没有什么文稿。原来,他一直在作着即兴讲演。

德斯蒙德·麦卡锡①
伦纳德·伍尔夫、弗吉尼亚·伍尔夫

伦纳德·伍尔夫在其自传的第一卷里,提及德斯蒙德·麦卡锡发下的伟大誓言。为了坚守自己对此誓言的判断,他又在第三卷中试图阐释麦卡锡的聪睿资质与其并不杰出的成就之间所存在着的巨大落差。伦纳德在自己的阐述中,又插入了1919年弗吉尼亚日记里的一个段落。这个段落写于麦卡锡《残迹》(*Remnants*)一书出版之后,它再次谈及麦卡锡充满矛盾的性格和写作生涯。

……千真万确,德斯蒙德步入中年之后,看上去就像一只羽毛蓬乱的鸟儿,他自己也深知这一点——由此取了个颇具个性的笔名,"和善的老鹰"。不过,我第一次见到他时——他二十六岁,刚完成周

---

① 本文选自伦纳德·伍尔夫:《重新开始:从1911年到1918年的自传》(*Beginning Again: An Autobiography of the Years 1911~1918*),伦敦:贺加斯出版社,1964年,第135~141、143页。——原注

游欧洲大陆的教育旅行——他不带半点从巢中跌落的、羽翼蓬乱的雏鸟的神情;他像一只威武雄壮的雄鹰,只需轻轻地扇动一下翅膀,便能滑翔到自己希望达到的任何高度。他不但外貌如此,善良的仙女们还慷慨地赐予他每一种可能的天赋,尤其是每一个想当作家和小说家的人都梦寐以求的天资。然而,为何他始终没能实现自己的誓言?为何他由那只锐利的雄鹰退化成了一只和善温良的老鹰、一只羽毛蓬乱的雏鸟呢?

……人类的心理,复杂得如此令人气愤,以至于你完全不能单靠一个表面原因,去解释其思想、行为和性格。困难之一在于,对人脑而言,同一个因素可以既是原因也是结果。因此,拿德斯蒙德来说,称"他那独特的谈话天赋"是他不肯写作的理由,很可能是非常正确的,不过,以下解释同样合乎情理:(1)那是他不写小说的借口;(2)不写小说又是促成他获得独特谈话天赋的原因。有一年夏天,德斯蒙德来到乡下,在阿希汉姆屋(Asheham House)和我们一起小住了几日。到达的时候,他有些无精打采,并且很快就向我道出了原委。他有位朋友,即小说家韦奇伍德(A. F. Wedgwood),不久之前刚刚去世,留下一本遗作,德斯蒙德曾经向其遗孀许诺,自己将为此书写一篇介绍作者生平的引言。这件事,他一拖再拖;书已交付排印,马上就要装订,一切就绪,只等德斯蒙德的那篇引言了;出版商心急火燎,气急败坏,只好成天狂轰滥炸般地给德斯蒙德发送电报,并且每次都预付过复电费用。德斯蒙德发誓说,他会在周末把东西写出来,下星期一早上必定会将稿件邮寄给那位出版商。因此他也要我发誓,第二天一早必须把他独自反锁在屋里,引言写不完,就不能放他出来。当时他还告诉我,他自己正承受着某种疾病带来的痛苦:他只要知道到时候必须做某件事情了,不论那是件什么事儿,他总会觉得自己做不成,并会为逃避它而去做其他任何毫不相关的事情。"它"是什么,无关紧要,可以是某件他真正想做的事情,不过如果它也是他深知自己所必须完成的,他就会发现自己正做着另一件其实并不想做的事,这同样是为了让自己不用去做那件必须做,并且真正想做的事情。

比如,这里就有一个在德斯蒙德的生活里出现得极为经常的例子:他与某些自己喜欢的人士约好,7点半在切尔西(Chelsea)①共进晚餐;他一直盼着夜晚的来临;7点整,他端坐在伦敦另外一头的某个房间里,正在跟两三位他并不喜欢,而且令他生厌的人闲谈;7点零5分,他开始觉得应该欠身告辞,前往切尔西;7点半到了,他却还和那些自己不喜欢的人士坐在一起,并且已经开始耽搁人家吃晚饭了;8点整,这些人执意挽留,请他和他们共进晚餐;8点零5分,他给在切尔西的朋友们打电话、道歉,并宣称20分钟后就会赶去和他们相聚。

我应该加上一句,到达阿希汉姆屋的当晚,德斯蒙德恢复了兴致,心情很不错。入寝以后,我们听见他有一会儿在走廊上踱来踱去,同时呻吟着:"噢,上帝!上帝!"次日清晨,当我将他锁在起居室里时,他还显得相当愉快。一个钟头以后,他砰砰地敲着门,同时大喊:"伦纳德,你必须放我出去,你必须放我出去。"——因为他的烟卷儿抽完了。于是我意志不坚定地把他放了出来,以便他可以走到一英里开外的洛德梅尔(Rodmell)去,找那边的小铺子买些烟卷儿。我不记得当他在星期一或是星期二的早晨离开我们时,那篇引言究竟有没有完成。我宁可认为,他没能写出来。

为何德斯蒙德未能实现少时的雄心壮志?为何他最终没有将

---

① 切尔西,英国伦敦西部街区,在泰晤士河北岸,自18世纪以来为作家和艺术家聚居地。

1903年时脑子里业已酝酿成形的光辉小说写出来？原因之一在于，他以为自己应该写小说，而且写的应该是绝对一流的小说。在许多方面，德斯蒙德是极受穆尔①宠爱的使徒，心怀着门徒愿为精神导师或圣人献身的纯洁和热烈，他也极其热爱并且紧紧追随着穆尔。作为一个可塑性还很强的青年，他和那些岁月中身处剑桥的我们所有人一样，将《伦理学原理》一书奉为立身、立言、立行的圣典。我曾在《播种》(Sowing)中描述、解释过穆尔及其论著对于我们的影响。这本书教导我们应该做什么，不应该做什么，所以，当你想起这些字眼时，倘若不想亲眼见到穆尔本人、亲耳听到他在说话，是不可能的；仿佛他在说"我认为一个人应该这么做"，或者"我认为一个人不应该这么做"，仿佛他一边强调着这些话语，还一边热情洋溢地摇晃着脑袋。因此，每当德斯蒙德坐下来开始写作之时，总是有一个看不见的穆尔，满口什么"应该"、什么"不应该"地站在他的椅子后面。不过，不管是作为一个人，还是作为一个作家，他的天资都是属于抒情型的，他的才能必须能纵横驰骋，所以，在严格的、教条式的束缚下，想象力就发挥不出来，他就没法进行写作。

希腊人说，"最好"永远是"很好"之敌。捆住德斯蒙德手脚的东西，有对于"最好"的追求，有《伦理学原理》的鬼魂般的回音，还有他心中的那本指导手册，它的开头总是写着如此恐怖的文字："你这样做到底是什么意思？"刚刚"一本正经"地动起笔来，他就开始感到吃力，而且越是笨手笨脚地修改业已写好的内容，改出来的文字读起来就越加艰涩费解。这就把我带回到本书开头提出的问题上来了，那

---

① 穆尔(1873~1958)，英国哲学家、伦理学家、实在论者，曾任剑桥大学哲学教授(1925~1939)，主要著作有《伦理学原理》、《反驳唯心主义》、《哲学研究》等。

就是专栏写作对于德斯蒙德及与他一样的作家,究竟具有什么影响。专栏写作提供了一个简单的方式,使他得以摆脱诸如写小说时所要面临的艰难而复杂的处境。但他认为自己应该写一部小说———一部严肃的作品——于是,一旦养成了习惯,无法做自认为应该做的事情,那么另一种习惯,也就是为避免做该做的事而做某些别的事的习惯就起作用了,比如为《新政治家》(*New Statesman*)或《星期日泰晤士报》(*Sunday Times*)写点儿文章,就变做他逃避成为一名伟大作家这个义务的避难所了。(当然,更加糟糕的是,当应该动笔写稿子那一刻来临之际,他又不得不去寻找另一个能让他躲避写这篇稿子的其他事情来做。所以,那些心急如焚的印刷商,必须得有位尽心尽责、办事干练的女秘书,能够想方设法地逼出"和善的老鹰"的文章才行,然而稿子到手时,通常总要超过最后期限至少好几分钟了。)

然而,以撰写文章为挡箭牌来逃避做自以为应该做的事儿,也即创作小说,对于德斯蒙德来说,还只是故事的一个方面。对于文学,他的标准极高,因此,如果自己存在任何降低标准的倾向,那么对剑桥的那些回忆呀,穆尔以及《伦理学原理》呀,都会出来警告他,要他就此放手。作为一位严肃的艺术家,想写出一部书稿,比如小说,除了写作能力之外,他还必须具备多种非同一般的素质。不论你对赞扬或指责多么敏感,在一些问题上你必须冷酷无情,必须我行我素——对自己也得心肠坚硬。作家一定要有勇气对自己这样说:"本人不在乎他们怎么评价我以及我的作品;我要把它交付出版,让这些人见鬼去吧。"而且作家必须勇于承担责任,为所写的内容承担责任;从艺术角度而言,他必须敢在公众面前把自己剥得精光,当机立断、毅然决然地在刺骨的寒风中纵身跳下去。和德斯蒙德具有类似性格的人们,一旦怀疑自己所写的东西是否有价值——实际上,这样的疑惑也会偶尔折磨所有优秀的作家——他们就无法奋力贯彻始终了。你还来不及换口气,他们便已无法迫使自己克服折磨了,这种折磨往往出现在长跑比赛中看不到希望的那个片刻,他们无法面对责任。这时,专栏写作便会又一次成为德斯蒙德的庇护所。因为即便是《伦理学原理》,也会允许你在为《星期日泰晤士报》或《新政治家》写文章时放低标准的,毕竟,你不是"在永恒的状态下"(sub specie aeternitatis)进行写作,你的写作,只不过是为了一个短短的周末而已。此外,无论如何,与其说责任在你,倒不如说更在编辑。专栏写作是艺术家的鸦片,最终定会毒害他的头脑和才艺。

有好几年,我时常能见到德斯蒙德,或在白天或在晚上,和他一起散步、交谈,看着他尝试写作,我甚至还曾偶尔和他一起工作。我深信,本人在先前的段落中分析过的,或多或少都是作为作家的他的心态。你唯一能够补充的就是,这位故人的魅力永远无法通过文字来再现。你只能记录下这个事实:德斯蒙德是最让人着迷的人,是最有趣的同伴,而且他对友情忠贞不渝,犹如一头年老的牧羊犬。

走笔至此,我想到了弗吉尼亚,她患病之后,有一阵子每天只能写一个小时的小说,我记得她曾将朋友们的性格简短地记录在日记里,以此作为消遣。我找到了其中关于德斯蒙德的描述,以下便是她1919年1月所写的原文:

> 我有多少朋友? 利顿、德斯蒙德、萨克逊(Saxon Sydney-Turner)①:他们属于剑桥生活时期的相识;个个才华横溢……我

---

① 萨克逊(1880~1962),索比·斯蒂芬的朋友,先做遗产税务局的文职雇员,后进财政部,直至退休。布鲁姆斯伯里文化圈成员之一。

无法将他们排出先后顺序，因为人数实在太多了。譬如，凯·考克斯（Ka Cox）①、鲁珀特·布鲁克（Rupert Brooke）②以及邓肯，都是后来才进入我的生活圈的。……德斯蒙德还没有来电话。要描述他的性格，这是相当好的开场白。写他的时候，你面临的困难近乎是被迫要去描写一个爱尔兰人。他是如何频频错过火车，如何始终没桨没舵地漂流在最湍急的水流中的？他是如何不断充满希冀并踌躇满志地做着一个又一个的计划，却又不断地推诿搪塞的？他的日子过得紧巴巴的，仅凭那令编辑心慈手软、令店员同意赊账的迷人口才勉强度日，不过，至少还有一位声望卓著的贵族，在遗嘱中留给了他一千英镑。……我说到哪儿了？对了，是德斯蒙德，与斯特雷奇一家相比，我觉得他是多么富有同情心。这是真的；我确信在他身上，也有我们任何人都具备的最美的性情——那种人们以最快速度为自己作出选择的性情。我认为，作为朋友，他没有任何过错，只是他的友情始终被笼罩在一片茫茫的云层、某种飘荡着的时空雾霭之中，它们将我们隔开，使我们无法相见。他的慵懒，也许意味着友情里蕴藏了一丝懈怠——但是对此我又几乎觉察不到。这种懈怠其实来自那种认为一切都不重要的意识，我发现这一意识颇富想象力和吸引力。从本质上看，他有点猜疑心理。但是追究起来，我们之中毕竟又有谁能比他更加不厌其烦地去做那些碰巧遇见的善事呢？又有谁，比他更加宽容豁达，更加富有感激之情，更加善解人意呢？诚然，他不是英雄式的人物。他感到快乐过于惬意，

---

① 凯·考克斯(1887~1938)，鲁珀特·布鲁克的女友，费边社(Fabian Society)成员。
② 鲁珀特·布鲁克(1887~1915)，英国诗人。

靠垫过于柔软,闲适太过诱人,于是正如我现在所感受到的那样,他不再雄心勃勃了。我相信,在下午茶和晚餐之间的那一时段里,他的"巨作"刚刚成形(现在可以认为它是哲学或者传记作品,反正经过一系列的长途跋涉之后,今春肯定要动笔了),因为在这个时段里,有那么多的活儿不但看似可能而且已被完成。黎明来临,德斯蒙德心满意足地开始写他的文章;笔尖上半诙谐、半忧伤地纠缠着对于命运的妥协,这,就是他自己注定要过的生活。然而,的的确确无人否认,他身上有些东西闪烁着明亮而美丽的光芒——一些故事、回忆、研究心得,散落在他的脑子里,因为这些,在他的谈吐中已清清楚楚地流露出来了。有人对我说他有权力欲;说那些思绪的片段,永远无法被编织成论点;说他不连贯的谈话,无非表现了对于这些片段的过度宽容,在书面论著里,它们将会无可救药地漂散开来。无疑,他对这些问题有着自知之明,这使他在撰写一本后来总算完工了的著作时苦不堪言,大汗淋漓,直到支离破碎的思绪终被堆砌成为一个稳固而枯燥的整体,这时他才得到了解脱。然而,我看见自己在那些时光中的某一天里,检查着他的桌子,从大量吸墨纸和成堆旧账单中,抖出一张张未被写满的稿纸;我看见自己已将那些席间闲谈,整理成了小小的书籍,这是一个证据,它告诉年轻一代,德斯蒙德是我们所有人中最富才华的人。可是,年轻人会问,为什么他却一事无成呢?

……我们最后一次相见,是在他过世之前不久,当时我们一同走出位于戈登广场的一所房子,他刚在那里开完"传记俱乐部"的会议。那是一个萧瑟的秋夜,时间已到11点钟。他忍受着哮喘的煎熬,当我们转身离开时,哮喘突然又一次发作,折磨得他痛苦不堪。我让他在街边等待,自己跑去给他叫出租车。在我将他搀扶进车内的时候,他看上去既不像什么和善的老鹰,也不像什么羽毛蓬乱的雏鸟,而像一只遭受过重创、身心疲惫、极度憔悴,并且奄奄一息的乌鸦。走到戈登广场的拐角处时,我忽然又看见了他年轻时的身影,那是在德文郡(Devonshire)①"猎人客栈"(Hunter's Inn)的后山上,他走在我的身旁,我们俩正同穆尔、利顿一起,前去参加某个复活节的"读书会"。还有什么事情,能比突然目睹自己曾经年轻气盛的朋友饱受衰老、疾病的折磨,更加令人恐惧呢!记得我离开时,德斯蒙德坐在车里,显然,哮喘和年迈已经让他筋疲力尽、心力交瘁。他是那么慈祥,那么沮丧而虚弱,但又是那么勇敢坚强,没有抱怨,没有伪装,而且只要体力允许,他就仍然开着他的玩笑,仍然斟酌着他的措辞……

---

① 德文郡,英格兰西南部的州。

莫莉·麦卡锡[①]

伦纳德·伍尔夫

莫莉·麦卡锡[②]被视为布鲁姆斯伯里文化圈中最好的报道员之一。她著有一部自传、一部小说,以及一系列传记式的小品文;她为丈夫组织过"小说俱乐部"(Novel Club),还有后来的"传记俱乐部"。然而,在被她命名为"布鲁姆斯伯里"的文化圈里,她却又一直处于比较令人难以捉摸者之列。原因之一是她的耳聋日渐严重,这使她无法参加布鲁姆斯伯里文化圈的讨论。正如伦纳德·伍尔夫在他的这篇小短文中所提到的,与德斯蒙德共同生活时所经历的种种折磨,则可能是另一个原因。

(莫莉·麦卡锡)属于那种即使遇到最微不足道的恐慌,头脑也会顿时陷入一片空白的人;她的茫然无措和心绪不宁的优柔寡断,必

[①] 本文选自伦纳德·伍尔夫:《重新开始:从1911年到1918年的自传》,伦敦:贺加斯出版社,1964年,第142~143页。——原注
[②] 莫莉·麦卡锡(1882~1953),英国作家,德斯蒙德·麦卡锡之妻。

定是因为她一辈子总要等待德斯蒙德回家吃晚饭而长期积累成的，后者总是把业已邀定朋友来家中共进晚餐这样的事，忘得个一干二净。莫莉采用什么样的方式拒绝动脑筋，从以下一段与她相关的有趣回忆中便可知晓。某个周末，她和叶芝(William Butler Yeats)①都住在嘉辛顿(Garsington)②。星期天用过晚餐之后，那位诗人一如既往地作着他的专题演讲，并且突然把话题扯到灵异现象、超人视力、通灵使者上来，这类话题我是最讨厌的。他一个转身，面对着莫莉，声称自己相信她具有超自然的心理感应能力，所以必须允许他来做个试验，让她不用眼睛而"看到"东西。莫莉很不情愿，但最终还是屈服了，她紧张地表示愿意试试。当时，我想画室里大约有十来个人，可怜的莫莉坐在叶芝身旁的一张椅子上，而后者口中念念有词，开始表演那套惯常的通灵仪式。有一阵子，室内鸦雀无声，然后叶芝说道："现在，亲爱的，你看到了什么？"莫莉的脑子轰地一下，变得一片空白；她什么都没有看到，甚至连想想自己可能看得见什么的劲儿都没有了。叶芝似乎有点不大自在："说呀，亲爱的，说呀，你肯定看见某样东西了。"又是一段很长的、令人窒息的寂静时间，终于，莫莉痛苦地说道："是的，我想我的确看到了某种东西——一只青蛙。"这个答案，惹得叶芝勃然大怒。

---

① 叶芝(1865~1939)，爱尔兰诗人、剧作家，都柏林阿贝剧院创建人之一，写有诗作《钟楼》、《盘旋的楼梯》及诗剧《心愿之乡》、《伯爵夫人凯瑟琳》等，获1923年诺贝尔文学奖。

② 嘉辛顿，英国地名，位于牛津附近，菲利普·莫瑞尔夫妇此处的农场，战时集中了一批反战者在此做工。

摩根·福斯特[①]

弗吉尼亚·伍尔夫

弗吉尼亚在布鲁姆斯伯里文化圈有许多朋友,福斯特是在学术上与她最亲密的一位。弗吉尼亚在书信里曾经提到,自己常与他谈论关于写作的事。在她成长为小说家的过程中,福斯特发挥过深远的影响,当他早已写了不止一部小说之后,伍尔夫的第一部小说方才出版问世。虽然两人的小说观念并不一致,对众多问题各持所见,但是他们又都为彼此的作品写过一些最好的评论。弗吉尼亚从未给福斯特写过任何传记性的文章,不过通过她遗留下来的各种日记手稿,我们却可拼凑出一个福斯特的形象;弗吉尼亚去世之后,福斯特在剑桥作过一次感人至深的讲演,[②]这些日记又可视为对这一讲演的有力补充。伍尔夫在

[①] 本文选自《弗吉尼亚·伍尔夫日记》(*The Diaries of Virginia Woolf*),安妮·奥里维尔·贝尔(Anne Olivier Bell)、安德鲁·麦克内利尔(Andrew McNeillie)编,伦敦:贺加斯出版社,1977~1984年,第一卷,第291、295、310~311页;第二卷,第33、96、138~139、171、204、269~270页;第三卷,第178页;第四卷,第297~298页;第五卷,第337页。——原注

[②] 见本书第118~141页。

日记中对福斯特的描述,既体现了他们彼此对对方的关爱,也流露出某种审慎。例如,伍尔夫认为福斯特是十分敏感的,因此有点儿招惹不起,而后者则在自己的《备忘录》(*Commonplace Book*)中称伍尔夫为"女祭司",所以不愿在书中对她开半点儿玩笑。(在1935年4月9日的日记里,弗吉尼亚谈及布鲁姆斯伯里文化圈的一段喜剧性的历史,她自己和伦纳德都希望福斯特能够为贺加斯出版社将这段历史写出来。)

1919年7月12日,星期六

昨天,我在滑铁卢车站的月台上遇到了摩根·福斯特,一个外形极像蓝蝴蝶的人——我这样说是为了形容他的晶莹剔透、自由轻盈。此前他一直在帮五位从戴普弗德(Deptford)①前来滑铁卢的印度人搬运行李;这几个印度人似乎把他给累垮了。我们就彼此的文章互相夸赞了一番——我惊奇地发现,他竟公然表现出爱听恭维之词的神态,虽然就我自己而言,表示这种赞扬并非出于他意。……我非常喜欢福斯特,尽管觉得他既精灵古怪又糊里糊涂,这令我在某种程度上为自己的笨手笨脚和固执己见而惶恐不安。

1919年7月24日,星期四

摩根……是个超凡脱俗、真诚直率的人,他古怪精灵、超然物外,应该说,对于别人的话语,他常表现得近乎毫不关心,而对于自己所希冀的事物,他却表现得相当有主见。我认为,他并不想在知识分子的圈子里出人头地;当然,他也不希望做什么场面人物。他富于幻

---

① 戴普弗德,伦敦区名。

想,而且非常敏感。对我来说,这是一个有魅力的人,尽管要了解他的这些品质,所花的时间将和当年你想用松脂盖住一只天蛾(humming bird moth)一样漫长。更加确切地说,他活像一只漫无目的、飘然闲飞的蝴蝶,因为他的性格中既没有激情也没有急迫。对他来说,操纵话语权是件让人讨厌的事。他慢吞吞地坐到椅子上,或是在房间里四处溜达,随意地翻翻书……如果我们给他付车钱,他会很愿意到阿希汉姆屋来:他在银行只有二十六英镑的积蓄。我喜欢这种解释事物的简单方式。他憎恨斯蒂文生(Robert Louis Stevenson)[1];他继续编织着自己的小说故事;他领会了我对人物对话的理解;关于他,还有好些话可说,但是我却不知道如何来说。真是可笑,我到了这个年纪——我觉得自己真的已经步入中年了——竟然还会像现在这样容易感到困扰和慌乱。这会令人语无伦次、言不尽意,例如我说"想写一篇关于你的文章",可那并不是我当时想要说的话。

1919年11月6日,星期四

摩根具有艺术家的头脑。他谈的是简单的东西,这些东西聪明人是不会讲的,因此,我发现他是最棒的批评家。经他这样点拨一下,那个被你忽视的东西,就显而易见了。他深陷在自己一篇小说所设的困境中,拨弄着打字机的按键,可是迄今为止,除了制造出一些噪音之外,什么都没写出来。

1920年4月24日,星期六

晚上摩根来了。非常随和,像蓝蝴蝶一般敏感。所以,我很高兴

---

[1] 斯蒂文生(1850~1894),英国作家,19世纪末新浪漫主义的代表,主要作品有小说《金银岛》、《化身博士》、《诱拐》等。

在他的生日簿上写字,这本生日簿是他对友善的测试。他在"友善"问题上十分固执——十足一个清教徒。说实话,我但愿自己能把他的言论写下来。

1921年3月1日,星期二

摩根要去印度了,而且我觉得他会永远待在那里。他将成为一个神秘主义者,坐在路边,忘却欧洲,我想他对欧洲是相当蔑视的。三十年之后,他可能会再次出现,送给我们一个顽皮的神情,然后又回到东方去,而且业已写成一些深奥难懂的诗歌。他在这里没有根。去印度的消息使我很伤感。我喜欢他,喜欢有他在身边,但是我们又要见不到他了。

1921年9月15日,星期四

今天早晨收到摩根的一封来信。对于东方,他似乎和对布鲁姆斯伯里一样持批判性的态度。他包着头巾,坐在那里观看他的王子跳舞,一派无动于衷的样子。他对维多利亚女王(利顿·斯特雷奇的《维多利亚女王传》[*Queen Victoria*])也毫无印象。他说,与麦考莱(Thomas Babington Macaulay)[①]的作品相比,它太肤浅了,这可能就是我想说的意思吧。

---

① 当指麦考莱(1800~1859),英国政治家、历史学家,辉格党议员,曾任职于印度总督府最高委员会(1834~1838),后任英国陆军大臣(1839~1841)、军需总监(1846~1847),著有《英国史》、《古罗马歌曲》等,称号为1st Baron Macaulay;当时还有一位英国女作家也叫麦考莱(Dame Rose Macaulay,1881~1958),著有小说《我的荒芜世界》、《特拉布宗的塔群》,游记《他们去葡萄牙》及文学评论集、诗集等,是福斯特的朋友。

1922年3月12日,星期日

我撞见了深受奔波流离之苦的摩根。就在那天,他刚回到伦敦,于是便过来了,我们认为他的情绪已经低落到了虚空的边缘。回到卫桥(Weybridge)①,回到离车站一英里外的陋室里,回到挑剔而苛刻的年迈母亲身边。他回来时,王侯们已不复存在;他回来时,没有一部完稿的小说,甚至连写小说的力气都荡然无存了——我想,这在四十三岁的年纪是非常可怕的。想起人到中年所要经受的种种打击,②你就不能不感到恐惧。但是,他仍可爱而天真;我们问多少,他就不厌其烦地说多少。一年远离伦敦的生活将人的情感填塞得太满,所以瓶子一被倒置过来,里面的点点滴滴便流淌出来了。

1922年9月27日,星期三

我们依偎在一起,摩根变得非常随和,津津有味地谈论着趣闻,率真地闲聊着朋友的逸事,还哼着他自己的小调。汤姆(艾略特[Thomas Stearns Eliot]③)要他给《标准》(*Criterion*)投稿。我对他的虚怀若谷印象深刻(这种谦逊基于他的相当自信)。夸赞很难打动他。沉浸在自己的小说(《印度之行》[*A Passage to India*])里,他是快乐的,但他不想谈论这部作品。他的性格中有某种太简单的东西——对于一个作家来说,可能就是如此,神神道道傻乎乎的,但却有

---

① 卫桥,英国萨里郡的一个小镇。
② 此句原文为:The middle age of b——s is not to be contemplated without horror。译者将其中的b——s 理解为 blows 或 beats,即打击。
③ 艾略特(1888~1965),英国诗人、剧作家和文学评论家,对20世纪英美现代派文学和新批评派评论起了开拓作用,代表诗作有《荒原》和获1948年诺贝尔文学奖的《四个四重奏》,另外还著有诗剧、批评文集等。

着孩童般的洞察力:哦,是的,也有一些男子汉气质的、坚定的东西。

1923年9月18日,星期二

我们都变老了,变壮实了,原有的柔顺、敏感业已失去。在我看来,连摩根都似乎登上了某块看不见的石头。谈到普鲁斯特(Marcel Proust)①和劳伦斯(David Herbert Lawrence)②,他说更加愿意自己是劳伦斯,不过,最情愿的还是做他自己。我们讨论了他写的许多小说。他说,他觉得自己不是小说家。我突然说:"对,我认为你不是。"啊呀!他热切地、兴致勃勃地欢呼起来,丝毫没有感到沮丧。可是L.(伦纳德·伍尔夫)表示对这一点不敢苟同。于是摩根又说:"我对于自己的文学生涯,全然不觉得气馁。"我想他说此话时,已然坚信自己还有许多可以依靠的东西。他冷漠而平静,他说自己是个势利眼,除了名著不读别的。我们那天还谈了很久关于仆人的事儿。

1928年3月22日,星期四

摩根来这里过周末,腼腆、敏感而且可爱。有一天晚上我们喝了不少酒,谈到鸡奸,还有女同性恋,当时情绪相当激动——以致第二天他说自己醉了。这一话题是由霍尔(Radclyffe Hall)③以及她那本值得称颂的小说(《孤独之井》[*The Well of Loneliness*])引起的。……摩根说黑

---

① 普鲁斯特(1871~1922),法国小说家,其创作强调生活的真实和人物的内心世界,以长篇小说《追忆似水年华》(七卷本)而名闻世界。

② 劳伦斯(1885~1930),英国作家,作品通过描写两性关系,揭示人的本能力量,表现性使人冲破障碍而达到完成自我的主题,集自然主义、现实主义、神秘主义于一体,曾引起争议。主要作品有《儿子与情人》、《虹》、《查泰莱夫人的情人》等。

③ 霍尔(1880~1943),英国女作家,为女同性恋者。

德(Henry Head)①医生能够转化鸡奸者的变态嗜好。伦纳德问他:"你愿意被转化吗?""不。"摩根答道,非常斩钉截铁。他说他觉得女同性恋很令人厌恶:一方面是因为这有悖于传统习俗,另一方面是因为他不喜欢妇女应该独立于男士世界之外的观念。

1935年4月9日,星期二

昨天在伦敦图书馆遇到摩根,这次见面令我勃然大怒。

"弗吉尼亚,我亲爱的。"他说。这个亲切又熟悉的称呼让我很高兴。

"今天很乖,在找关于布鲁姆斯伯里文化圈的书吗?"我说。

"是的……弗吉尼亚,你知道我现在加入了这里的委员会,"摩根说,"我们一直在讨论是否该允许女士们——"

我想起来了,他们打算把我也拉进去;当时我本想拒绝:噢,不过他们确实想拉我入会——我说。有格林夫人……(原文如此)

"没错没错,是有格林夫人的。不过,莱斯利·斯蒂芬(Leslie Stephen)②爵士说过,再也不许女士加入了。她是那么麻烦。于是我说,妇女不是已经有所进步了吗? 可是,他们都毅然决然地说,不行不行不行,女士是让人难以忍受的。他们听不进去了。"

可以想见,我的手抖得有多么厉害。站在那里,我感到如此气愤而且疲惫。我发现整条石板路都被玷污了。我想到,摩根如何提及

---

① 黑德(1861~1940),弗吉尼亚·伍尔夫的医生。
② 莱斯利·斯蒂芬(1832~1904),文学评论家、学者和传记作家,1867年6月与著名作家萨克雷的小女儿哈丽雅特·萨克雷结婚,并长期为萨克雷创办的《康希尔杂志》做编辑,1875年哈丽雅特去世。1878年4月与寡居的朱莉娅·达克沃斯结婚,并育有四个儿女,分别为瓦奈萨、索比、弗吉尼亚和阿德里安。

我的名字,而他们则一个劲地说不行不行不行:女士让我们难以忍受。……该死的摩根,他竟以为我会愿意加入那种委员会。

1940年11月7日,星期四

摩根问我,他是否可以将我推荐给伦敦图书馆委员会(London Library Committee)。令我高兴的是,我回答说不行。我不想成为窝囊废——一个死要面子的人。对于几年前在伦敦图书馆与EMF① 相遇那件事来说,这是一个很好的小结局。他瞧不起委员会里的妇女。我在心底默默地说,总有那么一天,我要用亲口回绝来加以报复。现在我终于做到了。

---

① 摩根·福斯特的名字的缩写。

摩根·福斯特[①]

戴维·加尼特

戴维·加尼特(David Garnett)[②]关于福斯特及布鲁姆斯伯里文化圈的文章,首先出现在一本献给福斯特九十大寿的随笔集里,这本集子被贴切地命名为"福斯特面面观"(*Aspects of E. M. Forster*)。加尼特描绘了福斯特在布鲁姆斯伯里文化圈的状况,这足以表明福斯特与这个圈子的密切程度。(原文中引有弗吉尼亚·伍尔夫日记中关于福斯特的一个段落,这里从略。)

"那时我们不大见得到福斯特,他已经是一匹躲躲闪闪的小黑马了。"凯恩斯勋爵提起1902年左右的岁月时这样写道,[③]那是福斯特

[①] 本文参见戴维·加尼特:《福斯特和布鲁姆斯伯里》(*Forster and Bloomsbury*),见《福斯特面面观》,奥利弗·斯泰利布拉斯(Oliver Stallybrass)、爱德华·阿诺德(Edward Arnold)编,1969年,第29~35页。——原注

[②] 戴维·加尼特(1892~1981),英国作家,绰号"兔子"(Bunny),精通法语和俄语,1910年后开始与布鲁姆斯伯里往来,布鲁姆斯伯里文化圈成员之一。

[③] 梅纳德·凯恩斯:《两份传记》(*Two Memoirs*),第85页。——原注

早期理论形成的时候,这些理论是建立在穆尔的哲学思想和学社研讨的基础之上的,该学社也被称为"使徒社"(Apostles)①。伦纳德·伍尔夫列出了穆尔主义者中的积极分子的名单,他们是梅纳德·凯恩斯、利顿·斯特雷奇、萨克逊·锡德尼-特纳、索比·斯蒂芬(Thoby Stephen)②以及他自己,"在这个中心圈的外围,与中心距离不等地环绕着克莱夫·贝尔、谢帕德(John Tresidder Sheppard)③、霍特里(Ralph George Hawtrey)④以及安斯沃思(A. R. Ainsworth)⑤,他们都运行在中心圈外稍远一点的轨道上"。伦纳德补充道:"福斯特和德斯蒙德·麦卡锡则如两颗彗星,不规则地在这个知识分子的友情太阳系中出出进进。"⑥

摩根·福斯特只是偶尔才出现在上述圈子里,其原因在于他与这些人的年龄差异,但这种差异无论在读书期间还是在他毕业后都从未显得非常重要。他比梅纳德·凯恩斯大四岁,1901年就已离开剑桥了,而穆尔思想的启示性内涵的影响力是在两年之后才达到巅峰的(《伦理学原理》直到1903年才被出版)。福斯特经常为了参加"使徒社"的某个会议而重回剑桥,对他来说更为重要的,是见见戈兹沃西·洛斯·狄金森,然后突然消失。

---

① "使徒社",1820年由乔治·汤布林森和他的朋友创立于剑桥大学,以寻求有德性的生活为目的,主要从国王学院和三一学院选拔有才智、有品德者为会员,每年至多三人入选,每周六定期聚会相互交流。

② 索比·斯蒂芬(1880~1906),瓦奈萨和弗吉尼亚的哥哥,曾就读于剑桥大学三一学院,1906年因病早逝,对两位妹妹打击很大。弗吉尼亚曾在《雅各的房间》、《海浪》中传达了对索比的思念之情。

③ 谢帕德(1881~1968),曾任剑桥大学国王学院的院长。

④ 霍特里(1879~1974),英国经济学家,终身为公务员。

⑤ 安斯沃思(1879~1959),"使徒社"成员。

⑥ 伦纳德·伍尔夫:《播种》,伦敦:贺加斯出版社,1960年,第171页。——原注

在他与任何比自己年轻的朋友建立起来的友谊中,福斯特与纳撒尼尔·韦德(Nathaniel Wedd)①及狄金森之间的友情,是发展得最为牢固的。至于他与穆尔相遇,想必事出偶然,不过直到穆尔的生命即将走到尽头时,他才真正理解他;据我所知,安斯沃思才是《最漫长的旅程》(*The Longest Journey*)中的那位青年哲学家斯图尔特·安塞尔(Stewart Ansell)的原型,而非穆尔。威尔弗雷德·斯通(Wilfred Stone)说过,虽然亨利·詹姆斯(Henry James)②将福斯特和穆尔主义者混为一谈,但是并没有人把福斯特称为穆尔主义者。③ 然而,《伦理学原理》中的两条基本原理,确实成了福斯特写作时的主要思想基础。我之所以这么说,是要指出思想状态的重要意义,这与行为并无必然的关系,而且,既然人们不可能计算出任何行为的最终结果,那么他们必须、也只能重视行为的直接结果,因此,我们永远无法寻求粗暴或野蛮行径的正当性,因为它们所带来的长远影响总是有着这样或那样的可能性。福斯特将这一原理不但运用到了分析诸如轰炸别国的事件中,而且运用到了分析每一种不友善的情况中去了。

艺术家——我将富于想象力的作家也包括在这一称号之下——他们反映的是一种观念的思潮(climate of opinion),而不是致力于伦理的宣传;你会发现,福斯特的众多小说以微妙形式表达的,正是他

---

① 纳撒尼尔·韦德(1864~1940),英国历史学家、学者,福斯特在国王学院就读时的导师。

② 亨利·詹姆斯(1843~1916),美国小说家、评论家,晚年入籍英国。主要作品有长篇小说《贵妇人画像》《鸽翼》,文学评论《小说的艺术》等。

③ 见威尔弗雷德·斯通的著作《山与洞:福斯特研究》(*The Cave and the Mountain: A Study of E. M. Forster*, 1966),第65~66页;以及福斯特的文章《亨利·詹姆斯和那些年轻人》(*Henry James and the Young Men*),载《听众》(LXII, 1959年),第103页。——原注

在剑桥从狄金森和"使徒社"的友人们那里汲取的这种观念的思潮。

剑桥确实是新兴观念思潮的渊薮,对此一向无人质疑。可是,当这些来自剑桥的青年们到了伦敦,在那里结婚、置房的时候,就可以说他们组建起了布鲁姆斯伯里文化圈吗?克莱夫·贝尔否认这个圈子的存在。但是,不管他有什么看法,这个圈子毕竟形成了,它受到了一些人的推崇,也遭到了另一些人的憎恶。如果确实有着一个布鲁姆斯伯里文化圈,它的中心当然就在戈登广场46号及其附近,克莱夫·贝尔和瓦奈萨·斯蒂芬结婚之后的住所即在那里。将这个文化圈区分为剑桥阶段和伦敦阶段,其原因不在时空的差别,而是两位女士的存在,她们就是莱斯利·斯蒂芬爵士府上的一对姐妹花——瓦奈萨和弗吉尼亚,但是这一原因又一直颇受争议。在最近见到的对布鲁姆斯伯里文化圈的描述中,西里尔·康诺利(Cyril Connolly)[①]将它形容为一种"更加热烈,更加广博,(比我们自己所在的圈子)更加温情的学术环境。布鲁姆斯伯里文化圈是那样一个社团,尽管恭维者把它吹捧得光彩熠熠,但它却为妇女所掌控,这座迷宫的中央,端坐着一位地位稳固的枢密官——瓦奈萨·贝尔"[②]。

大学时代建立起来的友谊,通常会随着生活所带来的全新经历和兴趣爱好的转移而逐渐淡化。工作既会吸纳成群的朋友,也会使他们日渐疏离。出于几点理由,布鲁姆斯伯里文化圈里却并未发生这种情况。它的大多数成员,无论在艺术、文学、道德领域还是

---

① 西里尔·康诺利(1903~1974),英国评论家和小说家,文学杂志《地平线》的创办人和主编。
② 见迈克尔·霍尔洛伊德(Michael Holroyd)所写的关于《利顿·斯特雷奇:评传》(*Lytton Strachey: A Critical Biography*)的第二卷的评论,该文于1968年2月25日被发表在《星期日泰晤士报每周评论》(*Sunday Times Weekly Review*)第51页上。——原注

在伦理领域,都是拒绝接受传统标准的叛逆者。他们是一群具有强烈学术兴趣和伟大独创性的男男女女。此外,这群人彼此依恋,趣味相投。这些条件使他们紧密团结,不可分离。何况,克莱夫·贝尔又是一位极其热情好客的男士。

至于其他成员,弗吉尼亚和她的弟弟阿德里安·斯蒂芬(Adrian Stephen)①把家安在了布朗斯维克广场(Brunswick Square),梅纳德·凯恩斯、邓肯·格兰特及杰拉尔德·肖夫(Gerald Shove)②成了他们的房客。全体成员经常一同去听歌剧、看芭蕾,他们还常举办派对,评读剧本,玩起扑克来总要熬到深夜。自然,时光流逝,各种变迁也随之而来。弗吉尼亚嫁给了伦纳德·伍尔夫,他们搬过几次家,先是移居于萨里的里士满(Richmond),后来又迁回布鲁姆斯伯里。阿德里安·斯蒂芬也结了婚,并且搬到了戈登广场51号。斯特雷奇一家离开汉普斯特德(Hampstead),搬进了隔壁的50号。詹姆斯·斯特雷奇(James Strachey)③结婚之后,也在41号住了下来。梅纳德·凯恩斯婚后租下了46号。克莱夫搬进阿德里安的房子,住在顶层,而瓦奈萨则租住在37号。罗杰·弗莱搬到伯纳德大街居住。摩根·福斯特暂时寄宿在我岳母的房子里,它位于布朗斯维克广场27号。正是在这个时期,伦纳德·伍尔夫写道:"直到利顿·斯特雷奇、罗杰·弗莱以及摩根·福斯特搬到附近,大家彼此才得以频频相见,我

---

① 阿德里安·斯蒂芬(1883~1948),英国精神病学家,瓦奈萨和弗吉尼亚的弟弟。

② 杰拉尔德·肖夫(1887~1947),英国经济学家,利顿·斯特雷奇的朋友,曾任剑桥大学经济学讲座教授。

③ 詹姆斯·斯特雷奇(1887~1967),心理分析学家,利顿·斯特雷奇的弟弟,与埃利克斯·萨金特-弗洛伦斯(Alix Sargant-Florence)结婚,两人曾同往维也纳与弗洛伊德见面,也是弗洛伊德文集英译本的编辑。

们的学社才真正成了一个整体。"①

不过,摩根·福斯特在这个圈子里的位置一直处于边缘地带,而不是中心地带。我不想将他的造访描绘成那种突发情景,犹如彗星在太阳系中一闪而过。他似乎总在有趣的事情发生之时现身,而他自己常常也是令人感到好奇的人。逃避,这个梅纳德·凯恩斯指出的特征,是他极富个性的一面,而且因为好几年来每当聚会渐入佳境之际,他总是不得不匆匆告退,去赶回卫桥的火车,所以这一性格就更加鲜明了。与其说他是彗星,倒不如说他是一只咧嘴而笑的柴郡猫(Cheshire Cat)。

当初将他带入布鲁姆斯伯里文化圈的,是他与伦纳德·伍尔夫的友情。早在后者去锡兰之前,两人就相识了,伦纳德回国后,他们的友谊与日俱增。福斯特在弗吉尼亚婚前曾经见过她,可是他们之间主要建立在同为职业作家这一基础之上的友情,只是因为弗吉尼亚和伦纳德成了夫妻,经常形影不离,才变得密切起来。对于摩根·福斯特而言,伦纳德·伍尔夫是个实干家,他所提供的建议和帮助,是福斯特遇到任何困难时都渴望获得的。

1921年初,当福斯特应邀前往印度担任德瓦省君王的临时私人秘书时,他认为自己应该学会骑马。他找伦纳德商量,请他给自己授课。伦纳德同意了,便在里士满教他骑马。摩根和许许多多的人一样,对伦纳德怀着共同的信任感,这许许多多人中,特别多的是年轻人和头脑简单的人,怀着上述信任感的,还应包括所有的动物。不过,如果福斯特是向伦纳德寻求建议的话,那么可以说在写作方面,

---

① 伦纳德·伍尔夫:《一路下滑:1919~1939》(*Downhill All the Way: 1919~1939*),伦敦:贺加斯出版社,1967年,第153页。——原注

弗吉尼亚对福斯特的信任则是超乎寻常的,这种信任基于他的批评和良好见解,由此逐渐形成为敬重和依赖,其程度远远超出她对利顿·斯特雷奇,或者克莱夫·贝尔,或者罗杰·弗莱的依赖性……

他们之间的交流并不是单向的:摩根对于弗吉尼亚的付出,得由伦纳德来回报。从印度回国后,他给伦纳德看了尚未完稿的《印度之行》,此前,他已绝望地放弃继续完成这部小说的一切努力了。伦纳德却断言这是一部绝佳的作品,并且敦促他把小说写完。布鲁姆斯伯里文化圈的听众由弗吉尼亚及伦纳德、克莱夫、利顿、梅纳德还有罗杰组成,我想,这些人的洞察力对摩根偏爱幻想的性情产生了约束作用。他创作早期小说的时候——从1905年到1910年,其时,布鲁姆斯伯里文化圈刚刚成立——爱德华·加尼特(Edward William Garnett)①对他的影响,要比斯特雷奇家或斯蒂芬家对他所产生的影响深远得多。在他的小说以及各种故事里,畜牧神潘(Pan)、森林之神萨梯(Satyr)和树神得律阿德斯(Dryad)频频出现,而且总会浮现在读者眼前。甚至在《霍华德庄园》(Howards End)里,也有对榆树里的猪牙的描述。爱德华·加尼特先前告诉过他,这些主题升华的手段或性的象征符号,通常都与故事情节不相和谐,而且都缺乏说服力,后来,布鲁姆斯伯里文化圈的朋友们强调了这一论断。摩根·福斯特自己回忆道:"《问题的关键》(The Point of It)出版之时,并未受到布鲁姆斯伯里文化圈朋友的欢迎。'它要谈的是什么问题?'他们质问

---

① 爱德华·加尼特(1868~1937),英国著名评论家和审稿人,戴维·加尼特的父亲。他不仅发现了很多20世纪初期的英国大作家,而且对他们提供了很多建议和指导。

道,而我也不知道应该如何回答是好。"① 倘若没有这种束缚性的作用,马拉巴山洞(Marabar caves)②里那些固有的精灵就会成为显而易见的存在,从而给《印度之行》的可信度带来灾难性的后果。

如果摩根·福斯特是把伦纳德视为实干家而向他寻求帮助的,那么他与利顿·斯特雷奇的交情有时则与此恰恰相反。1915年9月,利顿所租住的威尔特郡(Wiltshire)的希尔顿·扬(Edward Hilton Young)③的房子的租期将满,是摩根,不但帮他把所有行李打点妥帖,而且还承担起将它们全部送抵利顿新家的责任,这个新家位于贝尔塞兹公园广场(Belsize Park Gardens),而利顿则径自探亲访友去了。摩根和利顿刚认识时,两个人都相当腼腆,但是战争过后直到利顿去世,他们对彼此的理解日渐深入,相互的关爱也更加增进了。这种情谊,并非建立在对彼此论著崇拜的基础之上,而是以共同心领神会的玩笑为基础,以意气相投的生活态度和互相欣赏为基础建立起来的。

摩根另有一位早期相识的朋友,他便是罗杰·弗莱,他们的关系也随时间的推移而发展成为深厚的友谊。他们的友情得以加深,是由于两人对于夏尔·莫隆有着共同的兴趣,莫隆是法国的美学家,后来就是他将《印度之行》译成法文的。

我第一次与福斯特相会于布鲁姆斯伯里文化圈,是在奥特兰·莫瑞尔(Ottoline Morrell)④夫人举办的一次聚会上,地点为贝德福德

---

① 参见摩根·福斯特:《短篇小说集》(*Collected Short Stories*),第七卷。——原注
② 摩根·福斯特的《印度之行》中的一个地名。
③ 希尔顿·扬(1879~1960),英国政治家、作家。
④ 奥特兰·莫瑞尔(1873~1938),英国文艺事业的赞助者和支持者,伦敦文学界与政界社交圈的活跃人物。她独具慧眼,经常最早发现和帮助有才华的作者。与布鲁姆斯伯里成员过从甚密。战争期间,他们夫妇位于嘉辛顿的农场成为一批反战者的避难所。

广场(Bedford Square)。第二天,当我来到坐落于费兹罗伊大街(Fitzroy Street) 22号顶楼的邓肯·格兰特的画室时,发现福斯特已经坐在屋里。然后,门铃响了,我跑下去给赫伯特·劳伦斯和弗里达(Frieda Lawrence)①开了门,他们也来观赏邓肯的绘画。我想,又一次见到劳伦斯,对此福斯特应颇感兴趣,不过,当一两幅画作摆上画架之后,劳伦斯就开始了他说教性的长篇大论,于是一种苦恼的神情开始爬上摩根的面部。我经常注意到,只要某人说到残酷或不含感情的事情,他就会悄悄躲开。面对外界的严酷时,他通常只能支撑一小会儿。但是,由于劳伦斯就自己在邓肯的绘画中发现的邪恶内涵展开了冗长的指责,摩根脸上的痛苦神色演变成了纯粹的痛苦情状,不久,他嘀咕了几句关于开往卫桥的火车之类的话语,便悄然消失了。

虽说那种苦恼的躲闪是我对摩根·福斯特所怀有的最为生动的记忆之一,但是更加令人经常想起的,是他因为听到一句悦耳的赞语而流露出的那种喜悦之情。他那宽阔而呈心形的脸庞会露出喜色,双目熠熠生辉;一种窃笑——类似被抑制住的喷嚏声,表明了他暗地里是何等高兴、快乐。那是一种近乎苦痛的欢愉。我常常能在"传记俱乐部"的阅读会上,亲眼目睹他的这种反应。有时,当他听到大家兴致勃勃地散布流言飞语时,他先会表现出苦恼的样子,接着就会发出快乐的小喷嚏声。这种闲扯是布鲁姆斯伯里文化圈的一大特点——报道者经常诬称这些闲谈不怀好意,但是,它们其实出自大家对亲密朋友身上弱点的爱恋,就像美食家对待食物一般。倘若一个你所爱的朋友告诉你的事情,是某位陌生人或点头之交所不能领会的,这又有什么不怀好意呢?以"损害"瓦奈萨、邓肯,还有罗杰·弗

---

① 弗里达(1879~1956),赫伯特·劳伦斯的德国籍妻子。

莱为代价的逸闻趣事,便是这些流言飞语中常见的内容。它们是丰富而多样的。

我自己最常见到摩根·福斯特,是在当图书推销员的时候。为使我和弗朗西斯·比勒尔(Francis Birrell)①所开的书店能够勉强度日,他给予了我们莫大的帮助。而且他所给予的帮助,比我们从布鲁姆斯伯里文化圈里,或是从其以外的任何人那里所得到的,都要来得巨大。

现在,他已成为蜚声国内外的著名作家了,但在当时,他还没有多少名气。他的一次介绍,让我们获得了为印度海德拉巴邦(Hyderabad)提供教育类书籍的业务,另一次介绍,则使我们将地球仪推销到了巴勒斯坦地区。在我一度经济窘迫的时候,是他推荐我到《每日先驱报》(*Daily Herald*),在那里获得一份充任评论员的工作。我成为作家之后,他又把我的一部书稿推介给一位丹麦女士,这位女士将它译成了丹麦文。对于所有这些体贴入微、慷慨大方的举动,我是一直心怀感激的。不过在我看来,他所给予的最好礼物,是使我感到了自己受人喜爱;我所获得的最大快乐,则是看到他的面容因欣赏或赞同你的话而大放光彩,是逗他发出那种痛苦的小喷嚏声、那种痛苦而难以抑制的笑声。

笑声在布鲁姆斯伯里文化圈里是无所不在的,但是,每个人的笑声,其音质又是多么截然不同!克莱夫爆发出的,是爽朗而无拘无束的大笑,这种笑声对人的心脏健康益处良多。弗吉尼亚的笑是突然的,有如鸟儿的欢鸣。利顿的笑声变化多端,与他所要表现的丰富

---

① 弗朗西斯·比勒尔(1889~1935),英国批评家、翻译家,戴维·加尼特的朋友。

多彩的情感相得益彰。伦纳德和瓦奈萨则经常笑得勉勉强强。但是,在这群布鲁姆斯伯里文化圈的朋友里,唯有摩根那略带赞赏、略带痛苦,却总颇含批评色彩的笑声,在我心中留下了最为恒久的记忆。

瓦奈萨·贝尔①

弗吉尼亚·伍尔夫

  虽然瓦奈萨·贝尔被形容为一个安坐于布鲁姆斯伯里文化圈迷宫中央的枢密官,但在该文化圈的成员之中,她却一直是位令人更加难以捉摸的人士。她的儿子朱利安曾经这样描述自己的母亲:

  我最爱的人,她的头脑如此沉着冷静,
  对于浪费、混乱和苦痛,她的感觉无比灵敏。
  她判断一切,坚决而且简洁;
  遇事忍耐,而又感觉敏锐;愤事嫉俗,而又善良和蔼。

  她的头脑清晰多彩,感性洋溢,在那里
  充满了千形万状、五光十色。

---

  ① 本文参见弗吉尼亚·伍尔夫:《前言》(Foreword),见《瓦奈萨·贝尔的近期画作》(Recent Paintings by Vanessa Bell),伦敦艺术家联合会,1930年。——原注

> 她眼光细腻,手法谨严,在那里
> 蕴含着知性的风光,并显现于生动的颜面。
> 噢,这是发自心灵和感觉的自信,在这里
> 我找到了弥足珍贵的淳朴,沐浴在熟悉可亲的氛围中。

不过朱利安也说过,这些描述对罗杰·弗莱同样适用。

弗吉尼亚·伍尔夫曾就她姐姐于1930年和1934年举办的画展写过两篇介绍文章。这是其中的第一篇,弗吉尼亚对瓦奈萨的绘画,作出了形式主义的、女性主义的赏析,这种赏析是诙谐的,也是建立在她对她姐姐那敏感而固执性格的高度关注之上的。瓦奈萨的这种性格,不论对整个布鲁姆斯伯里文化圈来说还是对她自己来说,都是非常重要的。

驻足于库林先生的画廊门口,我曾说过,妇女竟在邦德大街(Bond Street)举办画展,这既不是一件稀松平常的事情,或许也根本不值得称赞。我的意思是,此事意味着画家对于裸体多多少少有些研究。虽然好几个世纪以来,人们业已普遍认可了女子的裸体,认可了她们在分娩时需将裸体呈现于世间这样的事实,但是直到六十年前,人们还是坚信,对于妇女来说,以艺术家的眼光,而不是仅仅从其作为母亲、妻子或主妇的身份来看待裸体,那就一定属于伤风败俗之事,因为它会玷污自己的清白,破坏家庭的和谐。因此,妇女在广泛地参与慈善、社团、宗教以及其他事务时,都被要求裹上服装。

因此,每个维多利亚时代的家庭,又都在壁橱里锁着一副被迫守贞的姑姑的尸骸,因为她的父亲至死也不愿让她看一眼男子的裸体。于是,她进了修道院;于是,她远渡重洋,去了中国;于是,她没有结婚

便与世长辞;于是就有了同她的遗骸一并从壁橱里跌落出来的六幅花卉图,它们是维多利亚女王当政时期,在萨里花园的某顶白色遮阳伞下创作出来的。

这些情况唯一值得我们记录的价值在于,它们说明,当你必须踏进画廊,对里面的作品作出评判之前,为了能够拖延这一罪恶时刻的到来(如果你既不是画家,也不是绘画的批评家的话),你就会多么犹豫不决,多么支吾搪塞地抓着任何一根救命稻草不肯撒手。要不是贝尔夫人享有一定声誉,而且有时成了餐桌上人们争论的主题,不少人肯定会去邦德大街散步,他们会走过库林先生的画廊,心里则想着道德问题或是政治问题,想着祖爷爷们、姑婆姨婆的事儿,想着任何可能的事情,只要它与绘画浑然不搭界,英国人的思维方式向来如此。

不过,贝尔夫人的声望是不可否认的。人们说,她是一名女子,然而她已经手握画笔,观察过裸体了。据报道(人们在报纸上已经看到了),她是"女性中现在活着的最为著名的画家"。贝尔特·莫里索(Berthe Morisot)①、玛丽·洛朗森(Marie Laurencin)②、瓦奈萨·贝尔——这些就是当她的名字被提及时,你会想到的固定不变的词汇,而且也会使你因面对她的作品而感受到的困境,变得更加严峻。因为不论这些词汇的含义如何,它们肯定意味着瓦奈萨的画作象征着什么,或者它们就是什么,或者它们将会成为什么样的东西,这些都是我们可能会冒着风险而不予理会的。好比夜莺在外面歌唱之时将

---

① 贝尔特·莫里索(1841~1895),法国印象派女画家和版画家。
② 玛丽·洛朗森(1883~1956),法国女画家,以描绘优雅而稍显抑郁的妇女形象的精致水彩画著称。

窗户关上一般，我们不想欣赏她的作品。

可是一旦踏入画廊，一旦被画布包围，这种在门口的犹豫不决似乎就显得没有必要了。这里有什么可怕，有什么可以令人感到困惑的呢？难道我们不是沐浴在和煦的阳光中，难道不是太阳的光辉普照大地，为我们把世界点亮吗？难道从墙上发散出的不是宁静而温和的暖意，它将街道上的寒气驱散，让人舒适无比吗？难道环绕在我们身边的，不是那葡萄园和橄榄树，不是那斜倚在深红色靠垫上的裸体姑娘，不是那站在正好没过脚背的淡绿色海水里的、全身赤裸的男孩吗？即便是19世纪的清教徒们，也会允许我们在2月的晦暝中得到片刻喘息，在这个安定而秩序井然的世界上享受一会儿自由惬意。然而，激励我们前行的并非清教徒，而是贝尔夫人。是她，毅然决定我们再也不应该懒洋洋地依赖花言巧语进行欺骗，或是轻率地对待沁人心脾的感觉了。在她的艺术里，有一种不肯妥协的力量。百分之九十九的画家，倘若真的被赋予了大自然独有的直观性，真的被赋予了对花草色泽和木石热度的感悟力，那么他们早就应该呈献出一幅又一幅经得起推敲的，高雅精湛而且万古流芳的作品，从而吸引我们继续前进。再说，倘若百分之九十九的画家真的具有讽刺感，具有那种能将华彩注入人们对那些19世纪80年代生活在迪耶普（Dieppe）①的女人的嘲笑中去，使笑声为之一亮的讽刺感，那么这些画家便早就会画漫画和插图了；也早就会将我们的注意力吸引到鹦鹉的滑稽动作，吸引到破旧阳伞发散出的悲悯之情，吸引到脚踝流露出的顽皮，以及鼻子的种种古怪形态，吸引到这些富有情趣的细节上去了。本来早就应该有所作为，以使那种普遍、纯真而又确实弥足珍

---

① 迪耶普，法国北部海港城镇。

贵的才华纵情挥洒,这种才华已在英国创造出了一个如此丰富的小说宝库。可是环顾这间展览室,我们却无法用那样的方式接近这些作品。没有故事可叙述,没有暗示可传递。山坡是光秃秃的,那些女子是沉默不语的,站在海水里的小男孩也一言不发。如果有肖像画,那么这些作品在美学上便等同于陶瓷水罐或者菊花,是表现模特肉体肌理的人体绘画。

从我们的上述论点切入(而与我们意见相左的人士仍然因为画中传达的美感而感到困惑不已),你或许可以换一个更加贴近的视点,来作进一步的考察。让我们看看,我们是否可以摸索到贝尔夫人本人的某些想法,从而通过这样的侵入,来破译她艺术中的核心理念。当然,正如欣赏这里的众多绘画作品一样,当我们阅读同样数量的小说时,如果感受不到自己的阅读方式在心理上受到作家自身特点的影响,那是几乎不可能的。这一方法若被视为正当,应该自有其价值所在。但是,在面对贝尔夫人的作品时,我们又一次吃了闭门羹。有人说,无论如何,贝尔夫人是女性,但是就在房间里的不远处,有人却说她也可以是个男性。有人说,她喜欢孩子,而有人添上一句:不过她也同样喜欢石头。有人问,她对服装有没有表现出独特的见解?有人回答,一丝不挂的裸体似乎也常令她无比快乐。那么,她是一个过分讲究的人,还是一个非常简朴的人呢?她喜欢骑马吗?她是不是长着红色头发或棕色眼睛?她有没有上过大学?她喜欢吃鲱鱼还是喜欢吃汤菜?难道她——因为我们的耐心已经熬到极限了——根本不是女性,而是女神和农夫的混合体,双脚踏在云端,而手中却剥着豆子吗?任何一位面对如此热情提问的作家,都会创作出一些令我们产生好奇心的东西。人们敢说,一位小说家很难在他长达二十七卷的小说里,让自己的个人生活免遭我们详细研究。但是贝尔夫人一言不发,她像坟墓一般沉默。她的画作也没有泄露她私生活的秘密。它们缄默不语,神圣不可侵犯。这就是为何它们能够激起我们的兴趣,从而鼓励我们前进的原因。如果说它们真的只对那些能在画布后面挖出路径,进入连其价值我们都一无所知的各种物质、通道以及关系中去的人们,才能产生丰富的含义——如果说她确实是画家的画家——可是为何她的作品依然会吸引我们驻足观赏?它们给予我们一种情感,为我们提出一个难题。

这个难题在于,虽然贝尔夫人的绘画极富表现性,但是它们的表现力是只可意会,不可言传的。她的想象会在观众心中激起一种强烈的情感,不过当我们将它戏剧化,或者诗意化,或是把它译成一切忧伤的、生动的、美好细腻的、深奥的文字时,画面却从我们的阐释中逃脱了。它继续诉说着自己独有的话语。作品《育婴堂》(*Foundling Hospital*)就是很好的例子。有人说,这里有一座雅致的老建筑,它已经为千百万孤儿提供了遮风避雨的场所;在这里,贺加斯(William Hogarth)①作过画,仁慈的萨克雷(William Makepeace Thackeray)②落过泪;在这里,那位曾经住在同一条大街左手边的狄更斯(Charles Dickens)③,想必经常会因看到嬉戏的孩童而停下脚步。而这一切都不见了,都消失得无影无踪。入室偷盗者到此光顾过,沉思者在此默默地思索过。它是一所令人失望的房子——可是,贝尔夫人对此有

---

① 贺加斯(1697~1764),英国油画家、版画家、艺术理论家,作品讽刺贵族,同情下层人民,代表作有铜版画《时髦婚姻》、《浪子生涯》,理论著作有《美的分析》。
② 萨克雷(1811~1863),英国小说家,作品多讽刺上层社会,主要作品有长篇小说《名利场》和《潘登尼斯》、历史小说《亨利·埃斯蒙德》及散文集《势利人脸谱》等。
③ 狄更斯(1812~1870),英国作家,所写小说反映并鞭笞英国19世纪资本主义社会的丑恶现实,重要作品有《匹克威克外传》、《大卫·科波菲尔》、《双城记》等。

什么要说的呢？什么也没有。只有这幅画，它祥和而布满阳光，并且非常寂静。画面呈现的是一座优雅的18世纪的房子，还有一棵姿态同样优雅的伦敦悬铃木。但是这里没有孤儿，没有萨克雷，没有狄更斯，没有入室偷盗者，没有沉思者，没有眼泪，没有感觉，唯一有的或许便是这个晴朗的日子。在追逐的过程中，我们的情感被这幅作品甩掉了。

然而，这些情感又被莫名其妙地归还给了我们，因为毕竟，画里还是含有情绪的。房间里荡漾着这种情感。在那白色的瓮中，在那作画的小女孩身上，在那些鲜花和半身像上，在橄榄树上，在普罗旺斯的葡萄园里，在蓝天映衬下的英伦山脉间，都弥漫着情感的氛围。当注视着这些画面时，我们无法怀疑这位画家，她的生活每天都经受着情感的震撼，这震撼来自那个清晰可见的世界。而她，则将情感震撼传递给我们，和我们共同分享，不过这样做时她总是通过特有的方式，用她自己的语言，带着她个人的直觉性，而不是我们所采用的方式。那就是为何作为一名画家，她是那样引人入胜，那样富有独创性和令人满意的原因。你会觉得，倘若挂在墙上的是她的画布，它就永远不会失去光彩，也永远不会将自身与日常生活的喧嚣和琐碎混合在一起。它会继续泰然自若地诉说着自己的故事。于是，也许慢慢地——谁知道呢？——你便会成为这位奇怪画家的世界里的囚徒，道德无法进入她的世界，心理学也被挡在了门外，而且这个世界里也没有片言和只语。不过，能不能在这里找到道德感呢？当我踏入其中时，那就是我向自己提出的问题。

瓦奈萨·贝尔[①]

昆汀·贝尔

昆汀·贝尔在某种程度上可以称为布鲁姆斯伯里文化圈的家族传记作家。他为其姨妈所写的小传发表于1972年,它是关于弗吉尼亚·伍尔夫的第一篇传记,当然也是有关她的传记中最好的一篇。以下这些描述他母亲的文字,见于一篇介绍瓦奈萨书信的文章,原文题目用的是凯恩斯为瓦奈萨所起的绰号:鲁登道夫·贝尔(Ludendorff Bell)。

"美术馆5596号。"

"贝尔夫人在吗?"

"恐怕贝尔夫人出去了。"

[①] 本文参见昆汀·贝尔:《鲁登道夫·贝尔》,见《瓦奈萨·贝尔书信选》(*Selected Letters of Vanessa Bell*),雷吉娜·马勒(Regina Marler)编,伦敦:布鲁姆斯伯里出版社,1993年,第9~12页。——原注

"可是你就是贝尔夫人,我是你的哥哥乔治。"

"恐怕贝尔夫人出去了。"

"可是瓦奈萨,我听出你的声音了。我是乔治·达克沃斯(George Duckworth)①。"

"恐怕贝尔夫人出去了。"

"该死的,你就是贝尔夫人本人。"

"恐怕贝尔夫人出去了。"

乔治爵士把话筒砰地一声挂上了。

瓦奈萨假想出一个女仆,用来做挡箭牌,这可不是经常出现的事儿,她也有和善地接听任何人的电话的时候。不过,乔治打来电话的那一刻,她恰巧没有时间应对任何客人,只有那位倚在沙发上的、亲切而年轻的裸体女模特儿属于例外。对她而言,步入中年之后生活确实变得十分惬意了,因为她雇得到模特儿,并且还可以得到那位想象中的用人的帮助,让自己保住那些神圣的时光,以便全身心地投入到工作中去。以前,正是由于缺乏那样的帮助,她与莉迪亚·洛普科娃(Lydia Lopokova)②之间才发生了颇不愉快的冲突,后者当时很快就要成为梅纳德·凯恩斯夫人了。莉迪亚长得妩媚动人,走到哪里都受人欢迎,她起先和瓦奈萨同住在一幢房子里,并且从中获益匪浅。她不用电话,是因为她一向受到普遍欢迎,所以几乎随时都会天真地闲逛到瓦奈萨的画室里来,找她闲聊胡扯。最终,瓦奈萨无奈地宣布了她所说的"一个声明"——她的声明有时听上去更像最后通

---

① 乔治·达克沃斯(1868~1934),瓦奈萨、弗吉尼亚、索比和阿德里安的同母异父的哥哥。

② 莉迪亚·洛普科娃(1892~1981),芭蕾舞演员,梅纳德·凯恩斯的妻子。

牒——于是,她的工作时间得到了解救,但却不无缘由地伴随着凯恩斯先生的抗议声。这件事以及许多其他的类似事件,给瓦奈萨招来了"毒龙"这个骂名,她被视为口喷火焰把守着起居室的可怕怪兽。我怀疑她曾经为扭转人们的看法,而作出过多少努力。不过,既然我确实有一段时间曾在她身边工作,就觉得自己有权指出她所背负的骂名并非完全出于公平。有两次,我看到她为了帮助陷入困境的朋友,而放弃了上午的工作。事实上,第一次的对象,是位背负债务而且面临着其他困难的女士,她极需同情和援助;第二次发生于一次剧场危机即将来临之际,当时一台演绎布莱克(William Blake)①、沃恩·威廉斯(Ralph Vaughan Williams)②以及格温·雷维拉特(Gwen Raverat)③作品的芭蕾舞④即将开演,但其命运却因服装出了问题而岌岌可危。那天早晨,我和瓦奈萨发现,为了给晚上的芭蕾舞演出救场,我们得对数不清的演出服装进行加工。有必要说明,瓦奈萨是为响应某位同行艺术家的求援而果断伸出援助之手的,这个呼吁不过是他们遇到各种突发情况时发出的众多求助之一。莉迪亚·洛普科娃的友好入侵,源自她多多少少常有沟通的需要,她需要找人探讨众多问题,或许是第一百次探讨亲爱的梅纳德的才华如何出众,

---

① 布莱克(1757~1827),英国诗人和版画家,善用歌谣体和无韵体抒写理想和生活,作品风格独特,有诗集《天真的预言》、《天真与经验之歌》等。
② 沃恩·威廉斯(1872~1958),英国作曲家,重视民间音乐,认为民歌是英国民族音乐的源泉,作品有交响曲九部,另有歌剧《牲口贩》、声乐套曲《在温洛克边界》及协奏曲、歌曲等。
③ 格温·雷维拉特(1885~1957),英国版画家、插图画家、设计师和作家,是进化论的创始人查尔斯·达尔文的孙女。
④ 这场芭蕾舞由格温设计,创意来自威廉·布莱克为《约伯书》(Book of Job)所创作的版画插图,沃恩·威廉斯为该芭蕾舞谱了曲。

或许是探讨佳吉列夫(Sergei Pavlovitch Diaghilev)①多么臭名昭著,或许是探讨有关马辛(Léonide Massine)②的什么劳什子。实际上,她要探讨的是与伦敦每一位芭蕾舞界人士有关的事情,还有人们可以在俄国和英国的文化气候之间发现的毋庸置疑的众多差别,这些差别在两国各自的语言、文学和政体里也都显然存在。随便哪位献身精神稍逊于瓦奈萨的画家可能早就发现,自己为应对上述对话而寻找开场白的能力,已经迅速地下降了。事实上,瓦奈萨也意识到了这一点。

她决定自己不再需要戈登广场的房子了,更确切地说,是不再需要那里的部分房子,这个时候终于到来了。20世纪20年代末,她搬入费兹罗伊大街8号的一间画室,紧邻着邓肯·格兰特十年前从希克特(Walter Sickert)③手里接管的那间画室。两间工作室都十分宽敞,天花板也很高,后门外是一条破旧的巷子,前门经由一条叮当作响的金属过道与大街相连。里面的工作区域很大,还有足够的空间可以用做寝室、餐厅、盥洗室以及厨房。这里有时也会住进某个子女,而且还可利用一个假想的女佣来对付外面的世界。

我觉得从许多角度来看,瓦奈萨在费兹罗伊大街8号度过的日子,都属于她一生中最快乐的时光,虽然这种快乐因为1937年朱利安在西班牙的遇难而突然终止了。在那十年的前半阶段,邓肯的事

---

① 佳吉列夫(1872~1929),俄罗斯戏剧和艺术活动家,曾在莫斯科创办《艺术世界》杂志。他出身贵族家庭,把音乐、绘画和戏剧等艺术概念和舞蹈形式结合起来,使芭蕾舞具有新的活力。1909年,他创建了俄罗斯芭蕾舞团(Ballets Russes),在欧美巡回演出,与包括毕加索在内的很多艺术家都合作过。
② 马辛(1896~1979),出生于俄国的美国芭蕾舞演员和编导,富有革新精神,将音乐名作编成舞蹈,创作了交响舞剧《预兆》、《交响芭蕾舞》等。
③ 希克特(1860~1942),英国油画家、版画家,是英国印象派中最重要的人物。

业蒸蒸日上,他的成功对瓦奈萨来说与她自己的同样重要。不论是在伦敦还是在查尔斯顿庄园,瓦奈萨都能经常见到她的孩子们。虽然她声称布鲁姆斯伯里文化圈在1914年就不复存在了,可是无论在伦敦还是在苏塞克斯(Sussex),她仍旧可以遇见许多与这个文化圈相关的人和事。邓肯那些令她生厌的朋友,可以在他那边的房子里受到招待。邓肯的恋爱,通常都因其情人变成瓦奈萨的密友而告终,这一情况很能说明瓦奈萨的性格。

同妹妹弗吉尼亚一样,瓦奈萨平时也尽量不请用人;那位唯一前来帮助打理家务的好心妇女,则来去匆匆,毫不起眼。瓦奈萨用画室里的炉子为自己和邓肯做早餐和午餐,有时她会在晚上做一顿更加丰盛的晚饭。她常常工作到夜幕低垂,这时她就或者设计各种装饰品,或者写写书信。用罢晚餐,她和邓肯往往会去看场电影。

今天想起她,我认为我们应该提到马塞尔·吉蒙(Marcel Gimond)①对她的头部所进行的研究。那是一颗端庄而美丽的奥林匹亚式的头,但是,无论这位雕塑家的创作意图还是他的作品,都无法使我们想到,这个头像可以因为欢笑或忧伤而扭曲变形。然而,回忆起瓦奈萨时,我确确实实看到了她脸部所发生的这样的变化。我的哥哥曾经无意间说过他对母亲的预见,他把她比做得墨忒尔(Demeter),一位能以可怕的速度在瞬间把夏天转变成冬天的希腊女神。我最早的记忆就与她夏天里的笑声有关,特别是当某个夜晚,她坐在戈登广场的一张椅子上,给我们讲孩子如何形成、如何出生的时候,她的讲述如此滑稽,以至于令人实在无法控制自己,我就因为高兴过头而从椅子上滚下去了。

---

① 马塞尔·吉蒙(1894~1961),法国雕塑家。

有一次,叶芝对瓦奈萨说,她有超自然的潜能。作为一个坚定的理性主义者,瓦奈萨愤怒地驳回了那样的说法。我想,大家普遍认为,她虽毫不愚蠢,但却称不上是个知识分子,我认为这是实情,而且与她同许多头脑睿智的人结下深厚友情这一事实,也不互相矛盾——这些人包括凯恩斯、斯特雷奇、弗莱,当然还有她妹妹。不过,你总是会因为她的博学而略感惊讶。我哥哥准备投考公立学校时,她将维吉尔(Virgil)①的作品介绍给他读,在此以前,我从未想过她竟看得懂拉丁文。

然而,她真正的无与伦比之处,是在处理家务和管理方面。就是在这些领域里,她的才能唤起了梅纳德的钦佩之情,尽管后者常被她的清规戒律弄得叫苦不迭。称她为鲁登道夫·贝尔的,也正是这位梅纳德,他把瓦奈萨比做那位办事效率高得惊人的德国统帅,他以如此宏大的气魄和战略战术指挥德国军队,以致在1918年曾使协约国的战线几乎濒临解体的边缘。1916年,瓦奈萨迫于形势,也必须将这些外交的而非军事的才干发挥出来,为了遵从——其实也许是为了逃避——当年的征兵法,她和邓肯·格兰特、戴维·加尼特、仆人们以及她的孩子们,带着一条狗,来到查尔斯顿庄园。这支队伍,很快因为一位女家庭教师及其女儿和情人的加入,还有我妹妹安杰莉卡(Angelica)的出生,而更加壮大起来。梅纳德·凯恩斯把农场当做自己的周末疗养所,伍尔夫先生和太太常从阿希汉姆屋过来做客,利顿·斯特雷奇也抵达这里,而且还向农场上的男孩子们提出许多不

---

① 维吉尔(前70～前19),古罗马诗人,作品有《牧歌》十首、《农事诗集》四卷,代表作为史诗《埃涅阿斯纪》(*Aeneid*),其诗作对欧洲文艺复兴和古典主义文学产生过巨大影响。

得要领的建议。一切稳定以后,我父亲也来了,他的同行者是些很有趣的陌生人。至于邓肯,他总有一种倒霉本事,能把疯子般和近乎犯罪嫌疑人般的家伙吸引到自己身边,他带来的人物中,有一位可怜的青年男子,始终认为自己乃法老图坦卡蒙(Tutankhamen)的直系子孙,另外一位不太招人喜爱,他的特长是制作非法蒸馏的酒精饮料。梅纳德则招来一帮娈童,他们的长相从可爱迷人到极度吓人,应有尽有,各不相同。我们这些人聚在一起,形成了一个不稳定的混合体,要对付它,没点儿聪明才智可是不行的。

一所房子住进了一群喜怒无常、难以相处的人,这里只有一个与其房客同样难以对付、同样情绪波动得厉害的热水系统,没有汽车,没有电话,周围六英里之内也没有什么像样的商店,在这种情况下,想要行使起码的当家之道,必定艰难至极。至于在安抚、哄骗、劝导所有住客之余,还能继续为他们画肖像,或者画一些更加赏心悦目的远方风景,那就当然更加属于一种非凡卓越的雄才壮举了。

当梅纳德告诉瓦奈萨她可以去指挥军队时,他无疑是正确的,可是军队当然会让瓦奈萨无聊之至,更会让她抱头痛哭的。稍好一点的建议,便是让她去指挥家务,我想她对此肯定非常乐意,就像人们总是喜欢干自己拿手的活儿一样;还有一个更好的办法,就是让她待在托儿所里。然而,我确信,令她感到最为快乐的,还是远离世界,窝在自己的画室里,搞她自己的创作。

邓肯·格兰特[1]

罗杰·弗莱

在为邓肯·格兰特的画集所撰写的导言里,罗杰·弗莱探讨了"他的作品的个性"——自然性、自觉性,以及快乐的独创性,从中可见,邓肯·格兰特无疑是与布鲁姆斯伯里文化圈紧密相关的人士。无论对于当时画界所涌现出的各种流派还是对于公众的口味,格兰特都毫不关心,他的激情在于紧随自己的艺术,在它的引领下奋然前行,这些特征与布鲁姆斯伯里文化圈的宗旨是完全相符的。

罗杰对格兰特画作的评论,就是一个很好的例证,它表明他的批判眼光连好朋友的作品也不放过。为了出版这本关于格兰特的集子,全部策划工作——从撰写介绍文字、复制入选作品,到交付贺加斯出版社印行——都是由布鲁姆斯伯里文化圈一手

---

[1] 本文选自罗杰·弗莱:《当代画家:邓肯·格兰特》(*Living Painters: Duncan Grant*),伦敦:贺加斯出版社,1923年,第5~9页。——原注

完成的。对于该圈子的批评家们来说,这本画集体现出了"互相仰慕社团"所具有的一种力量,而对于该圈子的朋友们来说,此书则是一个布鲁姆斯伯里文化圈成员大显身手、各展才能的平台。

邓肯·格兰特几乎可以称为受人喜爱的艺术家。当然,他既没有,也永远不可能获得很大的名气。但是,作为一位如此纯真、如此不屈不挠的艺术家,他却拥有一个庞大得惊人的真心崇拜者的圈子。我还必须赶紧补充一句,就是他在创作之时,没有哪一笔是因为想要博取别人的欢心而画出的。他讨人喜欢,但这纯粹因为他恰巧就是这样的人,绝不是因为他为了满足大众的什么需求,而千方百计地予以迎合。他令人感到欢乐,因为其作品所表现出的个性是这样的自觉、这样的无拘无束,是这样彻底的自然而且真挚。他的这些愉快的本性一览无余地反映在其画作之中——这些画面由旋律异常优美、节奏异常和谐的线条组成,经过流畅而优雅的处理。天然去雕饰的性格,赋予他独特而迷人的风格。不止于此,他的性格还有一种特别欢快的倾向。某种抒情般的欢乐情绪支配着他的作品。这些,都使他能敏锐地感悟自然界中的美好并且为之动心,从而尽情享受它所带来的欢愉,这种欢愉,在他的作品里便以美丽的形式呈现出来。我在这里说到"美好"、"美丽",指的都是它们最为普通的意思。从它们在美学上的意义考察,严格地说,所有真正的艺术家都热爱美,都在创造美,然而,不少艺术家——其中不乏一些最为伟大的艺术家——所建构的美好世界,往往都是以人们称为丑的东西作为素材的。当他们观照生活之时,更加吸引他们的是那些邪恶的、丑陋的或是特征夸张的事物,而不是俗人称为美好的那些东西。这些将生活的动人意义奉为至高无上价值的艺术家,通常都会避开人们普遍感到美好的事物,而那些具有强烈诗情的艺术家,则很可能会影响生活中的美。

翻译成更为严格的美学语言,我想这就是说,诸如邓肯·格兰特这样的艺术家,能够最自然地感受到那些触手可及的、流畅的、有说服力的,并且不费吹灰之力便可捕捉到的和谐。不但邓肯·格兰特的设计特色,而且包括他对色彩的运用,都表明上述能力是千真万确的。特别是在他的早期作品中,色彩具有一种独特而且通透的清晰感和欢快感。即便当他尽量克制自己——因为他经常这么做——将颜料只局限于赭色、灰色以及暗绿色系列之时,他仍然能够使画面的色调表现得非常具激发力而鲜明。在其晚期作品中,因为他刻意追求画面的塑密性(plastic density),色彩的调配变得复杂起来,其结果是画面效果固然显得更为统一,但是某些纯粹、响亮的内涵却因此而丢失了。

虽然在形成自己表现方式的过程中,邓肯·格兰特受到许多伟大的法国现代艺术大师的影响,可是他的才华仍然是英国人所特有的。他拥有非常丰富的创造力,而这,相比较而言,在法国流派中是颇为罕见的。不过,我并不是仅仅因为他的创造力而称他为英国式的画家,毕竟,人们也可从法国人中列举出不少具有创造力的画家,我之所以把他称为英国式的画家,主要是由于他的创造性所蕴涵的品质——例如那种独特的顽皮而又怪诞的因素,它时常能够唤起人们对于伊丽莎白时代诗歌的回忆,它们因独具巧思妙想而引人入胜。这个特征尤其反映在诸如《高空走钢丝者》(*Tight-rope Walker*)或是《浴缸里的女子》(*Woman in the Tub*)那样的画作中,格兰特创作后一幅作品时,把卫生间里的摆设作为主要的设计元素,从而制造出了怪异而且出乎意料的快乐效果。

全神贯注于再现风格的画家,不可能为创造主题而煞费苦心,他们会或多或少地接受大自然所提供的一切,所以,绘画领域中的创意这个概念,本身就意味着一种文学的或者再现的元素。从某种程度而言,创造者是有必要考虑他用头脑创造出来的东西究竟有何意义的。一旦找到主题,他便可以为了呈现这个主题,而完全沉浸在寻求相应风格的努力之中了,不过他所创造的东西,自然也在作品的整体效果中占有一定的价值。我时常觉得,邓肯·格兰特从来都没能将他那独特的创造天分发挥到极致。

由于创造性的艺术家所发起的运动,几乎都纯粹地倾向于强调构思中的形式元素,历史既然已经变迁到了这样一个时代,那么他就应该克制幻想以及诗意般的创造天性,这是顺理成章、不可避免的事。然而幸运的是,这种被压抑的天性,偶尔却在他的装饰艺术创作中找到了宣泄的途径。

由于他有一种与生俱来的、与众不同的愉悦感觉和韵律感觉,而且对于色彩也有非常细腻的鉴赏力,因此他尤其适合将其才能运用到装饰艺术中去。当他在欧米伽工作室工作时,众多艺术家同行对于他那独有的魅力,对于他那出人意料的独创性,以及他的见解所获得的罕见的威望,都是一致认可的。而且我还应该说,当时他为地毯工艺、镶嵌工艺和刺绣工艺所设计的一些图案,确实代表了当时英国应用设计的高水平。后来,他还时常同瓦奈萨·贝尔合作,一起装饰房间,而我觉得,他总能在自己的屋内制造出一种非常愉悦的氛围,因为他具有出其不意的幻想力,因为他对欢快而纯粹的色彩具有感悟力——这些能力从未在本质上沦为完全的朴素和严肃——还因为他可以将最为怪异的创意结合到手头那些以装饰为目的的作品创作上去。

有一段时间,他也为芭蕾舞剧设计服装及舞台布景。唉,感谢制作者的保守思想和胆小怕事,这些东西几乎都没被制作出来。不过,其中有一幅他所设计的背景幕,现在已有复制品了,那是专为某场要求舞者身着18世纪服装的芭蕾舞而设计的,剧情发生在威尼斯。这幅幕布极好地体现了邓肯·格兰特创作此类作品时所表现出来的特有的天资。故事发生在18世纪的威尼斯,他的作品给人以特别现代的感觉,但又带有对瓜第(Francesco Guardi)①风格的诙谐暗示。在他设计的服装上,人们可以发现他对影射性的元素特别敏感,而这种敏感度在服装艺术中又是至关重要的。可是他的智慧——因为,实际上那些暗示性的因素无疑就是智慧——却既不尖锐,也不卓越,它总是被那种作为他作品特征的诗意柔情冲淡了。自然,他一直在尽其可能地远离迂腐的拟古主义的干扰,虽然在某个玄妙的暗示中,他也可能向了解他的人泄露出一个秘密,那就是自己对于过去的艺术有着何等的敏感。

确实让我们深感遗憾的是,邓肯在各种装饰设计方面所表现出的如此宝贵的天赋,竟然在我们的现代生活中几乎找不到什么宣泄口。就邓肯·格兰特的情况而言,这一点尤其令人感到可惜,因为对于他来说,要在架上画这个有限的范围里,为自己最杰出的天分找到发挥的机会,这是十分困难的。我想,比起面对那些画布和油彩所蕴含的无限可能性来说,他的灵感更多地是来自解决关于调整的某个问题以及改善某个主题的时候。真的可以这样说,他在暮年时期所创作的艺术作品,其倾向对他一直非常不利。他努力要在一个逻辑

---

① 瓜第(1712~1793),18世纪威尼斯画派的代表画家之一。

上连贯的空间里,创造出既完整又以稳固的方式加以实现的架构,这是最近他继承高更所提出的那种更具装饰性的观念导致的结果,不过,在他进行表现的时候,这种思想与其说是帮了他,倒不如说是反过来牵制了他。对于形式的调配,邓肯·格兰特在平面上做得比在三维空间内更加充分。他的创造性,更多地是体现在当他建议通过轮廓的品性而获得浮雕式的效果之时,而不是在他尝试将一切复杂性加以实现之时。最后我们要说,试图将一个完全连贯的三维整体付诸实现,只会妨碍创造力的发挥,创造力永远不能被指望会完全达到我们看到的事物所体现出的那种完整性。

从艺术家漫长的成长过程这个角度加以考察,邓肯·格兰特还很年轻。他是否会有机会作为装饰设计家而充分利用好自己的非凡才能,或者他是否会做不到这一点,却能够找到——这是一项艰难而又绝非无法实现的任务——那个形象的公式,那个能够尽情挥洒他的才干,挥洒他那迷人而浪漫的创造力,挥洒他那有效使用对比色的手法,以及挥洒他节奏优美的感情的公式呢?这些,人们都还要拭目以待。

在他过去的生活中,有一点是所有了解他的人都确信无疑的,那就是,他总是在沿着自己的艺术激情所引领的方向前行,任何外界环境都绝对无法使他偏离这个方向一丝一毫。

克莱夫·贝尔[①]
戴维·加尼特

德斯蒙德·麦卡锡回顾往昔时认为,对于克莱夫·贝尔在布鲁姆斯伯里文化圈的形成过程中所起的作用,是不可能作过高评价的。贝尔之子认为,他"帮助调节了"该群体"严肃的"氛围:

> 他与别人的不同之处在于穿着更为考究,骑马的姿势非常优美,而且还是一个非凡的射鸟高手。尽管其他成员显然都是知识分子,他却来自一个热衷于射鸟、打猎,并且以追求女孩为个人特色的上流社会。……我想,他在剑桥的朋友们低估了他;他们没有看到他在智力上比他们更加灵敏的方面。他的房间里挂着一幅德加(Degas)画作的复制品,对于德加这个人,他们中的大多数

[①] 本文选自戴维·加尼特:《森林之花——〈洪亮的回声〉之卷二》(*The Flowers of the Forest, Being Volume Two of The Golden Echo*),伦敦:查图—温都斯书局,1955年,第21~24页。——原注

人很可能连听也没有听说过,因为世纪之交的剑桥,在审美方面是存在盲区的。①

戴维·加尼特所写的关于克莱夫·贝尔的这篇随笔,揭示了后者的性格对布鲁姆斯伯里文化圈的影响。加尼特以1915年的一次聚会作为文章的开头,贝尔就是在这次聚会上被介绍进布鲁姆斯伯里文化圈的。

在布鲁姆斯伯里社区,贝尔夫妇居住的戈登广场46号是座大房子,位于该社区众多最为生机勃勃的广场之一的东侧。我们抵达时,盛大的聚会已经开始,我们被领进了底楼的餐厅。我一下子注意到了一幅毕加索的立体派作品,在克莱夫的著作《艺术》中我曾经见过它的复制品。我还发现这里有一幅自己更为喜爱的弗拉曼克的画作。这些绘画令本来就很美观的厅堂更显雍容华贵。虽然厅内挤满了客人,我还是从中认出了不少老朋友。……

那次聚会之后不久,我就发现自己不但同邓肯和梅纳德友情渐笃,而且同克莱夫及瓦奈萨的交情也与日俱增。戈登广场46号成了我自信自己能够受到欢迎的地方,那位给我开门的身材清瘦高挑的女仆布兰奇(Blanche),还有孩子们——六岁的朱利安和四岁的昆汀,他们都很快就把我视为朋友了。

要不是克莱夫,我想那种友谊的迅速发展是不可能的。他的性

---

① 昆汀·贝尔:《弗吉尼亚·伍尔夫传》,两卷本,伦敦:贺加斯出版社,1972年,第一卷,第156页。——原注

格在很多方面恰好与瓦奈萨的互补,正如杰克·斯布拉特(Jack Sprat)①的个性与他那位不吃瘦肉的妻子的相得益彰一样。克莱夫比瓦奈萨更多地营造出了46号的氛围,所以我试图把他的性格轮廓粗略地勾画出来。

安徒生的童话中有一个故事讲到一位公主,她敏感到连床垫下放有一片枯萎的玫瑰花瓣都无法入眠。克莱夫就像这位公主,只要觉察到周围随便哪个人闷闷不乐,他就无法快乐起来。因此,兴许是出于私心的缘故,他总是尽其所能在周遭创造欢乐。詹姆斯·穆勒(James Mill)的功利主义理论认为,一个人不使邻居们富起来,自己就无法独享富裕,而克莱夫就是这种理论最完美的例证。倘若每个人都能像他一样,那么这种理论可能就会变成普遍真理了。

当时,克莱夫对我还没有半点兴趣,即便从此再不相见,他也毫不介意。不过,如果常去戈登广场,那么我在那里就应保持心情愉快,对他来说,这也就成为必要的安慰了。因此,他比任何一位大公无私的人对我都要和善得多。当他家的大门被推开的时候,一股暖流便涌了出来,它源自克莱夫的热情好客,并且汇集了他对生活中美好事物的热爱,犹如清晨那滚烫的咖啡的浓郁香味一般,沁人心脾,撩人心弦。沉重、黯淡、冷酷、英国人的罪恶以及英国的气候所制造出来的种种麻烦,在克莱夫家里,在他的陪伴下,全都荡然无存了。

---

① 杰克·斯布拉特,英语儿歌中的人物。该儿歌的内容为:

> Jack Sprat could eat no fat,
> His wife could eat no lean,
> And so betwixt them both, you see,
> They licked the platter clean.

那种欢乐而热诚的良好友情,在传统上和猎狐者及狩猎群体有着密切的关系,事实上,克莱夫的性情正是在这个他所继承的大气候中得以形成的。他的喜好将他带进了由哲学家、数学家、批评家和艺术家所构成的冷冰冰的世界,通过狩猎获取早餐这件事所具有的精神意涵,对此他们之中原是无人知晓的。所以,克莱夫在布鲁姆斯伯里文化圈的形成过程中,起到了重要的作用。否则,它将会成为一个苍白的知识分子的世界,而他,却为这个世界端出——

  一个大酒杯,盛满南方的温煦
  盛满泛红的灵泉
  白沫如珠,向杯沿争先眨眼。

他将布鲁姆斯伯里文化圈从变成另一个"克拉彭教派"[①]的厄运中拯救出来,使之以同样超脱的方式,全身心地投入美学和抽象真理的探求之中,而不是一头扎进福音教派。这功劳并不能全都归于克莱夫,因为虽然他常给人以欢快、机智的空谈家的印象,但是他也具有学究气质。他总是把每天的大部分时间,都用来阅读书籍。人们能够听到许多布鲁姆斯伯里文化圈成员才华横溢的演讲,其中必不可缺的是克莱夫的,他那广博的阅读量、灵敏的感知力以及良好的判断力,构成了他的讲演特色。同样必不可少的,还有利顿、弗吉尼亚、梅纳德、德斯蒙德·麦卡锡和哈里·诺顿(Harry Norton)[②]这些人的

---

① 19世纪初由英国社会改革人士组成的颇具影响力的团体,因主要活动多集中在伦敦西南的克拉彭地区而得名,主张剔除社会疾病,改变道德观念,其成员主要为福音派人士和议员。

② 哈里·诺顿(1886~1937),"使徒社"成员,数学家。

演说。克莱夫无法忍受疾病的困扰,所以在他最亲爱的人的病榻之前,他也常会溜之大吉。然而,在其他方面他却并不那么神经质。戈登广场46号具有一种神秘兮兮的恐怖,它源自厨房地下室里滋生的大批蟑螂。当这些讨厌的虫子变得令人忍无可忍时,克莱夫便会穿上狩猎专用的靴子,深更半夜跑到地下室里,对它们狂踩一气。在布鲁姆斯伯里文化圈中,(除我以外)再也无人敢采取如此勇敢的行动了。

克莱夫·贝尔和邓肯·格兰特[1]

安杰莉卡·加尼特

在布鲁姆斯伯里文化圈的家族史中,安杰莉卡·加尼特的身份、经历,比这一圈子里任何其他成员的都要来得错综复杂。身为瓦奈萨·贝尔和邓肯·格兰特的女儿,她却被视为瓦奈萨和克莱夫·贝尔的女儿而抚养成人,这样做是为了不致丧失来自欣德(Seend)的克莱夫家族的财政资助。朱利安·贝尔在西班牙内战中遇难之后,她于十八岁时才被告知自己的真实身世。二十二岁时,她嫁给了刚刚丧偶的戴维·加尼特,而后者与邓肯及瓦奈萨的亲密友情,早在她出生之前就已开始。

安杰莉卡·加尼特将其所写的关于自己在布鲁姆斯伯里文化圈的童年经历的故事命名为"蒙蔽在善意中"(*Deceived with Kindness*)。此处节选的章节,原题为"有着两个父亲的孩子"(Child of Two Fathers)。

---

[1] 本文选自安杰莉卡·加尼特:《蒙蔽在善意中》,伦敦:查图—温都斯书局、贺加斯出版社,1984年,第134~142页。——原注

我记得那年的夏季长得没有尽头,热得难以忍受,而且令人充满倦意。有一天,瓦奈萨感觉稍佳,便带我到她在查尔斯顿庄园的画室去,在那里她告诉我,我的生父是邓肯·格兰特,而并不是克莱夫。她紧紧地拥抱着我,还说到了爱。我敏感地注意到,在她那亲切的举止里,隐藏着一种尴尬与不安,这种尴尬与不安犹如海浪一般冲刷着我的头脑。很难说是什么促使她在那一刻将实情告诉了我——有多少是出自许久以前他们所设计好的计划,有多少是源于她当时真实的情绪。她很可能感到,不论这种情绪多么隐蔽,自己这一举措应该源自对朱利安的回忆。她即将透露的消息,将帮助我变得成熟,而且朱利安的在天之灵也会对此表示赞许。与此同时,想必她一定感觉到了要将自己从谎言中解脱出来的急切需要,我们大家曾在那个谎言中共同生活了十七年。由于担心我会因接受这一事实而困惑,她说一切无须改变,因为重要的并不是过去的事实,而是现在大家亲密无间的关系,比如,我对昆汀的爱,就不应因为知道他是同母异父的哥哥而受什么影响。我清楚地记得这番话在我心里激起的奇异的、小小的震撼,那时我就意识到自己真的非常喜爱昆汀,虽说在此之前我从未想过要把它说出来,但是这种感觉足以证明,我们生活在一个多么含蓄而不动声色的家庭里。尽管朱利安曾经在信中告诉她说我比他还要感情用事,但我并不是一个性格开朗的孩子。如果瓦奈萨事先指望在告知实情时看到我惊讶的表现,那么她肯定是失望了:我当时泰然自若,连眼睛都没有眨一眨,虽然当被独自留下来后,我顿时变得快乐无比,因为这是一件自己早已偷偷发现了的事情。不论在表面以下的深处可能发生什么大爆炸,那一瞬间我只觉得,一个久已丢失的东西,现在终于被放回了原处。

我仍然没有和邓肯说话,或许是因为害怕他会挫败我心中的得意之情。我宁愿独自享受心满意足的感觉,因为自己无法克服那种情绪:就是有了这么一位爸爸,我的命运便被打上了特殊的标记。我是一个手里握着红玫瑰的小女孩,她爱上了王子,爱上了那个既神秘可怕又魅力无穷的怪兽。我从未意识到自己是在幻想之中,幻想着一位永远不可能出现的邓肯的样子。我也没有注意到,正当自己迫切需要一个父亲的形象时,我的牺牲精神真正意味着什么。我本应和邓肯说话的。可是事实上,瓦奈萨却对此事再也不吭一声,他同样也缄默不语,而我则仍将自己封闭在梦幻之中。

我与邓肯的关系从来没有超越过这一点:我敬重他,但有想当他女儿的念头只是我的一相情愿,然而我得到的反应只是无动于衷的平静。令我困惑不解的是,这种平静表现为一种没有性别特征的、淳朴而含有善意的障碍。我无法看清它的周围有些什么,可是——现在我不禁怀疑——是否其中还包含着某些可以进一步观察的东西?诚然,这种东西是存在的,但是它太模糊、太私密,也太自私,所以无法答复一个女儿所提出的请求。因此,我们的关系虽说在很多方面都非常愉悦,却只不过是一种幻影而已。我们并不像父亲和女儿。我们之间没有斗嘴,没有抗争,没有权威的展露,也没有天伦之爱变得强烈的时刻。一切都很温和、平静,很表面化——真的,是他那种保持无动于衷的本事,才使他成为如此有趣的伙伴。我被一个渴望拥有理想的父亲的梦想——一个不现实的梦想——纠缠着,而且它始终困扰着我后来的生活。我的婚姻只不过是这种梦想的延续,它几乎完全将我吞噬了。

我如此纯粹地信赖他们的判断力,以至于从未想过因为他们对于此事的沉默而去责备邓肯或是瓦奈萨。即使后来,当我将愤恨之情发泄到瓦奈萨身上的时候,我也无法让自己对邓肯进行任何指责。正是在很多年以后,我才开始意识到自己错过的一切,以及那种含糊不清的状况是如此地使我深陷其中而不能自拔。

虽然瓦奈萨自欺欺人地安慰着她自己,认为女儿现在有了两个父亲,但是实际上——在感情的现实里——我却一个父亲也没有。把邓肯和父亲这个身份联系到一起是不可能的,而且他从来都没有要试图承担这样的角色。在这方面,克莱夫做得要更好些,不过他的角色扮演得没有说服力,因为他知道真相。如果我们大家都承认了这个事实,那么情况该会多么不同啊!在其他事情上,邓肯可能已经努力表示了他的慈爱。但是瓦奈萨从未想过,或许他也是由于她的支吾搪塞而不敢承认现实,恰如她从未意识到,正是由于向我隐瞒我真正的父亲是谁,所以她其实在我出生之前就已将我视为一件物品,而不是一个人了。她无疑总是怀有负罪感,并感受到了我的怨恨之情,即使我当时并不知晓其中真正的原因;她也无疑常常试图用溺爱来弥补自己在这件事情上的过失,而这样做只能使我觉得更加受压抑。

结果是,我在情感上变得力不从心了,虽然这样想可能是个严重的错误,但是倘若她以前把我的生父是邓肯这件事告诉我,那么我的生活原本是可以变得更加轻松些的。我的窘境可能确实没有多少变化,因为他的性格是始终如一的。唯有了解真相,而非沉溺于谎言的欺骗之中,才能真正改变所有的一切;那些制造谎言的人,对于欺骗所带来的后果,从未作过全面考虑。

不过奇怪的是,当这个时刻到来之时,当我被告知真相的时候,世界看上去不是更加真切,而是变得更加虚幻了。好像没有人能够公开、自然地谈论这个话题：瓦奈萨处在忧虑而得意的状态里，邓肯则并不想努力将一种更为坦诚的关系引入到我们彼此的身份中。他们给人的印象是犹如做了什么不负责任的事情的孩童，企图通过销声匿迹的方式逃脱由此带来的责难。

就连克莱夫也没能从我最近获得的消息里受益。瓦奈萨告诉我，他更愿意把我看做亲生的女儿，所以我对他最好什么都不要提及。这是一件令人极其遗憾的事，因为他的关爱建立在某些比伪装更好的东西的基础之上，看到一切已经摊牌，他的解脱之感原是可以让我们之间的关系，变得更加轻松自如一点的。如果他希望的话，他本来可以领会到，世界上并不存在任何能够阻止他将我视为亲生女儿的东西，而从我的立场来说，自己对于他的那份真挚爱意，原本也是可以得到释放的。

无论克莱夫是否注意到了，反正我对他的态度深深地受到那种不确切的情况的影响，而且这又与我看出了瓦奈萨对他的感情的变化有关。我当时没有深究这些细节，但是现在我知道了，尽管从表面上看，她对他满怀信赖，满怀对他的学识的尊重，同时怀有一种激情不再的爱恋，但是，从她希望他维持假象的角度来看，她实际上是在欺骗、压榨他那更加美好的感情。难道她从未想过，当我将他视做亲生的父亲而有所求助的时候，当我企盼从他那里得到道德上的支持，而他却深知自己没有资格提供这种支持的时候，将会发生什么样的情况？如若有人提出这个问题，瓦奈萨就会说，既然克莱夫了解真相，他就只得对我表现出关爱之情而不必承认需要永久搪塞的任何理由。她也许还会说，要是我能更加早熟，更加敏感一些，她便会早点将这事告诉我，从而降低我可能求助于克莱夫的风险。然而，她似乎忽略了一个事实，那就是，撇开或是超越这种关爱之情，他的回答因他的父亲身份而具有的权威性将会被剥夺,而这,正是我所渴望实现的,要是最终能够抛开这种权威性,那该多好啊!

瓦奈萨设想她自己能够把握整个局势,虽然这样做的出发点是好的,但是却将傲慢与慷慨混为一谈了,而且对于现实而言,她所表现出的即使不是冷漠,也是一种盲目。说她没能认识到父女关系的重要性可能会让事情更加简单易懂一些,然而我又并不这样认为——她显然期待我和克莱夫之间的关系能变得更加亲密——但她可能并不理解,一个女儿原是渴望被父亲拥有的,而克莱夫却没有权利这么做。

然而,与邓肯相比,他确实对我表现出了更大的责任感,尽管我那无处不在的不安全感,使我无法真诚地对此作出回应。我因为心存疑虑而痛苦万分,我将它归因于他那与生俱来的冷淡,或是他对于性的话题的某种含沙射影、话里有话的态度,这令我十分尴尬。不过,在一定的范围内,我们相处得非常好,虽然今天回顾我们的关系时我感到后悔,因为当初对于他的善意没能适当地、公平地加以对待。

克莱夫以宽宏的气量欢迎我降临到这个世界,对于我的存在,他一直给予热情的关注,甚至当瓦奈萨想要离开的时候,他偶尔也会代替她来照顾我——这些,邓肯是绝对做不到的。当然,内莉(Nellie)和路易(Louie)一直在我们身边,但是作为一个参照点,克莱夫却更加可靠、沉着而且生性快乐。小时候,我得了腮腺炎,为了掩饰,就贴切而且勇敢地说道:"噢,天哪,我从床上跌下来了!"听到我这番天真的逻辑判断,他非常高兴,在后来的二十年中还时不时地提起此事——旧事重提让我恼羞成怒,从而遮蔽了我的双眼,没能看到他这么做的背后隐藏着对我深深的喜爱。我还记得有一次对他做过十分无礼的事：当时我还小，不过已经到了知道什么该说、什么不该说的年龄，然而我的舌头，就像蜥蜴的长舌一般，似乎全然不听指挥地在自由翻动着，最后我说了一些现在业已遗忘在无意识中的话——这些话语在他那里遭遇到了一片茫然的惊讶神情，遭遇到了一种怀疑，它表明他受到了伤害，尽管对此我再也没有听说过什么。

还有一次，由于我到了觉得欣德看上去不再像以前那样富有魔力的年纪，就问瓦奈萨是否必须去那儿过圣诞节。她让我去问克莱夫，我诚惶诚恐地前往戈登广场 50 号，在书房里见到了他，他端坐在有着藤条靠背的椅子上，抽着烟斗。虽然我无意给他带去痛苦，但是现在想来，自己当时的态度实在缺乏策略：年幼无知的我并没有意识到，他不仅一直深爱着那个地方以及那里的人们，而且会永远热爱那片被我这个年少气盛的家伙刚刚摒弃的土地。克莱夫透过眼镜片默默地注视着我，我知道他的感情受到了伤害。然而，如同外交谈判一般，他向我保证，只要我今年到欣德去过圣诞，那么明年就可以不去了。对我来说，这是一次具有里程碑意义的谈判，因为，尽管他没有意识到，这却是我第一次像一个成年人那样跟他说话，第一次表明自己有能力通过主动的选择而不是听从别人的吩咐去做某件事。

如果克莱夫曾因我们之间的虚假关系而忍受过种种窘境，那么既然现在我已长大成人，他便似乎毅然决定不再对此加以计较了。生活条件优越的他，半辈子都像单身汉似的住在伦敦的他，能够送给我平生拥有的第一颗牡蛎或是鸟蛋，能够将我介绍进他社交世界的朋友圈中，和他们一起坐在椭圆形的红木餐桌前共进午餐。我们面对着停止冒汽的香槟酒和盘中被压碎的紫色西番莲果的残渣，在飘荡于空气中的欢声笑语的作用下，一坐就可以坐到下午，对于他来说，这些都是十分快乐的事。克莱夫喜欢把我带到朋友中去炫耀。

然而,对于我的困境他也非常敏感,深知邓肯没有能力表现出对我进行性教育的兴趣,他就让我阅读《达佛涅斯和克洛伊》(*Daphnis and Chloe*)——这部田园牧歌,这部抒情浪漫的作品,恰好适合我当时的心理成长阶段。随着我的法语水平日渐提高,他又介绍我读《曼侬·莱斯柯》(*Manon Lescaut*),后来还奇怪地挑选了《危险关系》(*Les Liaisons Dangereuses*)给我看,我当时可能已经知道,这本书属于布鲁姆斯伯里文化圈的最爱。确实要感谢克莱夫,有了他,我才能成为梅里美(Prosper Mérimée)①的热心崇拜者,才学会了欣赏《卡门》(*Carmen*)、《高龙巴》(*Colomba*)、《伊勒的维纳斯像》(*La Vénus d'Ille*)以及《致一位陌生女士的信札》(*Lettres à une Inconnue*)的部分内容。

　　直到很久以后我才发现,克莱夫郁郁寡欢,甚至可以称得上是个悲观的人,他的天分从未得到过完全发挥。在人们的印象里,周遭有着那么多的朋友——他们的评判标准虽然很高,但也有所局限——他却从来没有真正通过能够使之跻身"一流"行列的、颇带讽刺意味的考试。不管这是由于他的文学成就缺乏个性,还是由于他对自己风流韵事的态度太过歇斯底里,对此都难以评定,不过,随着时间的推移,朋友们的批评逐渐奏效,于是怀着某种辛酸,他承认了他们批评的公正性。无疑,他的天资不但包括头脑的机敏,也包括善于体察人性的一面——这里,他显露出了深谙人情世故并且愤世嫉俗的天分——他还有着善于制造各种人们足不出户便可享受到的快乐的一面,对于这种悠闲舒适的快乐来说,添加的椅子越多,就越会使人感

---

① 梅里美(1803~1870),法国小说家、戏剧家,中篇小说成就突出,主要作品有《高龙巴》、《嘉尔曼》等,后者的故事因乔治·比才(Georges Bizet)所作歌剧《卡门》而广为流传。

到尽兴。虽然"兔子"戴维·加尼特已经指出,他的慷慨是建立在自私自利的基础之上的,可是他却更喜欢与别人分享自己的欢愉:他总是欢迎每位不速之客的到来,总是乐意毫不吝啬地奉献一切。他喜欢看到朋友们如他期望的那样展现自我,尽管这样肯定会给他们增添负担,从而会限制他们的相互交往,可是这委实属于一种能够使人消气的爱意:在他面前,朋友们常会情不自禁地回应这片仁爱之心。

比起布鲁姆斯伯里文化圈的其他任何成员来,克莱夫在社交方面的经验要更加丰富,性格更加随和,而且能力也更强,部分原因在于他有钱,同时也是由于他渴望与那些以耗费钱财为生活方式的人士交往。与瓦奈萨和弗吉尼亚不同的是,他并不畏惧有钱人那种与生俱来的高贵优雅风格,尽管他也确实要求这些风格必须和一定程度的文化修养以及身材面貌相称。虽然这是他性格之中相当突出的一面,然而你有时又会感到,他自己身上倒是恰恰缺乏精巧雅致的气质。他热切地希望通过精心准备的俏皮话,通过各种恭维语和双关语①,给人留下深刻的印象,以至做到了令人难堪的境地,但是最终让朋友们真正感到陶醉的,与其说是他那18世纪的风格,倒不如说是他的那份极易被识破的良苦用心。

克莱夫身上有着两个人的影子,两个都是至少落伍于时代一个世纪的人:一个是城里人,半吊子,会写文章;另一个是乡下人,大地主,爱好运动。我认为,他在扮演后一种角色时,才更加真实地感受到了安逸和舒适,因为关于乡村生活的知识、技能和热情,从他童年时代就被培养出来了。事实上,这两种性格都无法使他适应这个世界,而令你喜爱他的理由之一,就在于他总是拒绝承认这一点,总有

---

① 原文为"double entendres"。

这样一种能力,善于把周围的环境,改造成为骄奢淫逸之徒的欢乐窝或是富甲一方的乡绅的宅院。

在查尔斯顿庄园他并没有产业,然而他悠然地行走在乡野之间,仿佛这片土地归他所有似的,而且这里的牧羊人、狩猎场的看守者、花匠以及他们的妻子,全都深深地喜爱他。倘若这种越权行为把瓦奈萨激怒了,为了把自己的支配权夺回来,她不但会凭借某种冷漠的态度,而且还会声称自己可以随时采取各种举措,将克莱夫气喘吁吁地晾在那里,使其意识到操控她的世界有多危险。然而,在现实生活中,他们之间其实总能保持某种平衡:虽说克莱夫喜欢自己处于边缘的感觉,瓦奈萨却从没把他从悬崖边上推下去过。

在后来的生活中,他对瓦奈萨的情感主要成为了一种崇拜,崇拜她不用牺牲个人的社交关系,就能继续自己的职业生涯,继续创作绘画。对于她的美貌,他从未感到厌倦过,而且还欣赏她对孩子们的热爱以及她那非凡的组织天赋。他爱慕她的深奥,当这种深度被添加进她的温存和幽默之中时(即使她的幽默不是以他为对象的),她便被赋予了一种独有的特征和神秘,这种特征和神秘,他在其他地方是找不到的。她年轻的时候,其坦荡诱人的欢愉、善解人意的温柔与灵感勃发的嘲弄交织在一起,令人无法抗拒。克莱夫不仅是个凡夫俗子,而且还是个小男孩,所以对他来说,瓦奈萨的魅力还在很大程度上表现为其富有母性的端庄和贤淑。如果从她的角度而言,这种温情相当迅速地消失不见了,那么部分原因就在于她已无法继续去爱这个像自私男孩一样的克莱夫了,他从来都没有学会过自我克制,尤其在性的方面,这导致了均衡意识的缺失。尽管他有广博的学识以及对绘画艺术的热爱之心,但是对于艺术家究竟意味着什么这一问题,却表现得一无所知:在他看来,这是一种令他既爱又怕的神秘身份，因为在瓦奈萨看来，与这种身份恒久地联系在一起的，便是她的女性气质，便是她那女神般的既敢爱抚也敢压榨的能力——正如《伊勒的维纳斯像》所写的那样。

克莱夫仰慕瓦奈萨具有我行我素的天性，因为他自己实在太过怠惰了，也可能是因为他过分在意自己的弱点，以致无法阻止她那天性的尽情发挥。他更愿意以放弃自己的威信作为代价，而让她去解决家庭生活中必然会出现的各种心理问题。也许他注意到了那种实质上被称为感情失败的东西，它在他的心中横扫出一片寒冷的荒野冰川、一片寸草不生之地，尽管他交际广泛，温和有礼，却总也无法将它完全掩藏。然而，克莱夫尽管内心痛苦，却只是自吞苦果，从不向她倾诉。对于他，她是唯一一位这样的女性：只有在她的屋檐之下，自己才能怀着类似于满足的心情生活下去。

克莱夫和邓肯之间，简直连最微弱的嫉妒之情的迹象也没有——提起这个话题真的很荒谬——虽然这在很大程度上是因为邓肯是个同性恋者，他们之间并不存在男性的竞争关系，但是还有另一个重要的原因，就是他们有着非常深厚的友情和对彼此的深刻理解。尽管克莱夫曾经无情地揶揄过邓肯，奚落他喜欢摆出某个早已为人遗忘的军团中的将军或少校的架子，奚落他的艺术品评宽宏大度到了不分好坏的地步，奚落他的其他一切怪癖；尽管克莱夫也从未资助过他，但是克莱夫毕竟还是富有雅量而且体贴入微的。他本可以轻而易举地将邓肯视为一个逃逸的精神病人或者一个毫无责任心的人，但是他从没这样做过。他总是显而易见地尊重邓肯的人格，即使这一点从未被人直截了当地提起过。从邓肯的立场而言，他理解克莱夫，也欣赏他的深谙世事、他的博学以及他在阅读方面的广泛涉猎，他们经常可以从中找到交谈的话题。邓肯从未对克莱夫的上流社会朋友抱有偏见,有时他还会非常高兴地和他们厮混在一起。通过分享克莱夫的汇报,他对这群人之间最近发生的阴谋和丑闻了如指掌。这些消息和绯闻,常以信件的方式传到查尔斯顿庄园来,在克莱夫的大量书信中,它们占了很大的一部分。邓肯的轻微提示和他愿向富有独创性的观点发起挑战的勇气,比任何一切都更能使克莱夫感到精神振奋。如果说克莱夫是火绒,那么邓肯就是火石,是他照亮了那些原本会被遗忘的角角落落。

弗吉尼亚·伍尔夫[①]

摩根·福斯特

这是弗吉尼亚·伍尔夫去世之后,福斯特于二战期间在剑桥的"瑞德讲座"(Rede Lecture)上所作的关于她的一次演讲。这位在专业鉴赏力方面最受弗吉尼亚尊重的布鲁姆斯伯里文化圈中的朋友,对她的作品作出了公开的评价。身为好友和小说家、批评家的福斯特,力求呈现出最能体现弗吉尼亚顽强个性的一面,他评价了她的唯美主义观念和小说创作,而对她的恃才傲物或女权主义思想则持批判性的态度。福斯特认为她的女权主义思想业已过时,读者如果对他的错误判断(这种判断在当时并非不是普遍的)感到惊异,那就应该注意到这位老者在陈述自己的观点之时,还是怀有自知之明的。撇开这一见解,福斯特的评

[①] 本文参见《弗吉尼亚·伍尔夫:瑞德讲座》(*Virginia Woolf: The Rede Lecture*),剑桥:剑桥大学出版社,1942 年;再版时收入《对民主的两声欢呼》(*Two Cheers for Democracy*),奥利弗·斯泰利布拉斯、爱德华·阿诺德编,1951、1972 年,第 238~252 页。——原注

论可以称得上是迄今为止关于弗吉尼亚作品的最优秀、最简洁的介绍了。

福斯特也将自己的演讲献给了伦纳德·伍尔夫,这是很贴切的。所以,这篇演讲稿最终是对一些共有的价值观的赞颂,这些价值观由演讲者、弗吉尼亚及其丈夫,还有他们的朋友所共同分享。(原稿中有两条关于这场演讲的注释,已删除。)

当被委以本讲座的讲师资格时,本人脑中想得最多的是弗吉尼亚·伍尔夫的作品,所以,请允许我对这个话题发表自己的见解——是发表见解,而不是对她的作品加以评判和总结。如果想作总结,我们就要面临两个障碍。首先是这些作品的丰富性和复杂性。我们一旦摒弃"布鲁姆斯伯里文化圈的病太太"这个被阿诺德·贝内特(Arnold Bennett)①接受得如此单纯的绰号,便会发现自己置身于一个令人困惑的世界,其间几乎找不到任何可以形容她的确切词语。我们想到《海浪》(The Waves),于是说:"对——那就是弗吉尼亚·伍尔夫,然后我们想起《普通读者》(The Common Reader),在这本书里她却显得十分不同,接着我们想起《一间自己的房间》(A Room of One's Own)或者《我们所知道的生活》(Life as We Have Known It)里的前言:在那里她又很不一样了。"她如同一株植物,应该生长在公园中土壤良好的花床里——生长在艰涩难懂的文学花坛里——它将根须延伸到四面八方,顶破嵌满碎石的前车道,甚至穿透石板铺成的厨房庭院的地面。她对生活满怀兴趣,而且随着年龄的增长,她的爱好越来越广泛。她的好奇心不仅相当敏感,而且还很顽强。在短短的一个小

---

① 阿诺德·贝内特(1867~1931),英国小说家。

时里,怎么可能概括她的成就呢?在演讲时,标题有时可以成为演讲者的救生索,可以把他带到自己希望抵达的安全地带。今天,我能找到这样一根救生索吗?

  第二个障碍,则是当下并非评判任何事情的好年月。说得委婉些,我们的判断力还没有达到最佳的巅峰水准。正如她所指出的,大家都还站立在比萨斜塔上,即便对于我们这些出生于19世纪的人也是如此,那时大地还是水平的,而建筑物还是垂直的。现在我们往下看时,无法正确地判断所处环境的地貌,因为一切都是倾斜的。孤立的事物并不那么令人感到费解,一棵树、一个波浪、一顶帽子、一件珠宝,以及一位老先生的秃顶,这些在今天看上去都和以往相差无几。但是事物之间的关系——这是我们无法估摸的,这就是为何必须留待下一代人来对之作出定论的原因。现在我们所珍视的一切,是否经受得住历史的考验呢(某些我们本应重视的东西可能有所发展,但那将是另外的命题了)?对此我一点信心也没有;也许下一代人,会把弗吉尼亚看做毫无价值、索然无味的人而置之不理。然而,我并不这么认为,我想你们也一样;我们仍然有话要说,而且当你们将"瑞德讲座"的讲师资格授予我的时候——将最伟大的荣誉授予我的时候——我暗自设想,自己能不能从她所仰慕的大学,从这所大学的中央建筑里,将获得的部分荣誉转送给她呢?她会带着一丝嘲笑的神情接受这样的敬意,因为她对于妇女的学术地位所持的态度有些尖刻。"什么?我,在评议会大厦?"她会说,"你肯定这样做合适吗?如果想谈我的著作,为什么你要先戴上礼帽、穿好礼服,来伪装自己呢?"不过,我想她会感到高兴的。她热爱剑桥。真的,我珍藏着一个秘密的幻想,认为她曾在这里获得过她的学位。她,那个可以乔装打扮成桑给巴尔的王子,或者可以将脸涂黑,冒充埃塞俄比亚人大摇大摆地登上"大无畏号"战舰的人①——她肯定可以愚弄我们这些无辜的讲师们,并且可以就跪在这个位置上,向校长呈上精致而可疑的奥兰多的头颅。

毕竟,我们还有一条救生索可以抓住:她喜爱写作。

这些话通常没有多少意义,但是对于她却必定极度适用。她喜欢接收各种感觉——视觉、听觉、味觉——并在头脑中将它们逐一筛滤,让它们在那里遭遇各种理论和记忆,然后再通过手中的笔,将其表达在一小片纸头上。现在,写作所带来的更高层次的喜悦刚刚开始出现,因为这些纸片上的笔迹仅仅是创作的前奏,与墙壁上的斑斑点点相差不多。得把它们加以组合、排列,在此处加以强调,在彼处进行删略,必须创造出新的关系,必须添上新的笔迹,经历了这种互动过程之后,某件成品,某件完整的作品,仅此一件,就成形了。这件成品,不论它是小说还是随笔,是短篇小说还是传记,或是准备私下读给朋友们听的论文,如果写得很成功,它本身就会与某种感觉十分相似。尽管这篇作品如此纷繁复杂、如此理性,尽管它可能充满了庞大而沉甸甸的事实,但是它与一开始促使作者动笔的那个简单的东西,与那些视觉、听觉、味觉,恰好是十分相像的。当我们描述这些感觉的时候,也就是对这篇作品在进行最好的描述,因为它不是有关某物的文章,它就是某物本身。这在她的"美学类"作品中是显而易见的,例如《邱园记事》(*Kew Gardens*)和《达洛卫夫人》(*Mrs Dalloway*),而在她的学术性的作品中则不太明显,像《罗杰·弗莱传》(*Roger Fry: A Biography*)便是如此,然而在这本书里,相似性同样也存在。从特里

---

① 摩根·福斯特在此处暗指1910年弗吉尼亚所参与的"大无畏号"事件。

维廉(R. C. Trevelyan)①的一篇文章中我们知道,当她写这部传记之时,有着一种与音乐家谱曲相应的感受。在第一章里,她陈述所要表现的主题,在接下来的章节中,她分别将这些主题加以呈现、展开,最后则试图把它们又重新归结到一起。这本传记把弗莱介绍得恰如其分。但是,它同时也是其他的东西;它是一件作品,一件完整的作品。

她热爱写作,这种热爱程度几乎没有多少作家能够企及。大多数作家写作时,半只眼睛盯着版税,半只眼睛盯着挑他们毛病的人,那第三个半只眼睛则关注着改良世界的问题,这么一来,他们就只剩下半只眼睛去关注自己的工作了,而她对工作是全神贯注的。她不会左顾右盼,她的条件与性情结合起来,使她能够做到专心致志。钱,她是不用考虑的,因为她有着一笔私密的收入,虽然经济的独立并不总能保护人们免受商业社会的冲击,但是在她来说,那是富有成效的。对挑毛病的人,她在写作时从来不加考虑,尽管事后她可以非常专心地听取他们的意见,甚至表现得温顺谦卑。改良世界她也从不考虑,既然世界是男人创造的,那么她,一个女子,对这个烂摊子就不应承担任何责任。她的最后这种观点比较古怪,等一下我将回过头来继续探讨这个问题;她仍旧坚信这一点,这也使她的防卫圈构筑得更加完整,所以,无论是求功求名的欲望还是悲天悯人的情怀,都无法左右她。她拥有专一的目标,像她那种情况许多年后在这个国家都不会重现,而且像她那样喜爱写作的作家,无论在哪个时代也都是非同寻常的。

现在,摆在这样一位作家面前的陷阱也就一清二楚了。它便是艺术之宫,便是假装成具有回廊拱顶、金碧辉煌模样的无底深渊,但

---

① 特里维廉(1872~1951),"使徒社"成员、诗人、古典学者。

它实际上却是一个可怕的洞穴,粗心的美学家可能会坠落其中,从此不见天日。她有着美学家的一切特点:善于挑选并操纵所获得的各种印象;不是那种创造性格的大师;喜欢把形式强加给自己的著作;心中也没有什么伟大的动机。那么,她是怎样做到避开相应的圈套,而能依然屹立在清新的空气之中,屹立在我们听得见的马童的靴子声中,或是船只的相撞声中,或是大笨钟的钟声中(也就是这个活生生的世界里)的呢?她是依靠什么挺立在这个我们可以亲口品尝新出炉的面包,可以亲手触摸真正的大丽花的世界之上的呢?

她有幽默感,这一点是千真万确的,不过我们的回答还必须比这个老掉牙的秘方更加深刻些。我认为,她之所以能够超脱,是由于喜欢把写作当做游戏。手中拿着笔使她感到快乐,用笔书写到比较严肃的阶段时,另一种欢愉也会迸发出来。她有一篇题为"论生病"(*On Being Ill*)的随笔便是例证。文章开头提出论题,说文学中的病症,几乎从来没有得到过适当的处理(德昆西[de Quincey]和普鲁斯特属于例外),小说家们对待主题的态度,是仿佛把它当做一块望得穿灵魂的透明玻璃,而这与经验是恰恰相反的。要使这个论题成立,应该具有各种各样的前提,可是她很快便对继续探究产生了厌倦,放弃了论证的努力。她转而自娱自乐起来,写满六页之后,就变得纯粹为了好玩而写下去了。她用讽刺的笔调描述那些到病房来探视病号的人士,强调奥古斯塔斯·海尔(Augustus Hare)①的《两条高贵的生命》(*Two Noble Lives*)乃病人最需要的书籍,诸如此类,不一而足。如果愿意,她也可以描写一下生病的情状——譬如在《出航》(*The Voyage Out*)中就是这样——不过写《论生病》时,她高兴地把这一点给

---

① 奥古斯塔斯·海尔(1834~1903),英国贵族,作家。

忘记了。这篇随笔无足轻重,并不是为了公开发表而创作的,但是它仍然清晰地表现了她的思维习惯。文学既是令她忙得不可开交的娱乐,也是她的学习内容。这使她乐于阅读,而且也令她免于陷入艺术之宫。如果你总是时不时地想干些蠢事,那就一定无法进入艺术之宫,因为在那里只会停滞不前。当然,丁尼生(Alfred Tennyson)①男爵并不这么认为。你们应该记得,他的药方是,当艺术之宫住满所有的人,当他们立刻整肃自己的举止时,宫殿自然便会被净化。很明显,弗吉尼亚·伍尔夫找到了一个更加简单、更加合理的对策。

当然,也存在危险——危险是无处不在的。她可能会变成一个所谓的女独白艺术家,把自己更为宽广的感受,浪费在淘气的行为之中,而且她确实给那些见过她本人的客人留下了这样的印象。有时,她几乎看不到自己笔下所描绘的半身像面部的胡须,当这半身像属于某个现代人的肖像之时,不论它是头戴大礼帽的绅士,还是站立于铁塔之上的青年,它便不可能保持原应具有的崇高性了。不过,在她的作品里,即便在她较为轻松的文章中,控制全局的意图却是无所不在的。以这种复杂的才能来说,她确实是个大师。虽然我们大部分人喜欢一会儿用严肃的态度进行写作,一会儿用娱乐的心情进行写作,但是几乎没有哪个作家能够像她那样同时操控这两种冲动,以致能让它们相互鞭策,实现良性互动。

上面这些话,多多少少还只是导言。现在看来可以比较方便地对她真正创作过的作品进行一番回顾,并且略微谈谈她的成长道路

---

① 丁尼生(1809~1892),英国诗人,重视诗的形式完美、音韵和谐、辞藻华丽,被封为桂冠诗人(1850),主要诗作有《夏洛特小姐》、《尤利西斯》、组诗《悼念》、《国王叙事诗》等,称号为 Lord Tennyson。

了。早在 1915 年，她以《出航》——一本奇怪的、受到悲剧启发而写成的小说，叙述关于一群住在难以忍受的南美洲某家饭店里的英国游客的故事——开始了自己的文学生涯，她对真理和智慧的热情在这里已经可见一斑：对于前者，主要凭借无神论的形式；对于后者，则凭借音乐的形式。这本书让看过它的少数读者留下了深刻的印象，而它的续篇《夜与日》(Night and Day)却令他们大失所望。它是关于经典现实主义的一次练习，并且不论是好是坏，都包含了过去两百年来英国小说的一切特点：对于人际关系的信念，对于幽默小插曲的依赖，对于地理概念的精确体认，对于社会现象细微差异的突出强调；当然，她在后来的《贝内特先生和布朗太太》(Mr Bennett and Mrs Brown)里，又曾欢快地嘲弄上面所说的多数技巧。《夜与日》的风格已被规范化了，十分索然无味。不过与此同时，她还发表了两篇短篇小说——《邱园记事》和《墙上的斑点》(The Mark on the Wall)。这两篇小说既不枯燥也不落窠臼，它们是很可爱的小东西；她的风格尾随着她的步伐和语言而发展，皱褶之间粘着尘土和青草，在这里我们没有发现她早期作品中的精确性，反而感觉到了一些在英语中前所未有的、难以捕捉的东西。这两个短篇虽是可爱的小东西，但却似乎无法将我们引领到什么地方，有的只是一些细小的点和色彩斑斓的团块，它们是灵感启发下的屏息凝神，是信赖运气的悦耳的嗡嗡声或喘息声。就其自身而言，它们是完美绝伦的，不过那并没有带来什么发展，我们之中也没有人认为从那些花朵的花粉里会长出未来的参天大树。因此，1922 年《雅各的房间》(Jacob's Room)出现时，我们全都大为惊讶。在这部作品中，《邱园记事》的风格和敏感性都得到了保留，不过这些都被运用到人际关系和社会结构里去了。色彩的团块依旧飘移不定，可是其中却挺立着某位年轻人魁梧的身影，犹如一个密封的坛子般隔断了所有的飘移。原来不可能发生的事已经发生了；一种纯乎诗情画意的并且显然微不足道的方法，已被运用于小说创作之中了。对于新鲜手法所蕴藏的各种能量，她仍无法肯定。《雅各的房间》仍是一本不太稳定的小书，但是它却象征着她那伟大的开始，象征着对《夜与日》之错误开端的决然摒弃。它引领她将自己的天赋发挥到了极致，直至创作出《达洛卫夫人》(1925)、《到灯塔去》(*To the Lighthouse*, 1927)和《海浪》(1931)。这些成功的作品都充满了诗的特征，并为诗意所环绕。《达洛卫夫人》以伦敦的某个夏日作为故事结构的核心，由此发展出两种螺旋式交叠着的命运：一种是敏感而市侩的女主人的命运，另一种是神经质而身份卑微的精神病患者的命运；他们两人虽然从未有过接触，却被紧密地联系在了一起，同时又在我们面前消失得无影无踪。这是一部温文尔雅的著作，其构思来源于作者的个人经历。在她的作品中，正如对待私人问题一样，对于疯狂这一主题，她总是表现得温文尔雅而且清醒睿智。她将这种特殊病症的狂热和极端加以削弱，使之仅仅限制在疾病的范畴里，并且剥夺了让它凭借胆怯或粗心而发展为邪恶的魔力；这是一种天分，为此我们必须感谢她。然而，《到灯塔去》的成功要伟大得多，部分原因在于它的主人公拉姆齐(Ramsay)先生及其夫人，都是十分有趣的人物。他们深深地吸引住了读者，即使脱离了那个环境，我们还是会想起这两个人物，而且他们与全书的语境即诗的结构，是相当协调的。《到灯塔去》的故事在三重情节推动下展开，它被称为奏鸣曲式的小说，它的中心部分描绘时光的流逝，节奏舒缓，确实需要用有旋律的音乐来作比拟。当阅读这部作品的时候，我们感觉到了突然置身于两个世界的罕见的快乐，那种唯有艺术才能赋予的快乐：在一个世界里，那位小男孩一直想到灯塔上去，却总不能如愿，直到长成小伙子,感情发生了变化,他才得以到达灯塔;另一个是有着形式的世界,作者让无数观感滤过画家莉丽·布里斯科(Lily Briscoe)的头脑,使这个世界得到了强调。接着是《海浪》的问世。在这部作品里,形式占据着至高无上的地位——它确实被突出了。作品以太阳和海水的律动为每个部分的序曲,在其间展开不受干扰的谈话,展开引号里的文字交流。这些交谈颇为奇怪,因为六个人物——伯纳德(Bernard)、内维尔(Neville)、路易斯(Louis)、苏珊(Susan)、珍妮(Jinny)、罗达(Rhoda),他们几乎没有彼此对话过,甚至可以将他们(像达洛卫夫人和塞普蒂默斯[Septimus]一样)视做同一个人的不同方面。他们也不进行内心独白,然而却又彼此相关,而且都和从没与其说过一句话的珀西瓦尔(Percival)关系密切。最后,作者通过即将成为小说家的伯纳德作出总结,完美地平衡了关于他们的布局,也淡化了那个形式。《海浪》是一个异乎寻常的成就,它是《邱园记事》和《雅各的房间》中已显示的无限可能性的广阔延伸。它站立在悬崖边颤抖不已:少写一笔——那么它将失去诗的品质;多添一笔——那么它将会越过边缘坠入深渊,成为乏味而附庸风雅的东西。《海浪》是她最伟大的作品,尽管我最喜爱的是《到灯塔去》。

随后问世的是《岁月》(The Years)。它是关于现实主义传统的另一次试验。小说通过纪实性的方式,记录了一个家族在某个时期的命运兴衰。如同《夜与日》一样,她抛弃了诗的意境,所以又一次失败了。但是在她去世后出版的小说《幕间》(Between the Acts,1941)中,她又回到了我们熟悉的手法上。这部作品的主题关乎一场乡村庆典,它展现了英国的整个历史,最后连读者自己也被吸引进去去续写那段历史;小说的结束语是"幕布被拉起了"。《幕间》的构思富有诗意,关于庆典的大部分正文都以诗句写成。她热爱自己的祖国——

她的祖国就是"那个国家",那个形成于深不可测的往昔之中的国家。她在精致的最后颂词里将我们带回到往昔,指引我们继续前行,并且以她诗歌式的朦胧,向我们揭示了某种比爱国主义的历史更为坚固的东西,某种更加值得人们为之献身的东西。

对于此类小说,滋养着它们而且也受到它们滋养的,便是其他作品的迅速成长。两卷《普通读者》显示了她广博的知识与深邃的文学才能的契合,举个例子,谁若认为她是个优雅的因循者,那么就让他去读读她对猎狐者杰克·米顿(Jack Mytton)发表的看法罢。作为批评家,她会讨论一切话题,即一切存放在过去之中的话题;面对同时代的东西,她有时会感到棘手。值得一读的还有那些既具幻想性又真实的传记。需要指出,《奥兰多》(*Orlando*)是一部富有独创精神的著作,第一部分写得极好:它描绘的"大霜冻"已经为公众所接受,并已被视做英国文学中的一个"段落"(passage)——不论它可能是什么样的段落。在性的方面发生变化以后,我们的女作家似乎对自己的魅力失去了信心,并且因此而变得疲惫不堪了,所以这部传记是以合适的方式,而不是以富有才气的方式收尾的;就更大的程度而言,它一直是个奇想,我们可以发现她正开始对此心生倦意。不过,《爱犬富莱西》(*Flush:A Biography*)却大获成功,其效果与预先设想的完全一致,素材、方法、长度,被绝佳地协调在了一起。它是有关一条小狗的传记,却并不显得愚蠢无聊,而且通过狗眼中的地毯或沙发脚的高度,使我们得以窥见极其浪漫的各色人物,并使我们获得了一个观察他们的行为方式的崭新视角。关于罗杰·弗莱的传记——按理我们的话题不该从狗的身上直接转到斯拉德教授的头上,不过弗莱是不会介意的,狗儿们也无所谓——它显示出她的能力的一个新方面,即超越自身的才能。她沉迷于某个形式,但却从不将自己的个性强加于其中,也从不过度地挥霍她的盈余;对主题的尊重主宰着她,所以唯有在偶尔出现的情况之下——比如她描写弗莱画室的混乱状况之时,用绝妙的章法提到静物画道具和鸡蛋上面所标贴的"请勿接触"字样——唯有这种时候,她才允许想象自由发挥。传记常被视为"爱的努力",《罗杰·弗莱传》确乎属于这一类别:一位艺术家怀着热爱去写另一位艺术家,以使后者能被人们铭记在心,并且可以受到公正的对待。

最后还有她的女权主义著作——《一间自己的房间》和《三个几尼》(Three Guineas)——以及几篇短小的随笔等,其中一些作品非常重要。人们评判她时,会把她视为一个小说家。可是她的其余作品我们也必须记住,一部分原因在于它们所具有的价值,另一部分原因则在于(正如威廉·普洛梅尔[William Plomer][1]先生所指出的),她有时与其说是在小说里,还不如说倒是在这些作品里,才更像一个小说家。

经过这番纵览之后,我们可以谈谈她的问题了。与其作品值得一读的大多数小说家一样,她也偏离了小说创作的规范。对于细节,她常常加以梦想、设计、开玩笑、援引和观察,但却并没有讲出一个故事或者编织成一个情节,另外——她会创造人物吗?那是她的问题的症结所在,那也是她感到自己可以公开接受大家对之发表批评的地方——例如来自朋友休·沃尔蒲(Hugh Walpole)[2]的批评。为了

---

[1] 威廉·普洛梅尔(1903~1973),南非英国血统作家,作品涉及多种体裁,包括诗歌、小说、回忆录以及歌剧脚本,曾是《鞭挞》杂志的合办人之一。
[2] 休·沃尔蒲(1884~1941),英国小说家,写有长篇小说《坚韧不拔》、《黑暗的森林》等,以系列小说赫里斯家族纪事《无赖汉赫里斯》、《朱迪斯·帕里斯》、《城堡》、《瓦奈萨》而闻名。

便于取得某种其他的统一性,情节和故事可以置之不理,可是如果作家写的是与人类有关的东西,那么他必定是想让笔下人物栩栩如生的。她有没有让她的人物活起来呢?

小说里似乎存在两种生活——纸上的生活,以及永恒的生活。纸上的生活她可以提供,她所创造的人物,无论其外貌多么瘦弱或是古怪,都显得非常真实,而且也可相信他们的举手投足都十分得当。永恒的生活她几乎呈献不出来,她很难描绘出一个能像爱玛那样凭借其自身魅力而为人们所牢记在心的人物形象,例如多萝西亚·卡苏朋(Dorothea Casaubon)或《老妇人的故事》(*The Old Wives' Tale*)中的索菲亚(Sophia)及康斯坦斯(Constance)。假如脱离各自所处的语境,那么《海浪》中的"六重唱"或者《雅各的房间》里的雅各,他们的灵魂是什么呢?一旦书页被翻过去,他们对于我们或是他们彼此之间,都无话可说,而这便是她最棘手的难题。她一只手抓着诗歌,却一个劲地想要捉住那些最好通过放开诗歌才能得到的事物。她不愿撒手,我想那是正确的,虽然那些喜欢小说的批评家们会反对我的见解,他们要求小说必须符合他们心目中的条件。她牢牢抓住自己独特的天赋是非常可取的,即便这样做的时候她必须承受牺牲自己艺术的其他重要元素的痛苦,况且她并不总是非得作出牺牲不可。拉姆齐先生和其夫人确实一直和读者同在,也许《出航》中的雷切尔(Rachel)也是这样,还有克拉莉莎·达洛卫(Clarissa Dalloway)。至于其他人物——我们就不能断言这里是个永恒肖像的画廊了。从社会的角度来看,她的人物局限于中上阶层中的专业人士,而且她自己也不想动用各种类型的人物。她的笔下有沉稳而诚实的知识分子(圣约翰·贺斯特[St John Hirst]、查尔斯·坦斯利[Charles Tansley]、路易斯、威廉·道奇[William Dodge]),有高大威武的英雄(雅各[Jacob]、珀西瓦尔),有自命不凡、谈情说爱的社会栋梁(出现在《出航》里的理查德·达洛卫[Richard Dalloway]和休·惠特布雷德[Hugh Whitbread]),有只关心年轻人的学者(包那梅[Bonamy]、内维尔),有吹毛求疵的独立人士(裴帕尔先生[Mr Pepper]、班克斯先生[Mr Banks]),就连拉姆齐一家,开始时也受到了安布罗斯(Ambrose)全家的考验。我们一旦理解了她所用的技巧的性质,就会意识到关于人类,她在描述上已经尽其所能了。身处诗的世界,却迷恋另一个世界,她总是从自己的魔法树上伸手攫取随着日常生活变化而飘过的点点滴滴,并且利用其构建各种小说。她不愿意纵身跳下去。她也不应全身心地投入其中。她本可以在树上蜷起身子,哼哼《星期一或星期二》(*Monday or Tuesday*) 中诸如《蓝绿色》(*Blue-Green*)那样的小调,但对英国文学来说,幸运的是她没有这么做。

所以,那就是她的毛病。她是一位诗人,是个想尽其所能写点儿近乎小说的作品的诗人。

我必须再说上几句——说得应该已经很多了——我想说说她的兴趣爱好。我强调过,她喜欢以既严肃又娱乐的方式进行写作,我也试着解释过她是怎样创作的:如何收集素材,将其消化,而没有破坏它们原本的新鲜度;这些小说又是如何被烙上它们那奇异的孕育印记的——有人或许会称其为疤痕。现在我关心的是素材本身、她的兴趣以及见解。为了使我的解说不显得太模糊,我将先从食物说起。

每当阅读她的作品时,稍微留意一下那些描写吃的段落,这总是会颇有益处的。这些段落写得非常好,它们精明地提醒我们,这里有着一位感官极其灵敏的女士。她那带着书卷气的贪婪,可能会令男士们羡慕不已,而且几乎未被哪个男性化的作家表达过。乔治·梅瑞狄斯(George Meredith)①笔下的葡萄酒,煤油味儿多了点;查尔斯·兰姆(Charles Lamb)②笔下的猪肉上,纸屑多了点;亨利·詹姆斯笔下的随便哪道菜,则任何风味也没有。可是,弗吉尼亚·伍尔夫一旦提到什么好吃的东西,只要文字的表达力允许,它们便能原汁原味地进入到我们嘴里,我们可以品尝到它们的鲜美。当不好的食物进入到我们嘴里时,我们也会同样感到它们的难吃。我们的嘴现在笑歪了。1929年,她曾在此间某个导师的房间里享用过一顿精致的午餐,对此我不想提起,以免使"牛剑"③大学这座高等学府遭受折磨;对于今天来说,那种回忆太令人感到痛苦了。我也不愿对本学府里那家贵族女子学院表现出不敬之意——它的名字叫佛纳姆(Fernham)④——我不愿提醒它:就在1929年的同一天,她是在该学院的礼堂里享用那顿让人感到遗憾的晚餐的——这顿晚餐糟糕透顶,以致她后来不得不跑到橱柜跟前,从某个瓶子里喝下一些什么东西;这样的回忆依然太过真切,真切到了令人难以置信的地步。我将不加冒犯地提及《到灯塔去》里的那道绝佳的煨牛肉,它成了这顿团圆晚餐的中心,那一部分的所有情节,都凝聚在这顿散发着爱心、诗意和美妙的团圆饭上,因此最终所有人物在彼此眼里都变得尽善尽美了,片刻之间,其中的人物之一莉丽·布里斯科,将真实的回忆都带走

---

① 乔治·梅瑞狄斯(1828~1909),英国小说家、诗人,擅长刻画人物心理,其内心独白技巧为意识流先导,主要作品有长篇小说《利己主义者》、诗作《现代的爱情》等。

② 查尔斯·兰姆(1775~1834),英国散文家、评论家,以笔名伊利亚发表的随笔触及社会矛盾,与胞姐合编《莎士比亚故事集》,著有《伊利亚随笔集》等。

③ 原文为Oxbridge,指牛津大学和剑桥大学。

④ 这是弗吉尼亚·伍尔夫在《一间自己的房间》里所起的一个假想的女子学院的名称,意在影射剑桥大学里的两所女子学院,分别为格顿学院(Girton College)和纽纳姆学院(Newnham College)。

了。倘若叙述话语被放置在盘罩之下,而小说家又因太漠然或太无能而没能揭开盘罩,这样的叙述是"做"不出那样的晚餐的。真实的食物对于文学作品的效果表达是很必要的,而她则很清楚应该如何在小说里提供食物,正如她在家里所做的一样。那道花费厨师三天时间烹制而成,令拉姆齐夫人做头发时也担心不已的煨牛肉,"有着香喷喷的棕黄交混的肉质,其上伴有月桂树叶,旁边还有葡萄酒",被端然放置在我们面前了。我们顺着精美炖锅闪光的内壁往下看,叉到最佳部位的一块牛肉,尽管我们通常也像威廉·班克斯那样很难被取悦,可是这道菜却令我们非常满意。对于她来说,描写食物并不是为了让作品看似真实而使用的文学手法,她将食物加进小说之中,是由于她品尝到了食物的滋味,看到了它们的形象;是由于她闻到了花朵的馨香,听见了巴赫的音乐;是因为她的感觉既高雅又自由广泛,并且总能带给她来自外界的第一手信息。我们从她那里所受到的恩惠,部分就在于此:她使我们意识到,在一个实践暴行、推崇典范的时代里,感觉有多么重要。我本可以引用《达洛卫夫人》中关于花店的可爱的段落或者描写雷切尔在船舱里弹钢琴的段落,来更好地解释感觉的意义。鲜花和音乐是文学的传统附属品,至于一顿可口的饭菜就不同了,这就是我之所以更喜欢后者,并且选择它来说明她对世界的反应的缘由。请允许我补充一句,她还喜爱抽烟,好吧,现在让我们把煨牛肉端走。在我们的生命中,它再也不会回来了。它不是做给我们吃的,但是吸引我们欣赏它的魔力仍然留存(在我们心里),而且这种魔力是如此与众不同。

说完了感觉,再谈谈她的智慧。她尊重知识,也相信才智。虽然不能被称为乐观主义者,但是她在内心深处却坚信,思想的运转方向是与物质方向相反的,而且它在虚空中正在赢得崭新的立足点。她自己或者她这代人将会成就一切,对此她虽并无奢望,但她身上所流淌着的贵族血统却激励她建立起这样的希冀。站立在天竺葵旁陷入沉思的拉姆齐先生,并不是个供人一笑了之的形象。这所学府也同样并非如此,尽管它有着那样一些传统和那样一些服装:"因此,夜间,如果你在海上,在波涛汹涌的远处,看见水面上有一层雾气,看见一座被照亮了的城市,看见天际的一片洁白,正如从他们在其中还在享用着美食或是清洗着盘碟的三一学院大厅上方所能看到的情景那样,那么,这海上所折射的,就是过去也曾照耀此地的光芒——剑桥之光。"

今天,在剑桥我们已看不见什么耀眼的光芒了,这也引发了某种评论,认为她的作品受制于她所处的时代。她无法将最新的威胁吸纳进我们的文明之中。这种威胁或许可以被视为潜艇,但它不是重型轰炸机或者地雷。认为一切石头都是青草,认为它们像一切肉体那样在灰飞烟灭之间就会消失殆尽,这种见解没能进入她的意识,说实话,它被文学吸纳也要花费一段时间。她的时代明显地介于个体的短暂性与其杰出作品的不朽性之间,对于她,只有大英博物馆的拱顶才是近乎永恒的。衰败,这一点她是承认的:滨河路(the Strand)上那些雅致的灰色教堂不会永远矗立在那里,但是,同我们大家一样,她也觉得衰败是逐渐发生的。比她年轻的一代——可以方便地称其为奥登—伊舍伍德①一辈人——在此比她看得更为清楚,她对这代人

---

① 奥登(Wystan Hugh Auden,1907~1973),英国诗人、文学评论家,20世纪30年代英国左翼青年作家领袖,40年代起思想向右转变,后期诗歌创作带有浓厚的宗教色彩,1946年入美国籍;伊舍伍德(Christopher William Bradshaw Isherwood,1904~1986),美籍英国作家,因写过有关20世纪30年代柏林的小说《诺里斯先生换乘火车》、《再见吧,柏林》等而闻名,曾与奥登合写日记《战地行》,记载1938年周游中国的见闻。

的眼光以及他们在技法方面所进行的试验,所给予的评价都不太公正——她自己在那个年代就曾经是个试验者。陷于所处时代的窠臼仍然是人们普遍的弱点,不过她已经充分利用了她的时代所赋予的东西。她尊重知识,也获得了知识;她坚信睿智。从智力上看,谁也不可能比她做得更多,而且既然她是位诗人,而非哲人、史学家或者女先知,她就无须考虑智慧是否会盛行于世,就无须考虑罗达通过莫扎特的音乐而构建出的"长方形上的正方形"这一理论,是否会在这个纷乱的地球上牢牢地立住脚跟。"长方形上的正方形"、秩序、公正、真理,她关注的只是这些抽象的概念,并且试图运用符号加以表达。一个艺术家必须这样做,尽管她意识到符号有其不足之处。

他们带着小提琴来了,罗达说道;他们等待;数着拍子;点头;深深地欠身鞠躬。于是一阵笑声传来,就像橄榄树枝在摇曳舞动……

"像"、"像"、"像"——但是事物表象之下的东西究竟是什么呢?既然闪电已经将树劈开,既然开满鲜花的树枝已经凋落……那么让我看看里面所隐藏着的东西吧。我看见一个正方形。还有一个长方形。演奏者拿起正方形,将它放在长方形上。他们放置得非常得当,二者形成了完美的契合。几乎没有落在外边的部分。这一结构现在变得清晰可见了,那尚未成形的事物现在被表现出来了。我们既不那么多才多艺,也不那么平庸拙劣;我们创造出了长方形,并且将它们安放在了正方形之上。这,就是我们的成功;这,就是我们的安慰。

换言之,这也便是我们因为得以看见抽象的事物而感到的欣慰。抽象概念须用符号表现出来,而"长方形上的正方形",与摇曳舞动的橄榄枝一样,都表现为一种象征,但是因为它的朴实无华,它就更加接近于她所寻找的东西。由于把这东西找着了,所以"我们既不那么多才多艺,也不那么平庸拙劣",我们也就在人类遗产上增添了一笔,而且也做到了对于才智的重新肯定。

接下来必须考虑到的,是她对于社会的兴趣。她并非仅仅局限于各种感觉以及对智力的挖掘中。她同时又是社会的造物,有着温和而敏锐的视野。但是她的视野又是非常独特的,通过分析她独特的一面——女权主义,我们可以更好地了解她的视野。

女权主义赋予她灵感,使她创作出了最可炫耀的作品之一——那本迷人且令人信服的著作《一间自己的房间》。书中提到那顿"牛剑"的午餐以及在佛纳姆学院用过的晚餐,还有当她试图在学院的草坪上走走时,与那位仪仗官相遇的终生难忘的场面,以及莎士比亚胞妹令人感动的重现——她与莎士比亚同样才华横溢,但却因为缺乏地位和金钱而香消玉殒,这便是好几个世纪以来妇女的命运。可是女权主义也应为其最糟糕的作品——那本难以驾驭的《三个几尼》承担责任,以及应为《奥兰多》中不太成功的几笔承担责任。女权主义的印记遍布于她的作品之中,而且在其头脑里也挥之不去。她相信社会由男子建造,而男人们的主要注意力则放在流血、赚钱、发号施令和穿制服上了,凡此种种,没有一项值得人们仰慕。女人打扮自己为的是兴致和漂亮,男人则是为了炫耀,因此对于戴着假发套的法官、佩戴着一条条绶带的将军、身着长袍的大主教,甚至对于穿着礼服、并无恶意的学监,她都毫不同情。她认为,所有这些伪装都在运用欺骗的手段获得事先未向妇女征求过意见的东西,而且这些东西无论如何都是令她深感厌恶的。理论上,她拒绝与他们合作,有时在事实上也如此。她不愿进入委员会或在倡议书上签名,其理由是妇女坚决不能宽恕这个由男人创建出来的烂摊子,也绝对不能接受男子间互相授受的,或从他们可怕的盛筵中扔出来的权利的碎屑。如同吕西斯忒拉忒(Lysistrata)①,她撤退了。

  以我的判断,这种极端的女权主义里有着一些老掉牙的东西,它可以追溯到20世纪头一个十年,亦即弗吉尼亚为妇女争取选举权时的青年岁月,那时男人们亲吻女孩,为的是将她们的注意力从对投票权的渴望上转移开来,这很可能把她给激怒了。到了20世纪30年代,可以抱怨的事物少了许多,因此她继续发着喋喋不休的牢骚,看来纯粹是源自她的习惯了。她公正地抱怨,指出尽管妇女今天已经赢得从事各种职业以及贸易的权利,但是当她们力图升迁到最高职务时,通常又会遭遇来自男士一方的阴谋诡计。可是她没有察觉到,这种阻力正在逐年变弱,并且无论如何,不久以后女性都将变得和男性一样强大无比。她对过去很敏感,对于现在有时却不通情理。然而,在此,我是从一位男性,而且是从一位老年男士的立场说出这番话的。关于她的女权主义,最好的批判者既非年长的男士,甚至也非耄耋女士,而应该属于青年女子。如果她们,如果佛纳姆女子学院的学生们,认为这种女权主义表达了某些现存的悲哀,那么她们的判断就是正确的。

  她感到自己不仅是位女士,而且还是一位贵妇人,这一点使她对社会的态度更加显得扭曲。她对此直言不讳。从出身和教养来说,她确实是位贵妇人,而且也没必要对此胆怯害怕,不必假装好像她的

---

  ① 吕西斯忒拉忒,阿里斯托芬喜剧中的女主人公,她组织了一场"性罢工",试图通过拒绝性生活,让她们的丈夫回心转意,使斯巴达和雅典城邦之间的战争停止。

母亲成了洗衣工,或者她的父亲莱斯利爵士曾是某个泥水匠的助手。工人阶级里的作家经常谈到自己的出身,并且因此而受到读者的尊敬。很好,她也常常提到她的出身。她的恃才傲物——因为她确实是个势利的人——所拥有的,与其说是自大,不如说是勇气。这与她那永不满足的诚实之心紧密相关,和克拉莉莎·达洛卫不同,她的势利并不是泰然自若、装模作样,而又不知不觉地陷进了那张最好的扶手椅里的那种样子。它更像凯蒂(Kitty)与罗布森(Robson)一家去喝茶时所表现出的那种傲气;它竖立在那里,像一个谁愿意谁就可以瞄准的靶子。在为《我们所知道的生活》(这是一部由玛格丽特·卢埃林·戴维斯[Margaret Llewelyn Davies]①编辑的关于工人阶级妇女的传记集)所作的导言里,她对由此引发的批评是抱正视态度的。"你不可能成为达拉谟(Durham)的贾尔斯夫人(Mrs Giles),因为你从未在洗衣盆里站过,你的双手也从来没有做过揉搓擦洗的活计,没有剁碎过任何为矿工的晚餐而准备的肉块。"这并不能消除人们的敌意,也不是为了消除敌意而写的。如果有人告诉她,只要她愿意费心,毕竟还是可以了解到矿工在晚饭时吃的究竟是什么样的肉的,那么她会反驳说,这样做无法帮助自己将肉剁开,而且人们不是通过了解事物,而是通过真正做事情,才能进入那些劳作着的人们的生活之中的。不过她是不打算去切肉的。她会将它切得非常糟糕,也会浪费时间。当她喜欢的事情、力所能及的事情便是写作的时候,她也不会去干揉搓擦洗的活计的。面对"你是个幸运的贵妇人!"这样的嘀咕时,她回应道,"我就是个贵妇人",于是便继续写她的文章了。"不

---

① 玛格丽特·卢埃林·戴维斯(1861~1941),女权主义者,"妇女合作社协会"(the Women's Cooperative Guild)的领导人。

会有更多的贵妇人了,听见了吗?"她听见了。既不带一丝敌意,也没有一点讶异或者惊慌,她听见了这些话,她的笔杆挥动得越加迅速了。因为,这看来是可能的,如果要消灭那些吹毛求疵者,那么让他们之中的最后一个人理解她对世界的印象,并将这些印象拼凑成一本书,这样做就显得十分重要了!倘若她不去做这件事,就没有其他人会去做。达拉谟的贾尔斯夫人是不会这么做的。贾尔斯夫人写出来的东西会大不相同,而且也许会写得更好,不过她写不出《海浪》,或者罗杰·弗莱的生活。

  这里存在着一种令人钦佩的冷酷,只要冷酷值得人们仰慕。其中没有什么同情,我也不认为她是富有同情心的。对于个人、工人阶级以及别人来说,她可能很迷人,但是真正推动她前进的动机却是她的好奇心和诚实正直。我们必须记住,对她来说,同情意味着一个可怕而令人身心疲惫的过程,不是轻轻松松便可进入这种状态的。它既不是半个克朗,一句和善的话语,一件好人好事,也不是慈悲的布道或者上帝般的姿态;它等于将他人的悲伤增添进自己的痛苦之中。怀着一定的幻想,却又禀着完全的严肃态度,她这样写道:

    同情心我们是不能有的,最为贤明的命运女神也这么认为。倘若她那业已不堪承受忧伤重负的子女,即将再承担起同样的负担,即将在他们的想象力中增添他人的苦痛,那么大厦就不能拔地而起,道路便将成为杂草丛生的野径而就此中断,音乐和绘画也将戛然而止,唯有一声沉重的叹息将会升入天堂,而占据人类的情感将会只剩下恐惧和绝望。

这些话,或许道出了为何她无法对达拉谟的贾尔斯夫人表现得更加亲热、更有人情味的原因吧。

脱离劳动阶层和工党,进一步加深了女权主义所带来的冷漠,因而她对社会的态度便显得清高且生硬。她既热心也无所畏惧,但却极其厌恶表现友好之情。她不愿对媒体作出任何妥协,所以"让我们友好地团结在一起吧"这样的话,在她看来无非是骗人的花招罢了。对待大众——只要那样的团体存在——她是非常友善的,但是她并不会向那些擅自将传达民意的权利攥在手里,并且因为在报纸和收音机里这样解释民意而获取报酬的中介敬献花束。这些中介终究形成了一个小圈子——虽说这个圈子比起他们不知疲倦地加以谴责的布鲁姆斯伯里文化圈要大一点,但在人性的海洋里,它也只不过是小小的水滴而已。既然仅仅是个水滴,而且它的影响也与其"尺寸"形成相应的比例,那么她就没有什么理由必须博得它的好感。

"现在,让我进行最后的概括说明。"伯纳德在《海浪》的最后部分就是这样说的。对于我所不能做到的,我已经指出了其中的原因。她的素材如此丰富多彩,而又如此相互矛盾,我们所处的时代也不是可以进行批判的最佳时期。我已经尽我所能,阐述了她的很多方面,从她写作的方法谈到了她的著作,从她作为一个诗人—小说家面临的问题,谈到了她那既是妇女又是贵妇人的身份所招致的困惑。我谈论她的时候,同样怀有她所希冀的那种坦坦荡荡的情感,唯有这种直率,才能最好地表达大家对她的敬重。然而,该如何把所有这些节点组合起来呢?它们所构成的形式又是什么样的呢?我所能做到的最好的事情,便是再次引用伯纳德说过的话语。"我有一种幻觉,"他说,"好像在刹那间被什么东西给粘住了,它有形状、重量和深度,它是完整的。目前看来,这似乎就是她的生活。"伯纳德说得非常好。不过,正如在前面被引用的段落里罗达所说的那样,以上那些话语仅仅属于比喻说法,是对具体物质的比喻,而人们想得到的,却是潜藏于其表象之下的东西。唯有这种东西,才能让人感到满足,也唯有它,才能充分表达我们的思想。

无论最终的形式如何,我敢肯定,它是不会让人沮丧的。和她所有的友人一样,我深深地怀念她——从她开始写作起,我就已经认识她了。不过这是一件私事,我想在这个场合,不太适合用来对她表示哀悼。弗吉尼亚·伍尔夫创作出了数量庞大的作品,她以崭新的方式给读者带来了极大的欢乐,她在黑夜的映衬下,将英语的光芒进一步扩展到了更加遥远的地方。这些都是事实。这样一位艺术家的墓志铭,不能由头脑庸俗或者哀伤消沉的人士来撰写。这些人很想写,其实他们也已经写了,可是他们的话却毫无意义。还是应将她的事业看做成功的事业,对于我们来说,这样做是更加明智、更加安全的。她战胜了通常被称为"困难"的东西,而且是从积极的意义上战胜它们的:她赢得了战利品。我有时把她的作品看成一排小小的银色奖杯,它们熠熠生辉。我想,她的墓志铭应该这样书写:"这些战利品,因为思想战胜物质,战胜自己的敌人同时又是朋友的物质而赢得。"

弗吉尼亚·伍尔夫[①]

伦纳德·伍尔夫

伦纳德·伍尔夫对妻子的这篇简要描述,是1965年为英国广播公司撰写的,当时他正在撰写自己篇幅庞大的自传。在其自传中,弗吉尼亚·伍尔夫的形象自然会显得更加丰满。他的这篇记述虽然有些简洁,但伦纳德还是十分有力地概述了自己对弗吉尼亚的写作才华所持的见解。(在后来的书目研究中,本书编者发现,弗吉尼亚·伍尔夫是以为《护卫者报》[Church Guardian]写稿而开始她的创作的。)

人类极其复杂。在我遇见的人之中,弗吉尼亚·伍尔夫属于少数几位天才型的人士之一,而天才们总是比常人要略微复杂一些的。我自己遇到过两位你不得不称其为天才的人:一位是哲学家穆尔,另

[①] 本文参见伦纳德·伍尔夫:《弗吉尼亚·伍尔夫:作家与个性》(*Virginia Woolf: Writer and Personality*),载《听众》,1965年3月4日,第327~328页。——原注

一位就是我的妻子。那些并非天才的普通人士,绝对不会让自己的思想以她那样的方式运转的。她在思维、言谈、观察事物以及生活方面,全都绝对正常,但是,时而她又具有一种对我而言似乎不太寻常的看待事物的视角,普通人思考问题时不是这样的,而且他们也不会让自己的头脑遵从这种方式。这种方式的一部分表现为想象力,并且在日常生活里的运作方式时常与在书本中的一模一样。比如,她会描写在街上看到的事物或是某人告诉她的事情,继而编出某位人物的个性以及一切与最初的描写相关的内容,于是文章就会十分有趣。然后,它会突然变得完全不一样了。我总是把这种突变称做"腾空而起"。因为她进而编织出来的内容,并不是那种你觉得别人都看得到、都会描述的场景或对话,而是全然不同的某种事物。它通常极其有趣,却总让人感到怪异——近似幻想,而且有时它也美丽非凡。当在日记中描述写到《海浪》最后一页时的感觉时,她说,仿佛手中的笔突然将自己控制住了,思想跑到了自我的前面,而她仅仅是在追逐自己的想法。我认为,这番话非常准确地形容出了一个天才的创作方法和想象方式,它与普通人的是有所区别的。

她在某处曾经提到,自己能听见"飞在前面的各种声音",因此就跟随着它们。重要的是我们应该记住,她一生中有过精神失常的时期。她总共出现过三次精神崩溃。于是,当身体处于最糟糕的状况,当她的精神完全失控的时候,各种声音便跑到她的思维前面去了,而且,事实上她还能听见并非出自自身的声音,例如,她认为自己听到了窗外的麻雀在用希腊语交谈。在某次病情发作期间,当她有了那种念头时,就变得语无伦次了,因为那时她听到的声音以及飞到她前面去的各种想法,相互之间就完全没有关联了。当然,自古希腊以来,人们都曾说过,精神错乱和天才是密不可分的。以我妻子的情况而言,我想大家可以清楚地发现,这两者之间并非毫不相关。

她具有同普通人非常相像的一面。她喜欢享受饮食、交谈和散步,也爱好打保龄球以及听音乐。某位评论家指出她已彻底远离尘世,并全然不与常人打交道了,这种说法是完全不正确的。她热爱社会,喜欢聚会,非常愿意和别人谈上几个小时,如果每天都可以出门参加聚会,或是去看戏、去听音乐会,她也会感到极其高兴。可是她必须小心,不能让自己过于劳累,所以对她来说,阻止自己踏入社会,乃是一种永久的内心挣扎。我不知道还有没有比她更擅长与各行各业人物打交道的人,而且交往对象的知识层次越低,从某种程度而言,她就越喜欢与他们交谈,因为她对人们在想什么非常感兴趣。她和孩子们也十分合得来。倘若你归隐山林或是不具有普通人的那一面,你是做不到这一点的。

她的日常生活很有规律:写作主宰着她的生活,对她而言,这成了最为重要的工作,因而所有的一切都得为此而变得井井有条。她的一天在早餐后正式开始,大约在9点半左右,这一刻她会准时步入一间非常特殊的工作间。我们住在塔维斯托克广场(Tavistock Square)时,有一间曾经做过弹子房的大房间,她就坐在那里面的扶手椅上进行工作,身处于极其狼藉——近乎肮脏不堪——的可怕环境里,专心致志地埋头创作。因为我们创办的贺加斯出版社的事务需要,曾将这间房间用做书库,此外,她也绝不是个讲究干净的作家,或者说不是一个对文稿讲究整洁的人。早晨在那里写作时,她膝上常常搁着一块上面摆有钢笔和墨水瓶的木板。如果状态好,她可能会这样写上两三个小时,不过一旦生起病来,她就不得不注意身体了,不能工作过度,有时一天只被允许写作一个小时。然后用午餐,之后她几乎总会散会儿步。她非常喜欢在伦敦的街道上四处走走,观察一切,任凭所见到的景物在自己的头脑中留下印迹。我觉得她作品中的文字是特别视觉化的。

她是我认识的人中最恪尽职守的一位。即便声音跑到了她的前面,即便她的笔端落在了思维的后面,即便思想将她控制住,她被迫要以最快的速度进行写作,那样写出来的文字也不是最终的定稿,她时常会进行五六次翻来覆去的修改。

她总说自己没有受过任何教育,而且一想到这点就特别高兴。然而,事实并非如此。她的确从未上过学,我想部分原因在于她是个非常体弱多病的孩子,但是她的父亲莱斯利·斯蒂芬爵士,却是一流的文学家——一个比维多利亚时代的人还要维多利亚式的人物。他是《英国传记大词典》(Dictionary of National Biography)的编者,是位优秀的散文家,编过一个季刊,还拥有一个收藏着所有英国伟大作家作品的绝佳的图书馆。他的女儿,弗吉尼亚,很小的时候就被赋予管理这个图书馆的权力,他常在女儿阅读之余与她讨论读过的内容。他们常去肯辛顿花园(Kensington Gardens)散步,他会同女儿讲述当时孩子们爱读的书籍,以及他所认识的人。他的第一任妻子是萨克雷的女儿[1],她去世了,不过萨克雷的另一位女儿,也就是嫁给了里士满·里奇(Richmond Ritchie)爵士的安妮·萨克雷(Anne Thackeray)[2],也是一位颇有才华的作家,而且她十分喜爱我的妻子。里奇夫人与夏洛蒂·勃朗特(Charlotte Brontë)[3]之后任何你想结识的人士

---

[1] 即哈丽雅特·萨克雷,萨克雷的小女儿。
[2] 安妮·萨克雷(1837~1919),萨克雷的女儿,英国作家,被称为"安妮姨妈"。
[3] 夏洛蒂·勃朗特(1816~1855),英国女作家,艾米丽·勃朗特的姐姐,代表作《简·爱》具有浓厚的浪漫主义色彩,表现女性既要爱情也要自由平等的思想,其他小说有《雪莉》、《维莱特》等。

都有交往,还对这些人作过极其令人着迷的记述。由此可见,从一定程度上说,我的妻子就是诞生在英国文学之中的。

想必她很早就开始写作了,不过我没有找到1900年她十八岁以前写出的任何作品。她的写作生涯以记日记为开端。后来,她通过写文学作品自学写作,我想这也是唯一可以获得的途径了。她开始为一家名为"演说家报"(Speaker)的报纸撰稿。后来《泰晤士报文学增刊》(Times Literary Supplement)创立,其编者里士满恰好认识斯蒂芬家族,反正无论如何,她成了这位编辑最珍爱的批评家之一。大约二十五岁时,她开始创作小说《出航》,不过,我想后来她又将它从头至尾重新写过七遍。我觉得人们可能都有这样的感受:这本小说读起来仿佛是一气呵成的。而她却曾在一个旧橱柜里找到五六个《出航》的完整版本,并将它们全部烧毁了。

一部书完稿之后,她的情绪总是会变得非常糟糕。实际上,对于她的健康而言,那一直是最为危险的时候,因为那时她往往极度紧张和疲惫。当《岁月》,这部她的作品中最受读者欢迎的小说之一脱稿之际,她因为觉得这部作品差到了不可救药的地步,而陷入那样激烈的一种情绪中,以至于我们决定必须让她停止思考这件事,所以我们离开了,这才使她暂且忘掉了这部小说。回来以后,她又想起此事,并且将稿子中很大很厚的一部分挖掉了。那是唯一一次她完全撕毁某件东西。

她把《奥兰多》当做一种玩笑来写,因此并没有像创作其他小说那样为它操心。如果你创作那种闹剧,我想写作就会轻松许多,不过我相当确信,她是非常喜爱写小说的,这是她生命中最大的快乐。

但是她对一切东西都敏感得要命,在写作方面更是如此。任何批评或者认为其作品不够准确的感觉,对她而言几乎都是折磨。我自然没有觉察到,在这世上还有什么东西像她在自己的任何文字里发现的错误那样微小。因而,尽管真正的创作对她至关紧要,但又总是并存着非将作品写好不可的痛苦折磨。

我们很难弄清,她是否知道作家这个身份意味着什么。她很清楚,与同时代的作家相比,自己已经达到了一个非常高的境界。对此,我认为她并不真正有所担心,不过,对于任何针对她的作家身份而发表的个别批评,或者任何令人不快的评价,她的确是非常在意的。

我自己认为,《海浪》是部极好的书,它具备伟大文学作品的一切优秀品质。她的其余作品是否能与《海浪》媲美,对此我是相当怀疑的。《到灯塔去》或许也是一部伟大之作,但我不认为其他小说也处在同样的水平线上。我所说的伟大的小说,是指它能和诸如夏洛蒂·勃朗特或者乔治·艾略特(George Eliot)的某部作品,或者甚至和《呼啸山庄》属于一个档次。我想,对这个问题不应再多说什么了。此外,我觉得她作为批评家也是很不错的。

伦纳德·伍尔夫[①]

昆汀·贝尔

昆汀·贝尔为伦纳德·伍尔夫的自传所写的序言,显示出姨父与外甥所共有的奉持诚心、推崇理性,以及政治上的兴趣所在。它也清楚地表明了伦纳德·伍尔夫之所以选择昆汀·贝尔为弗吉尼亚撰写传记的原因。下面一篇安杰莉卡·加尼特所写的关于伍尔夫夫妇的文章,可以作为昆汀·贝尔对伦纳德的性格描写的补充。

伦纳德·伍尔夫思想深邃,感觉敏锐,是个笃诚君子。这是我在本篇序言中需要说的内容,我要强调这一点,并且提供我所以这样说、这样写的个中缘由。其他人同我一样,或者比我更有能力指出,这部自传绝对属于精彩读物(因为事实的确如此)。不过,我得将该

[①] 本文参见昆汀·贝尔:《前言》(*Introduction*),见伦纳德·伍尔夫著《自传,第一卷:1880~1911》(*An Autobiography, l: 1880~1911*),牛津:牛津大学出版社,1980年,第一卷,第7~14页。——原注

书作为记述他的生平的素材,并且探明伦纳德是否真的那么坦诚,因此,在这个问题上,我的发言是有一定权威性的。

但这么做之前,我想试着对他作个介绍。我与他相识大概有半个世纪了,可是令我印象最为深刻的,却是他在中年以及暮年时的样子。他身材高挑而清瘦,相貌俊美、优雅,有着一个精明的闪米特式鼻子、一双深邃的灰色眼睛和一张感觉灵敏的嘴。他的面部线条习惯性地构成了一种悲伤甚至冷酷的表情,可是当他面露微笑时,就像经常发生的那样,这种神情可以变形得非常厉害。他的双手,尤其在他侍弄花草或者驾驶汽车时,带有一种阳刚的灵气,如同艺匠的双手一般。不过他给人的第一印象,那令人挥之不去的第一印象,却是他酷似某个来自遥远国度的陌生人。幼年时,令我颇感诧异的是他竟能说一口漂亮的英语(别人告诉我他是从锡兰回来的,这很可能把我搞得有点糊涂了)。然而,我父亲对此也深有同感,利顿·斯特雷奇把他形容成赶骆驼的,而利顿后来的妻子则告诉他,伦纳德确实长得像个"外国"人。

我不能确定,在自己孩提时的懵懂和成年后的想象中,他被放在了哪个偏远的国度。这个国家肯定位于达达尼尔海峡之外,在东方的某地,那里壮丽雄奇,却环境险恶;人们只得在那个国家中苦涩的药草和岩石遍地的荒蛮之地艰苦地苟延残喘,他们的最大期盼,就是跨越山际的刺骨寒风能够吹来些许天赐的粮食。将我们的想象推得稍微再远些,那是因为他或他的先祖们,曾在荒凉的沙漠中勉强地维持生计,所以,一旦能在苏塞克斯这片亲切的腐殖土上栽花养草时,他就发现让这样的土地生产出牛奶和蜂蜜,竟是如此不费吹灰之力。

伦纳德虽然长相具有异域情调,却又极富英国色彩,而且在强调英国人的某些特殊美德时,他几乎就是一头倔犟的约翰牛,因此,两者之间并没有什么不和谐的地方。近乎没有谁———一些古怪的外国人除外——曾经对我国烹饪的卓越品质始终坚信不疑。而且,他还具有一种基于理智的勇敢,一种令人不太舒服的固执,这会让我想起自己一些来自法国而非英国的朋友。他的辩论方式带着某种不屈不挠的、有点儿残酷的东西,非常具有威慑力,因此虽然他能感受到别人的可爱之处,却决不容许这一点影响自己的判断,对于缺点或拖延,他也不抱任何同情之心。如果伦纳德去做殖民长官的话,我是不会只想在他手下当一名不起眼的小官员的,因为我不愿意看见自己承认一些微小的人性弱点,或者承认自己说过一些官场上的推诿之词。

不过,"这匹可怕的狼",多拉·卡琳顿(Dora Carrington)①是这么称呼他的,"是非常讨人喜欢的",说这番话的时候,她举止相当糟糕,因为当时她的作品正被研究,也有足够的理由将伦纳德视为一个既怪异又凶猛的人。我确实认为人们会这样评说,尽管他对任何胡言乱语都无法容忍,对于最具诱惑力的胡扯尤其如此。虽说有那么一群人,特别是他在贺加斯出版社的那些同事,发觉他很难相处,但是从本质上看,他依然是十分和蔼的。想必在许多场合里,我曾把他气得忍无可忍,不过我记不得他说过什么真正心怀恶意、刻薄无情的话语。在我的印象中,他也从未抱有一丝怨恨。一些在他晚年时才与其结识的朋友,都会认为对他令人敬畏的一面我说得太多了。不过我要声明,我所讲的这一方面是千真万确的,但同时他的和善也是名副其实的。后一品质为他赢得了一个额外的优点——小猫在壁炉

---

① 多拉·卡琳顿(1893~1932),英国女画家、装饰艺术家,利顿·斯特雷奇的伴侣。

前的地毯上发出呼噜声,这是非常令人愉快的,可是听到老虎发出满足的呼噜声(如果老虎确实能发呼噜声的话),那将非但令人愉快,而且更加令人彻底放心。伦纳德的仁慈之心宽广无边,不过,他偶尔表现出的富有威慑力的严肃性,则使这种慈爱更加深不可测,它具有一种出乎意料的魅力。妇女们对此深有感触,因为从某些角度而言,她们没有男士们那样妄自尊大;男人们常常毫无道理地相信自己和别人在智力上势均力敌,不相上下,因此,他们自以为应该受到别人毕恭毕敬的对待。伦纳德似乎把谁都当回事儿,而在讨论时可能碰见他的每一个人,确实都会受到他谦谦君子般的礼遇。女士们对此感到受宠若惊,或许正是由于这个原因。伦纳德发现,在很大程度上与女士共事比与男士共事让人更感舒服。还有一点必须指出,就是他在论说中虽然小心谨慎地竭力保持公正,而且做到了既不含糊其辞,也不对他人不屑一顾,但是他极少承认失败,实际上,对于自己的观点他是极其固执己见的。我很愿意认为,这几笔粗略而非常准确的轮廓线,能向读者提供这位先生的一个淡淡的形象,尽管我还几乎没有提及他逗人发笑的才华以及富有想象力的同情心。我力图呈现的主要轮廓是他瘦削而冷峻的一面,不过理解这一形象时还必须考虑到他个性中所具有的仁慈与和善。他关心他人以及动物,甚至对于自己那条有些烦人的狗和那只非常可怕的宠物猴子,全都关怀备至。话说回来,我们在此最为关注的,是我印象里的他,是他身上正直的一面,以及他希望就任何确凿无疑的话题讲出真话的热情。

这些传记是敢说真话的典范,而且还有一个与众不同之处,那就是力求精确。1968年,我曾发表个人见解,认为他是把布鲁姆斯伯里文化圈写得最为准确的作家。这在当时是确确实实的,如果说对于这本传记我们确实还有一些可以补充的内容,例如有关弗吉尼亚·伍尔夫的书信、日记的某些记述,我们甚至可就他所提供的信息作出纠正,但是他记录事实的愿望,无论如何仍是不容置疑的。除了记忆之外,他的两大主要素材来源就是他自己的和弗吉尼亚的日记,有它们相助,他几乎没有出过错;他只有在无日记可做依托的时候才会犯错。奇怪的是,其中一个错误,竟是搞错了度完蜜月回来的日期。也是出于同样的缘故,当谈及他在锡兰那段时期发生于英国本土的事情时,他也时常以同样的方式记下错误印象,不过正如我所说的,这些都是微不足道的小失误。

伦纳德非常看重知识分子的刚正不阿,这也正是他的主要特点之一,促使他作出许多高尚、无私行动的激情也正来源于此,可是,这一特点偶尔也会成为弱点的源泉,从而不时地使他无法做自己喜欢做的事情。不论作为一名小说家还是作为一名政治家,从某种程度而言,他都受到自身正直品性的束缚。

作为写小说的作者,他踏入了一片荆棘丛生的地带,在那里真理虽然受到尊重,但它却常常只有通过虚假、虚构的方式才能最好地被加以表达。就像绘图员必须凭借某种作假和选择,去实现在平面上描绘立体事物的、看似不可能的作业,小说家也可以运用同样的方式,将一种并不存在或是不需要存在的形式,强加在他要描绘的事件上,以使它们显得更加真实。在《丛林中的村庄》(*The Village in the Jungle*)中,伦纳德的写法如此接近于直接报道亲眼目睹的事物,以至于我们自始至终因他叙述的内容而着迷、快乐或心惊胆战。我感到这本书不必非得写成小说不可,如果他不将小说的形式强加给它,效果将会更好。实际上,这部作品就是被故事的必要元素破坏了,而且这种故事还是缺乏形式的。关于《聪明的少女》(*The Wise Virgins*),

我在发言时没有多大的信心；在我眼里，这本书似乎是个败笔（有些人则认为它是一部伟大的作品）。该书是他在巨大的压力下，带着某种愤怒而创作出来的。他描述了自己的家庭、妻子的家庭，以及他自己，几乎其中的每个人都被写得令人憎恶，读者很难给予哪位人物丝毫同情。这又是一个由小说目的导致的败笔，他的角色在举止言行方面毫无特点。其实他对自己选择的形式也感到别扭，他曾尝试运用其他方式创作小说，从我的角度看，他最终发现小说是一种并不适合自己的样式。弗吉尼亚的丈夫要创作小说，这在任何情况下都不会是件容易的事情。

当然，在政治领域里他感到自在得多，而且在这方面还撰有大量著作。对此，仅作泛泛评述难免草率，不过我认为，大体上他在撰写历史类的书稿方面表现得最为出色，《在非洲的帝国和商业》(*Empire and Commerce in Africa*) 就是一个绝佳的例子。在这部著作里，他带着力度、洞见以及某种程度的幽默，叙述了一个简单明了的故事。

他对知识分子那种能把教条说得冠冕堂皇的诡辩，感到强烈厌恶。《夸克，夸克！》(*Quack, Quack!*) 是部太富时代性的著作，所以很难经受得起时间的考验。他在书中表明了自己的信念，更确切地说，是表明了自己的疑惑，我想，单凭这一表述的明晰和坦诚，这本书也应该免于被忘却的劫难。而在最后部分，作者对某些思想倾向，或者可以称其为豪言壮语，进行了抨击，其实它们直至如今仍混杂在我们中间。我们仍然饱受着骗人的神秘主义者、先验的舞文弄墨者，以及滥用世俗权力的神职人员的摧残。诚然，如果在过去的五十年间一种迷信业已消亡，那么我想这一定是因为它看到了茶杯底部映照出来的人类命运的预兆，唉，不是因为我们变得更加明智，而是因为袋装茶叶使用起来更为方便。所以，当伦纳德公然抨击他那个时代那些危险的夸夸其谈者,如斯宾格勒(Oswald Spengler)①、凯泽林(Hermann Alexander Keyserling)②伯爵、拉达克里希南(Sarvepalli Radhakrishnan)③和柏格森(Henri Bergson)④之时,他实际是在谴责那种知识分子间的混淆是非以及强词夺理,这种作风依然横扫一切,盛行于世,散布着危险的神话故事,因此理应遭到斥责。

他将斯宾格勒视为身兼知识分子—政客双重身份的骗子典型,尽管他的言论感人至深,有时还颇有才气,但是伦纳德指责他完全缺乏知识分子的诚实与谦逊——他曾这样说:"我的著作源自千百年来不为人知的灵感。"伦纳德发现斯宾格勒不但自命不凡、荒谬可笑,而且极富危害力。他所谓获得"真理"的方式,便是遍寻任何地方,包括他自己的血液、内脏、腹腔,只要不是自己的脑子,然后对一切作出断言,因为从某种说不清楚的程度来讲,他就是"知道"它们。这种过程十分可怕,酷似希特勒那种出自深层直觉的精神启示,酷似从德意志的鲜血与土壤中提取出来的信息。日耳曼神话中的先验真理和斯宾格勒光鲜的确凿无疑,在具有知识分子特点方面简直是一模一样的,毫无疑问,当人们在政治上能够方便地忘却《西方的没落》(*The Decline of the West*)中的某些段落之时,这种所谓的真理也就可以实

---

① 斯宾格勒(1880~1936),德国哲学家,认为任何文化都要经历成长和衰亡的生命周期,著有《西方的没落》、《世界历史的远景》等。

② 凯泽林(1880~1946),德国社会哲学家,第一次世界大战后,其精神新生哲学思想颇为流行,著有《一个哲学家的旅行日记》等。

③ 拉达克里希南(1888~1975),印度哲学家和教育家,曾在印度多所大学教授哲学,历任巴纳拉斯印度教大学副校长(1939~1948)、驻苏联大使(1949~1952)、印度总统(1962~1967)等职,著有《印度哲学》、《东方宗教与西方思想》等。

④ 柏格森(1859~1941),法国哲学家,生命哲学和现代非理性主义的主要代表,宣称"生命冲动"就是"绵延",它是唯一的实在,只能靠与理性相反的直觉来认识实在或"绵延"。获1927年诺贝尔文学奖。

现了。时至1933年,斯宾格勒先生的学说变得与德国统治者的难以分辨。理性地讲,这种顺应虽然看似不合道理,不过其论述的精美之处在于它仅产生于逻辑,而对于某些急切企望安抚一个暴君的人来说,这当然是再便捷不过的辅助手段了。

被伦纳德作为例证列举的柏格森、拉达克里希南和凯泽林伯爵,他们的形而上学骗术在论证方法上与斯宾格勒的十分相似。

> 我所说的形而上学的骗术,是指在非政治性的思考中抛弃逻辑,蔑视逻辑作为达到真理的一种方式,而代之以所谓的知觉、巫术以及神秘主义。坚决而诚实地将逻辑运用到我们所了解的宇宙中去,似乎必然会把我们引向怀疑论和不可知论,引向一种对看似绝对真实的东西的不信任感,使我们深信那种看似最确凿无疑、最经得起严密论证的真理,那种我们不能不信的信念,甚至是逻辑本身,这所有的一切都是不可靠的、岌岌可危的,都很可能属于错觉和迷信,是幻影中的幻影。

伦纳德自己也承认,对知识分子而言,上述见解不是一个令人舒服的观点。而且,如果人们接受其影响波及逻辑推理本身的怀疑论,那么有些人就会认为自己在信仰或直觉的激励下找到了一种方式,它能逾越怀疑论者面前的重重困难,对于这群人,我们是否便可给予宽恕呢?在那样疑虑重重的风潮中,可怜的游泳者自然会死死抓住任何似乎可以给予他浮力的桅杆或稻草——通常只要这些桅杆和稻草属于受人尊重的东西——它们会是经得起海浪冲刷的十字架,或是飘荡于空中的符咒,而不是日耳曼人的神话吗?

不过,这恰恰就是伦纳德不允许出现的问题。必须表明,虽然我们对之也无从知晓,可是这样说在他看来却纯粹就是撒谎,因为我们必须表明,我们无法知道他认为完全不诚实的东西究竟是什么。我们都很希望有人可以传授给自己有关宇宙特性的不可争辩的、确凿无误的知识,这是事实,但是它并不意味着我们可以得到那种知识。我们发现,自己并不清楚内心那么希望了解的东西为何物,从这一发现中我们可以得出的唯一结论非常简单,那就是我们对此确乎一无所知。

此外,如果我们试图割掉这个疑惑的症结,指出既然逻辑无法将我们带至我们向往的地方,则必定存在一种可以超越逻辑的观念模式,那么我们的结论便由于我们自己的论证而失去了效应,因为辩论就是进行逻辑思考,然而我们论证的目的恰恰就是将逻辑废黜。

可以想见,伦纳德对于宗教毫无怜悯之情。宗教,在他而言是和思想开放者眼里的鸡奸、吸毒并无不同的。只要你把自己的罪恶作为隐私掩藏好,一切都无所谓。任由孤独的隐士去安神养性、去数拨他的串珠好了,只要他是在其私密的隐遁之处这么做,这种行为便没有危害力。可是当宗教人士开始布道,劝诱他人皈依之时,他就变成了对公众有危害的人物。怀疑主义是容忍之母;宗教,尤其是有组织的宗教,必然滋生迫害。即便不然,它也好不到哪儿去,因为我们如果摒弃理智,便既无法与理性主义者、也无法同非信教者进行辩论。一旦默认了逻辑,我们就必须依赖于谁都能够理解的论说,譬如《禁书目录》(*Index Librorum Prohibitorum*)或火刑。

我已尽我所能地概括、介绍了伦纳德的主要学说,尽管我很清楚自己并不具备承担这一工作的才能。我之所以还是作了这样的尝试,部分原因在于他在《夸克,夸克!》一书中展开的观点在其世界观中具有至关重要的意义,另一部分原因在于这部著作既体现了他的力量,也揭示了他的局限性。

我还必须顺便指出,重读该书时,我对它所具有的时代性,印象颇为深刻。在致力于研究弗吉尼亚·伍尔夫容量庞大的文献的作者之中,有一类极端分子,最近我们发现其中有些评论家准备谴责伦纳德,据这些人说,他的理性主义具有冷漠无情、麻木不仁的本质,所以他不能让妻子感到快乐。很明显,这些评论家流露出了虚伪的、装腔作势的神情,他们否定逻辑,而且对于几乎一切伸手可得的证据表现出了极端的漠视。在伦纳德对知识界的不诚实行为所作的精心记录中,这些人自然占有并不光彩的一席之地。

由此可见,至少就我的理解程度来说,我和伦纳德在众多见解上是立场一致的。无论如何,我很难不让自己去仰慕那种不懈的努力,它的目的在于追求一个令人生畏的理论。我也确实认为,在粉碎更高级的先知先觉论,在粉碎先验论者一派胡言的过程中,他正做着一些值得尝试的事情,而且他也正以极大的力量从事着这样的工作。

深深地质疑华而不实的、似是而非的论说,热烈地信赖知识分子刚正不阿骨气的价值,这些在我眼里都是令人钦佩的品质,不过必须承认,它们并非一位成功的政治家通常具备的素养,而伦纳德恰恰就是一名政治家。当踏入实际的政治领域时,他并不是单单作为一位思想家而出现的,他还是一位深入基层、深入群众的人。这不但意味着在选举日里,他在刘易斯选区拥有一队支持者的汽车,车上打着醒目的工党旗号,而且还意味着他经常以个人的名义参与"妇女合作社协会"或工党选区的日常事务。必须承认,在实践中,他无论作为候选人还是作为所属党派的顾问专家,都没能取得世人通常用以衡量这类人物价值的那种成功。

犹如人们熟悉的一位远古智者,一位站立在寒冷至极的高处的人,从那里,他对自己的同胞应该做些什么一目了然,但是由于他被提升得如此高,与普通人的情感距离如此遥远,他就无法下降到政策得以落实为有效的行动的低处了。以这一比喻来解释伦纳德的那些失败,这种方法就显得非常简单,而且也不会完全出错了。

这位智者的形象亦真亦幻。的的确确,伦纳德从不狠狠地敲打浴缸,因为这样做会引起非常剧烈的反响,而且还会为其论点带来某种外部力量,从知性上讲,这种外部力量并不属于他的论点,所以他总觉得敲浴缸式的尝试过于令人厌恶,无法怀着那种必要的因素——热情——去加以实现。承认了这一点之后,我们如果仍然把他视为一个在接近生活时极其理智的人,以至带着一种剑桥式"盛气凌人"的傲慢,完全脱离于自己的同伴之外,那就大错特错了。

如果他真的曾经有过傲慢的特质,他也早就在锡兰把它给丢失了。我能想起,有多少次我曾亲耳听见,他不厌其烦地,不带丝毫恩赐的态度,也毫不摆谱地向洛德梅尔的工党人士解释关于《国际联盟盟约》(*League Covenant*)或者土地税款的这类难题。他眼里只有一个目标,就是把困难的命题讲解得清楚明白。他有一种能引起听众共鸣的诚恳与朴实。他的清晰阐释所赋予听众的敏锐感超出了其固有的程度,他那明显的真挚之情相当地招人喜爱。

弗吉尼亚也注意到了他的这种品性,同样也注意到了他对于那些并非聪颖过人,也并非卓有成就,却实实在在情操高尚的人士所怀有的深深的敬意。

伦纳德10点钟出门去汉普斯特德作他的第二场讲演了。首场讲演大获成功,和我的预想完全一致。他觉得妇女比男子聪明许多:在某些方面太聪明,而没有领会真正的要点。他今天下午还要作一场讲演,所以会留在汉普斯特德,和莉莲共进午餐,兴许还会去看望珍妮特。除非你是一个谦谦君子,否则是没有谁会像他那样对待诸如莉莲、珍妮特以及玛格丽特这样的劳动妇女的。克莱夫也好,任何其他年轻有为的青年俊杰也好,都会摆出架子;不论他们表示自己是多么崇拜劳动妇女,其实那都是幌子,实际在他们的内心深处情况并非如此。

伦纳德的真实面貌,我想如同任何人的真实面貌一样很复杂,是无法用套话表达清楚的。我甚至连他对自己的评价也不赞同。他毕生都在各种委员会里从事着吃力不讨好的工作,临近生命的尽头,他宣布所有的时间都因此而白白虚度了。

其实他错了。他所取得的成就远远超出了他自己可以认可的范围。像伦纳德一样,全身心致力于政治中枯燥乏味的方面,贡献出他们的智慧和经验,而不求任何回报,这样的人的著作,其价值是不可估量的,国家所急需的当然也正是这样的人。我深信,伦纳德有能力说服我们,使我们从事明智的工作,以免在为自己的错误行为感到内疚之余会做出更大的蠢事。他回到锡兰时,已经成了一位垂垂老者。当一个国家的王权已经不再,人民已经获得自由的时候,这位回归的公仆,这位严谨而简朴的公仆,受到了如此热情的接待,这种情况是不常有的。伦纳德受到了英雄般的欢迎,在委员会里长时间的办公终于取得了某种成果。

福斯特感慨道:"他过的是怎样的生活,而且他过得是多么认真啊!"

弗吉尼亚·伍尔夫和伦纳德·伍尔夫[①]

安杰莉卡·加尼特

安杰莉卡·加尼特所写的关于弗吉尼亚和伦纳德·伍尔夫的章节,在其自传中所取的题目是"伍尔夫一家"(The Woolves)。可以说,这篇选文描写了作者以查尔斯顿庄园为视角观察到的他们的家庭生活。安杰莉卡在回忆录里对布鲁姆斯伯里文化圈的描述,尽管较之其兄长的更具批评性,但是浓浓的亲情仍然溢于言表。她对伍尔夫夫妇二人所进行的比较中,包含着对瓦奈萨和弗吉尼亚发人深省的生活内情的描述。

我们和伍尔夫一家(我们经常这样称呼他俩)的关系非常亲密,尽管在我们两家中感受到的氛围是如此不同。我们是一个家庭,而

---

① 本文参见安杰莉卡·加尼特:《伍尔夫一家》,见《蒙蔽在善意中》,伦敦:查图—温都斯书局、贺加斯出版社,1984年,第106~114页。——原注

他们则是一对夫妻,终其一生都全心全意地深爱着对方,并且恪守彼此的承诺。在他们眼里,我们这群小辈看上去肯定是无组织无纪律,甚至是狂妄自大的,成天靠在瓦奈萨身上,个个养得膘肥体壮,将她压榨到焦头烂额的地步。与此同时,弗吉尼亚非常喜爱回归家庭氛围,她觉得在查尔斯顿庄园度过的下午如同假日一般,自己的主要任务就是弹拨琴弦,带着笑声惹得它们发出嗡嗡的声音。对于她而言,这就是生活气息,她极愿享受这种感觉。在我们看来,仿佛瓶塞一下子被拔开了——批评、疑问、玩笑,一股脑儿从她口里喷涌而出,从中我们不但深切地感受到了她那想象的王国的魅力,而且也见识了她那如同黑曜岩般坚硬而锋锐的思想。

弗吉尼亚和伦纳德从不矫揉造作、装腔作势;他们不会做表面上的道德文章,也不会以居高临下的姿态对孩子们发话——恰恰相反,弗吉尼亚比瓦奈萨更具亲和力,她十分看重那能使空气中弥漫着紧张气氛的互动关系,如果这种关系有时令人忧虑,那么应该说它同时也是颇具刺激性的。她深信,我生活在一个专属于自己的奇幻世界里,便也很想步入其中。在这个世界里,她是老巫婆(Witcherina),而我则是小仙子(Pixerina);①我们跃过树林,飞过草地,我们主要的目的,就是带回关于家里其他成员的假想中的消息。可以想见,这种神游对于弗吉尼亚来说是十分合适的,合适得完美绝伦,因为她特别喜欢创造出各种不可能实现的情境,虽然我会因她的艺术魅力而惊奇得神魂颠倒,可是昆汀或瓦奈萨却依然不愿挥动思想的翅膀,毫不为之动容。

记得弗吉尼亚到达查尔斯顿庄园是在喝下午茶的时候,她缓步

---

① "Witcherina"和"Pixerina"是造出来的名字,作为弗吉尼亚·伍尔夫与其外甥女安杰莉卡·贝尔交流时相互间的秘密昵称。

穿过房间,身后跟随着伦纳德和萍卡——一条长毛垂耳狗,与它主人沉稳的脚步声同时传来的,则是萍卡那毛茸茸的脚掌轻轻拍着光溜溜的地板的声音。看见我和瓦奈萨坐在壁炉边或是坐在花园里的苹果树下时,弗吉尼亚就会蹲到我们身边来,设法找张小椅子、小凳子什么的坐坐。然后,她便要求我们满足她的权利,就是让她亲亲我们,在颈背或眼睑上,或是从内手腕到肘部,这一连串的亲吻被我们用海德公园内作为骑马道的一段沙地的名字加以命名,叫做"女士们的一英里赛跑",瓦奈萨曾在那里骑过乔治·达克沃斯赠给她的一匹马。

  弗吉尼亚的要求提得非常和蔼可亲,甚至有点楚楚可怜,仿佛某种小动物想要得到它心里很清楚是被禁止的东西。我拒绝接受她的亲吻,因为怕痒,不过在瓦奈萨对这种仪式的缄默以及近乎局促不安的厌恶神色的映衬下,我的反应不过是出了一回丑而已。瓦奈萨踌躇良久,希望出现某个奇迹,能让弗吉尼亚打消自己的念头,然后便亲了她一下,为了可以收买她。虽然感觉被妹妹骗了,可是她却凭借自己抗争的力量取得了胜利,她绝对无法满足弗吉尼亚的愿望,因为它们完全无视瓦奈萨的感情。她的痛苦主要在于,尽管深爱着弗吉尼亚,尽管她的情感也非常深沉,可是当被要求将这些情感表达出来之时,她却会显得忸怩不安。至于她对弗吉尼亚的爱,那是毋庸置疑的:她只是希望这种爱能因为被大家看做理所当然而不致受到十分重视。姐妹俩其实感情深厚,弗吉尼亚善于表达,这是一个优点,不过瓦奈萨对此颇有怀疑,因为过去曾经吃过这个特点的苦头:弗吉尼亚对于他人内心动机产生的那种突如其来的洞察力,确是可以令人颇为不安的。总而言之,她习惯于说得过多,而以真诚、正直自傲的瓦奈萨,则偏向于说得太少。论到才华与随和,瓦奈萨也不是弗吉尼亚的对手;她总是觉得自己感情不够丰富,还认为自己缺乏智慧。她不相信弗吉尼亚的恭维之词,从中她觉察到了伪善成分,觉察到她为了虚假的理由而把自己当做崇拜的偶像,可是她不知道如何以不粗鲁的方式进行反击,对此她是无能为力的。于是,她变得越来越尖刻,嘲讽的笑容掩饰着背后的愤怒,她试图以此挫败弗吉尼亚的种种努力,这些努力的目的在于榨取一丝爱的信号。

繁文缛节结束之后,交谈重新恢复为东家长西家短的闲扯,颇带戏谑成分,弗吉尼亚的睿智和瓦奈萨的逻辑为这种闲扯增添了不少情趣。一旦从要求我们接受她的定额亲吻的努力中解放出来,弗吉尼亚就变得超然、揶揄、快乐而亲密起来。瓦奈萨呢,既然摆脱了窘境,紧张不安的情绪也便松弛下来,虽然她仍感到失意,有所矜持,但是她坐于其内的、也是弗吉尼亚一直试图拆毁的那道篱笆墙,已经不再那么厚实而无法穿透了。

伦纳德,犹如一条机警的看门大狗,不为上述情况所干扰,依然无动于衷,岿然而立。与我们不同,他是由特殊材料做成的,这种材料不像黑曜岩,它不会碎裂,自然令人想起那种经历了几个世纪的石头。从后来和他的交谈中,我知道他极其反对我家培养我的方式,而且知道倘若我成了他的女儿,虽然他不至于使用棍棒,却也不会把我宠坏。至今记得两件事,尽管琐碎之极,但却让我领教了他的威严———一种全然不同的价值体系的滋味。有一次,我把他花费几个小时整理分类好的什么东西撒落到地上了,由于并未意识到自己严重过错的性质,所以对此行为没有作出丝毫解释。一个星期之后,我受到了训斥,他的话语带有克制住的恼怒,其中似乎暗示着一种从未有人期望我能达到的行为准则。另一次,由于已经向他提出过索取一本《爱犬富莱西》送给朋友的要求,我便没有作要为这本书付账的心理准备,可是伦纳德竟然要求我先回家取钱。这些具有苛刻现实性的接触,令我印象极为深刻——他似乎就是我生活中所缺少的父亲式的人物。然而,倘若伦纳德真的成了我的父亲,我便会和他豢养的某条小狗一样,尽管永远不会遭受他的棒喝,但却总会因他的人格威力而诚惶诚恐。

有一年,他送给我一本维多利亚时代出版的印装精美的《天路历程》(*Pilgrim's Progress*)作为生日礼物,书中充满着雕刻僵硬的图画,画的都是行进中的基督教徒。出于某种原因,对于我,这本书含有许多意味。越过欢快的茶桌,我的双眼与伦纳德深切的目光蓦然相遇,片刻之间,一种以前几乎从未经受过的强烈感悟袭上心头。我曾感到自己十分清澈透明,因为稚气的秘密以及支吾搪塞,所有这些情感渣滓经常将我吞没,从而涤荡了我的心灵。不经意间,我接触到了伦纳德性格中的热情,那种既让人信服又不屈不挠的热情。瓦奈萨为了偏袒她喜爱的人会妥协、拖延,邓肯对自己讨厌的东西会一笑了之或置之不理,而伦纳德的热情则与他们的形成鲜明对比。他们察觉到伦纳德身上具有一种道德力量,并且把它批判为狭隘的、没有修养的、清教徒式的品质。伦纳德和瓦奈萨都是天生的评判家,而且两人都充满偏见,可是瓦奈萨尽量避开道德评判,而伦纳德却抓住它不放,他总是有点像锡兰汉班托塔行政区的长官。在布鲁姆斯伯里文化圈中,因为他立过定要超越道德范围的誓言,所以他的这种固执看上去可能有点笨拙并且令人生气,很多年之后,我才完全领悟到了那种与之相随的、使人精神振作的纯净。

有一年的夏天,我们每隔两星期就会胡乱地挤进车子,在苏塞克斯郡的某个寂静而阳光白晃晃的午后,经过绍斯伊斯村(Southease)的交叉路口,经过乌斯(Ouse)山谷,前往洛德梅尔。坐落于村子中央的"僧侣馆"(Monk's House)主要就是因为这个缘故而被建得很大,它和查尔斯顿庄园的房子非常不一样。屋子长长窄窄的,房间间间相连,房门敞开,整幢房子比外面花园的地势还要低,因此人踏入其中就仿佛踏进小船里一般。各种植物和藤蔓轻击着小格子窗户,好像想要进来似的,或许是受到了室内绿色墙壁的诱惑。炎炎夏日里,屋内凉爽而宁静,似乎在轻轻地冒出气泡,就像被阳光晒热了的石头被扔进池塘一样。孩提时,我有时以客人的身份住在"僧侣馆"里,一次我和表姐朱迪思发现了从前门对面那片陡峭的草坪上翻滚下来的乐趣,结果却受到了我们的保姆们的责备,因为我们全身上下都沾满了亮绿色的东西。当我想起那幢房子和那座花园时,绿色便是映入我脑海的颜色,还有弯曲的无花果树和从其上可以俯视那片草甸的开阔平整的草坪。绿色是弗吉尼亚的色彩;一个绿色的水晶梨总是被端放在起居室的桌子上,它是弗吉尼亚性格的象征。

我们坐在餐厅的长桌旁喝茶,餐厅是房子里最大的房间。弗吉尼亚坐在桌子的一端,她倒茶时,和瓦奈萨小心翼翼、沉着稳当的手艺不同,而是边说着话,边把茶壶晃来晃去,以强调她要表达的意思。我们的杯盘都是精致的瓷器,食物也比查尔斯顿庄园的要酥软一些——在这里能吃到的是饼干,而不是蛋糕,还有弗吉尼亚亲自弄来的农家自制的黄油和许多价值一便士的小圆面包。弗吉尼亚猎狗般地将小片食物塞进嘴里,她吃得很少。下午茶结束之前,她常会在一根长长的烟嘴上燃起一支香烟,随着闲谈渐入佳境,她自己便在升腾的烟雾后面变得模糊不清了。她会谈到休·沃尔蒲、埃塞尔·史密斯(Ethel Smyth)[1]的来访,或是某件当地的绯闻,受到我们的评论和

---

[1] 埃塞尔·史密斯(1858~1944),英国古典音乐作曲家、自传作者,妇女参政运动的领导人。

笑声的怂恿,她的高谈阔论可以升华到幻想的高度,而不受现实的干扰。我们都乐翻了,尤其是朱迪思和昆汀,他们的笑声演变为彻底的狂喜,两个人乐得连身下的椅子也危险地向后倾斜,他们要么因为弗吉尼亚话语的大胆而佯装失望地抚首感叹,要么因为对她佩服之至而直拍自己的大腿。她的聪慧并不是没有预谋的神来之笔,所以看到自己大获成功,她的双眼就泛出光彩。当她的思想关注于人类无意识的、脆弱的、更加敏感的方面之时,当她以一种偶然的、聪明的、恰如其分地擦过可能性的边缘的方式,关注所述行为举止的各种细节时,伦纳德就在一旁静静等待,然后他会毫不含糊地将同样的事件如实、客观、直截了当地重新描述一遍。并非弗吉尼亚不懂客观性,她不过是借由不同途径达到同一目的而已,在那种情况下,她是不顾身败名裂也要及时行乐的。

用罢茶点,大家便应伦纳德之邀,成群结队地前往花园,去玩惯常的滚球游戏。如果前半段的娱乐是属于弗吉尼亚的,那么后半段则成了伦纳德的天下。他全权负责游戏,逼迫我们每个人都参与其中,连根本不会玩的人他也不放过,这些生手常能得到优待,而且如果我们玩得比他预计的还好,就会被他大大表扬一番。伦纳德小心翼翼地,一步一步地,用他巨大而厚实的脚掌,测量出令人怀疑的距离。萍卡有时跟在后面,崇敬地嗅着主人在草地上做好的每一个标记,却被主人粗声地要求走开,乖乖地趴好。伦纳德的话就是法律,他的判断就是最终裁定,所以我们继续玩着高雅的游戏,而他则和朱利安以及昆汀谈论起动物的习性或者当地的政治问题了。

与此同时,弗吉尼亚靠在榆树下的折叠躺椅上抽烟,和瓦奈萨聊着久别重逢的表兄妹们,她们用自己安静而随意的方式调侃着这些亲戚,如同两只憩在枝头的鸟儿。弗吉尼亚经常无法忍受无聊的时光,便极力挑起有关查尔斯顿庄园与洛德梅尔的竞争,她宁愿争论这两个地方的房子孰好孰坏,也不愿意大家一声不吭。瓦奈萨讨厌提起乡村生活,纵然老大不情愿,还是为查尔斯顿的自由和不受干扰而进行强烈辩护。在那里我们无拘无束,没有什么埃博斯(Ebbs)太太①攀着花园围墙头俯瞰我们,或在你顺着乡村街道上行时朝你大声叫喊,也没有教堂钟声来打扰你周日宁静的午后。可是当我坐到她们身边时,弗吉尼亚常会固执地怂恿我发言,而且必须表明在这两个地方中,洛德梅尔应该更好。最后,我会变得很不耐烦,然后她就说道:"噢,小仙女,你这个小坏蛋!可是你的确爱我,对吗?"

"当然啦,老巫婆,可是我不能对你撒谎。"

渐渐地,我长大成人了,而弗吉尼亚也变得更为富有,于是她自愿承担起为我支付购衣零钱的责任,每个季度15英镑,对于添置服装以及一些小娱乐的开销来说,这笔款项绰绰有余。钱虽归她所有,但弗吉尼亚经常忘记带在身上,于是只好让伦纳德给我开支票。这就有点像从石头里挤水滴了,虽然伦纳德从不拒绝,可是他总要经历一个寻觅过程,戴上眼镜,让自己看上去如同一个惯于作出绞刑判决的法官似的,将手伸进里面衣服的口袋,拿出他的支票本,再取出钢笔,然后颇为费劲地旋开笔帽,终于开出支票,并用颤巍巍的手在上面签了字,自始至终一言不发——对我来说,这一过程仿佛是场耐力考验。最后,他把支票递给我,半带微笑,有如落入水里的针尖微微一闪。

伦纳德和弗吉尼亚的关系极其亲密,他们深爱着对方,密不可

---

① 洛德梅尔的教区首席神甫的妻子。

分,互为依靠。他们对彼此的想法了如指掌,因此都将对方的所思所为视做理所当然——他们包容彼此的怪癖与缺点,只不过装出能互相帮助的样子而已。他们因诚实而被牢牢地拴在一起。他们之间即使有过夫妻间的争执,那也属于非常少见的事。伦纳德从未放松过他的警觉,从未作出过大惊小怪的反应,也从未掩饰过他短暂的忧虑,例如担心弗吉尼亚可能又多喝了一杯酒,或是表现出了别的什么轻微冲动。他常常只是平静地说道:"弗吉尼亚,别再喝了。"如此而已。或者,他从硕大的手表上注意到已经深夜11点了,于是不论妻子玩得多么带劲,他都会说:"弗吉尼亚,我们得回家了。"接着又有几分钟在他鼻子底下悄悄溜走,然后她便起身,活像半个灵魂落在此地似的,跟在丈夫和萍卡后面,走向大门。

　　我记得自己曾经跟在弗吉尼亚身后,走在通往花园的台阶上,当时有个念头突然闪过脑际,我在想她是否和伦纳德做过爱。我以为答案是肯定的,然而这似乎又是不可能的——我无法想象她和别的什么人做爱,尽管她有着明显的温柔气质——无疑,对于他们一帆风顺的关系,缺乏"性"致是个重要的因素。弗吉尼亚始终守身如玉,瘦骨嶙峋地走了一辈子,高视阔步,像长颈鹿一样。不过,尽管头颅通常伸到云端之上,她的双脚却牢牢地、稳稳当当地扎在地面上。她衣衫褴褛,瘦小纤弱,手指被香烟熏得发黄,也丝毫不在乎自己的外表,然而颇为侥幸的是,她始终仪态优雅,保持着高贵和大方。

　　有一次,我去"僧侣馆"喝下午茶,当时只有弗吉尼亚在家,独自接待我。傍晚时分,她抱怨头疼,我扶她上了床,最后只好留下她一个人,等待伦纳德从伦敦回来。那是我唯一一次见到她濒临崩溃的边缘。过去大人们不让我知道这些情况,部分原因在于当弗吉尼亚深受病魔折磨时,需要的是有人在旁保护。不过,家里也经常谈到弗吉尼亚的"精神错乱",这种谈论反而使得她的疾病显得极不真实,而且一如她本人的意愿,她的病情也就成了大家不愿去想的事情了。看到她的健康突然受到威胁,我的印象是一位坚韧不拔的人被击败了,可那仅仅是片刻间发生的事情,仅仅发生于她能承受的片刻。虽然虚弱,可是弗吉尼亚有着旺盛的生命力,她永远不会抗拒生活的召唤,无论这种召唤以何种形式发出。她从来没有像我们在查尔斯顿庄园那般切断自己与大众的联系,即使这样做隐含着击垮自己的危险,在她眼里,人际联系仍是不可或缺的。她坚持不懈地寻找着令人满意的人际关系,可是在那威胁要吞噬她的海洋中,如果她能找到可以称为振奋人心的关系的话,也不过是些变化无常、转瞬即逝的东西而已,要不是有伦纳德在身边,这个海洋真的会将她吞噬干净。

虽然她从未这样说过,但是事后想来,我发现弗吉尼亚想必对我很失望:她一直希望我能更聪明、更守纪律,而且说不定还和伦纳德就我的教育问题达成过一致意见。她本来希望我能够具备更强的进取心和独立的意识,希望我变得不那么平庸。依然怀着力图诱惑我的心情,她向更为传统的设法改善我外貌的策略屈服了,她采取了许多对她来说有点非同寻常的举措,比如带我去了对我来说是我生平第一个美发师那里理发,还送给我各种珠宝首饰以及女性的小装饰品。不过她还给了我一本德凡(Deffand)侯爵夫人的书信集,这是许多年前利顿赠予她的。她鼓励我去洛德梅尔的妇女协会谈戏剧,还帮我准备讲稿。她试图探查并且解放我的思想,当忘却聪慧与取乐之时,她流露出一种令人获益匪浅的亲和力。那些时刻,她那批判的才华以及洞察力,都在直觉的引导下奔涌而出,绝不会让对方感到自己的卑微。我也感受到,在她身上有一种即使赴汤蹈火都会对之恪守不变的坚韧和勇气,对此,大家从她所有的调侃和笑声中便可窥知一二。

利顿·斯特雷奇[1]

伦纳德·伍尔夫

无论对当时在剑桥大学就读的同辈还是对他后来的校友们来说,利顿·斯特雷奇都有相当大的影响力。他去世后,瓦奈萨·贝尔在给卡琳顿的信中写道,自从索比去世之后,她便深深地爱上了他,当时"他来到我们身边,给予我们难以形容的帮助,并使我们想起那些最值得回忆的事"[2]。克莱夫·贝尔忆及斯特雷奇在1906年11月25日的来信中称自己为"亲爱的克莱夫",并且誉其为布鲁姆斯伯里文化圈里创造历史的人。"我和瓦奈萨·斯蒂芬是在订婚时决定彼此以教名相称的,而这全是利顿的功劳,根本不是遵循惯例,他前来向我们表示祝贺,同时正式提出了这项建议。于是,仪式变得十分普通。……因此,朋友之

---

[1] 本文参见伦纳德·伍尔夫:《利顿·斯特雷奇》(*Lytton Strachey*),载《新政治家与民族》,1932年1月30日,第118~119页。——原注

[2] 《瓦奈萨·贝尔书信选》,雷吉娜·马勒编,伦敦:布鲁姆斯伯里出版社,1993年,第371页。——原注

间的礼仪注重的是感情,而不应拘于约定俗成的规则。"①弗吉尼亚·伍尔夫也在其关于老布鲁姆斯伯里文化圈的回忆录里,证实了斯特雷奇对该群体的语言带来的影响。

贝尔夫妇和伍尔夫夫妇在伦敦及苏塞克斯定居下来之后,利顿和卡琳顿也在伯克郡(Berkshire)建立起了他们不寻常的家庭,因此他和布鲁姆斯伯里文化圈成员的交往,不可避免地日趋疏远了。几乎可以说,斯特雷奇对布鲁姆斯伯里文化圈的影响力与其声望是成反比的。这位著有《维多利亚时代名人传》(*Eminent Victorians*)一书的大名鼎鼎的讽刺作家,毫无疑问是布鲁姆斯伯里文化圈的一名成员,可是圈子中的有些人却认为,他从未完全达到过他们对他寄予的殷切期望。

伦纳德·伍尔夫是利顿·斯特雷奇在剑桥最要好的朋友之一,甚至当伦纳德在锡兰度过爱德华七世时代的岁月时,这种友情也未变过。如果说连伦纳德也认为斯特雷奇的事业是令人失望的,那么,在他于1932年斯特雷奇去世后不久为《新政治家与民族》(*New Statesmen and Nation*)所撰写的悼文中,却并未见到这样的暗示。为伍尔夫所强调的斯特雷奇的正直品质,则颇值得我们关注,因为这一评价正是出自一个自身具备此种品质,且已达到极致的人士之口。

许多在上星期写过利顿·斯特雷奇的人都已指出,作为一名作家,他在自己的时代留下了鲜明的印记。至于对他的《维多利亚时代名人传》、《维多利亚女王传》,以及《伊丽莎白女王和埃塞克斯伯爵》

---

① 克莱夫·贝尔:《老朋友》,伦敦:查图—温都斯书局,1956年,第31页。——原注

(*Elizabeth and Essex*)等著作在文学、传记、历史方面的最终价值该作何评判,没有一个与他同时代的人能确定,但是这些著作在过去十四年中的巨大效应和重要地位,从它们在读者中激起的崇敬和热情中便可见一斑。我认为,对于利顿·斯特雷奇身为一个人及一名作家而言,最富意义的事情在于,他的文章是如此直接地源自他自己,源自其性格的核心之处,以至于早在他事业有成、声名远扬之前很多年,他便实际上已在撞击着(就像他自己会这么说一样)每一个与他接触的人,这种方式与其著作对大众读者的撞击是一模一样的。原因有二:首先是他极端的个性,一种以十分奇异的方式将全部互相矛盾的品质糅合在一起的性格;其次是他智力的完整性,在其青年时代,这种特质尤为热烈张扬。

1899年,他初到剑桥大学三一学院时,对于同届校友简直一无所知,而对那些人来说,他也全然是个陌生人。他从未进过公立学校,就读于国王学院的沃尔特·黑德兰(Walter Headlam)[①]比斯特雷奇年长许多,想必属于当时剑桥唯一对他有所了解的人士。到了入学之后的第一年年底,他已拥有一个亲密的朋友圈子了,并且还有不少三一学院和国王学院的大学生及指导教师,都承认他确乎个性非凡、才华横溢。在三一学院求学时期,他的影响力与日俱增,可以毫不夸张地说,这种影响力最终成了左右他那一代知识分子的主要动力。即便在他的写作技巧"走下坡路"的时候,这种主宰地位也没有改变。他仍把大部分时间消磨在剑桥,一代又一代的大学生都被他的强大魔力迷住了。这魅力甚至延伸到他富有个性的语音方面,当我间隔许久,于1911年再次造访剑桥之时,竟然有趣地发现国王学院半数

---

① 沃尔特·黑德兰(1866~1908),英国剑桥大学国王学院的讲师。

学生正以被称为斯特雷奇腔的声调,彼此进行交谈。

他之所以能对同辈产生直接影响,原因之一在于他的惊人的成熟。1899年来到三一学院时,从智力上讲他已具备了十九年后撰写《维多利亚时代名人传》所需的创作才能,而且同这种成熟的思维交织在一起的,还有他那炽热而不屈不挠的青春精神。随着年龄的增长以及名望的日渐显赫,他变得非常稳健而且优雅。年轻时的他,从外表看是风度文雅,而且是近乎羞怯和不自信的,但是与之共存的,却是一种智力上的多刺性及无情性,这一点特别令人难忘,而且有时颇具破坏力。他那独特的谈话方式,进一步加强了这一效果。同他喜爱的人共处时,他谈笑风生,常在不经意间用他低沉而不连贯的嗓音,时不时地往闲谈的语流中,抛进某些极为机敏的词语或是评价,它们总是心怀敌意却又发人深思。不过在那些岁月中,尽管他的谈话富有才气,使人着迷,但是与他对话却有一定难度,因为他对谈话对象的期望颇高,包括要求能从对方那里获得刺激自己、令人兴奋的灵感。如果发现身边的人或所接触的人恰巧与自己性情不合,或者他们的话语愚钝而缺乏才气,那么这种对话就会变成交际的灾难,对于在场的第三者来说,这种境况尤其令人痛苦不堪,虽然事后回想起来,还是极其有趣的。他常常靠在椅子里,双腿紧紧地绞在一起,神情忧郁,一言不发,然而就在此时,他会突然向这令人极不舒服的沉默中掷入一句讽刺意味浓烈而且机敏隽永的话语,从而把可怜的对手的最后一丝自制力和聪明才智,剥除得丝毫不剩。

冷酷无情与文质彬彬,默默无语和机智敏锐,吹毛求疵跟热情洋溢,这些品质组合到一起,对于他所热爱的人来说,只能是进一步增强了他的人格魅力。正是这种魅力,当它同斯特雷奇超常的才智、他那高度个性化的生活观,以及他鲜明的见解相结合时,使得他成了影响剑桥大学三四代大学生的主导力量。刚到三一学院时,他将成为一名作家的趋向,就已确凿无疑了,学友们深信他会是位伟大作家。而在那些岁月里,他写的诗歌要比散文多得多。我想,或许他毕生都更喜欢在诗歌或戏剧领域取得某些成就,而不是在文学的其他领域里。可是他对于自己的要求和对别人的要求一样苛刻,因此尽管创作了大量的诗歌,却从未将它们付诸出版,这一点是颇有意味的。最终,他成了散文家,部分原因在于他的诗作从未达到过自己对诗歌设定的标准,部分原因则在于穆尔教授及其《伦理学原理》施加给他的巨大影响,正如其同辈由此受到的影响一样,这使他的思想转变到了其他方向。

我相信,对于他的思维而言,散文其实是一种最为恰当的表达手段,因为他不是生活在18世纪,而是生活在20世纪。他的思维在根本上具有斯威夫特(Jonathan Swift)[①]和伏尔泰(Voltaire)[②]的条理性,是一种善于批评、善于分析的思维,这种思维适于凭借浸润着嘲讽和智慧的自然才华进行表达。他所创作的一些最富光彩的作品,不少就是伏尔泰式的小品文,以及求学时就自己感触深刻、强烈的主题而写的论文。如我前面所指出的,就是这些文章,显露出他在十九岁时便已具备了撰写《维多利亚时代名人传》和《维多利亚女王传》的资质。

他那些业已出版的作品,就是他自己性格的直接产物;由于奇妙

---

① 斯威夫特(1667~1745),英国作家、讽刺文学大师,曾任都柏林圣帕特里克大教堂主持牧师(1713),主要作品有讽刺散文《一个澡盆的故事》、寓言小说《格列佛游记》等。

② 伏尔泰(1694~1778),法国启蒙思想家、作家、哲学家,主张开明君主制,信奉约翰·洛克的经验论,两次被捕入狱,后被逐出国,著有《哲学书简》、哲理小说《老实人》、悲剧《扎伊尔》及历史著作等。

地混合着诸多对立的品质,他的性格总能制造出某种丰富而奇特的东西。他提倡破除旧习,却又深爱传统,因此,比如对于法国大革命这样的命题,他可以一边同情埃德蒙·伯克(Edmund Burke)①,一边又与汤姆·佩恩(Tom Paine)②共思维。他热爱优雅的举止、形式以及高度文明而又复杂的社会里的各种礼仪,他把极端的独创性甚至古怪性,与这种真爱结合在了一起。他是现实主义者,又是愤世嫉俗者,然而他也是个浪漫主义者,喜欢生活及历史中的盛大场面。尽管对己对人,他制定的标准都如此高,尽管在智力上他有着最令人不可思议的完整性,可是对于细节的精确性,他却时常抱有藐视态度,如果这种态度尚不能称为不谨慎的话。这些特点决定了他对话题的选择,也造就了他撰写传记的方法及其文学风格。这些性格也表明,《维多利亚时代名人传》中的反传统思想为何对整整一代人的影响如此巨大,并且回答了在他最后的岁月中,为何人们会有如此强烈而明显的反应,以至于拒绝将他视为传记作家和历史学家。他的浪漫主义以及对于精确性的漠视,都是可以任凭人们自由批评的,他的那些方法,那些被缺乏才华与睿智者使用过的方法,是否给传记和历史都带来了危害,这一点也是可以质疑的。但是他的许多批评者,只不过是显示了他们自己写作传记时所秉持的感伤性和记录历史时所暴露出的欺骗性,而这些正是斯特雷奇在其诸多作品中极力反对的东西,这种反对,也是成功的。这些批评家的作为,通常表明了他们对我所

---

① 埃德蒙·伯克(1729~1797),英国政治家、作家,在针对法国大革命与激进派人士的论战中,强调宪法的神圣、永恒和稳定性,反对革命。
② 汤姆·佩恩(1737~1809),激进派人士,倡议废除君主立宪制,追求民主,在法国大革命这一论题上,他以自然界的日月交替、季节变换,比喻人民对于自由以及政权和平转移的向往。

说的智力完整性的熟视无睹。我们可以引用一个例子,连利顿·斯特雷奇自己都肯定会被这个例子逗得哈哈大笑。最近,在关于戈登(Charles George Gordon)①将军是否喝了过多的白兰地和苏打水这一颇有争议的问题上,有一位斯特雷奇的批评者对他非常生气,他气愤的原因是:区区一个作家,竟敢指出一位阅读《圣经》的德高望重的战将,会喝下过多的白兰地酒。为了得出明确的结论,他质问利顿·斯特雷奇有什么权利批评戈登将军——既然利顿·斯特雷奇从未去过东方,从未不打阳伞而在烈日炎炎的时刻出门,也从未远离过茶或柠檬水,他就没有批评的权利。而在此时,利顿·斯特雷奇正以超常的耐性和坚韧,忍受着令人感到痛苦万分的慢性疾病的折磨,尽管没有神甫教士或将军士兵前来慰问他,他却凭借自身的勇气和镇定,迎接着日渐逼近的死亡。

---

① 戈登(1833~1885),英国殖民军官,曾参与英法联军进攻北京,指挥烧毁圆明园(1860),后任"常胜军"统帅,镇压太平天国革命,任苏丹总督时在喀土穆战役中被起义军击毙。

利顿·斯特雷奇[①]

德斯蒙德·麦卡锡

    本文实际上是1934年左右德斯蒙德·麦卡锡撰写的有关利顿·斯特雷奇以及传记艺术的一篇随笔(原文中还有麦卡锡就传记文学的发展进程所作的介绍,以及他对斯特雷奇诗作的探讨,现均删除)。麦卡锡比利顿·斯特雷奇年长几岁,对于后者的了解,他没有如伦纳德·伍尔夫这样的利顿的同龄人了解得那么深。麦卡锡在本文中所讲的剑桥情况以及穆尔的影响,从时间上考察,也略微早于斯特雷奇在剑桥的生活阶段。(此外,麦卡锡提及的斯特雷奇那篇关于沃伦·黑斯廷斯[Warren Hastings][②]的文章,其实是他在读本科时写的,并非他的专题论文,也没有收入《人物与评论》[*Characters and Commentaries*]一书。)

  [①] 本文参见德斯蒙德·麦卡锡:《利顿·斯特雷奇和传记的艺术》(*Lytton Strachey and the Art of Biography*),见《回忆》(*Memories*),伦敦:MacGibbon and Kee,1953年,第38~41、43~49页。——原注

  [②] 沃伦·黑斯廷斯(1732~1818),英国驻印度行政官员,首任孟加拉总督(1774~1785),组织东印度公司军队,用武力消除了法国及印度反英势力的威胁。

鉴于几乎没有谁对作为一个普通人的利顿·斯特雷奇写过任何文字,所以如果我来试着给大家说说自己对他的印象,可能会是不无趣味的,因为我非常了解他。

1880年,他出生在克拉彭,属于一个历史悠久的家族的倒数第三代,这个家族有好几代人都因卓有才干而闻名遐迩。当弗朗西斯·高尔顿(Francis Galton)①研究祖传天赋之时,他分析的对象不但包括达尔文家族、巴特勒(Butler)家族、波洛克(Pollock)家族以及其他历经数代而仍声名显赫的家族,还包括斯特雷奇家族及其种种经历。

利顿·斯特雷奇出身于我们所说的英国知识分子贵族家庭,属于管理阶层。祖父爱德华·斯特雷奇(Edward Strachey),是一位侨居于印度的英国绅士,在他那个年代地位相当显要,而且是卡莱尔(Thomas Carlyle)②的朋友。在那铁路尚未出现的时期,他俩曾经一同旅行,前往巴黎——卡莱尔讲过这个故事——旅行结束时,马车夫索取小费,爱德华·斯特雷奇轻率地拒绝了他的要求,还加上一句:"您这车慢得见鬼。"③

我重提这件趣闻,是为了引出他孙子对于此事的评论。利顿·斯特雷奇的评论体现了他对英国人的各种典型行为所持的态度,这种态度极具个性。

---

① 弗朗西斯·高尔顿(1822~1911),英国科学家、探险家、人类学家,指出人有天赋,心理和生理特征是遗传的,创造了"优生学"(eugenics)一词,曾到非洲、巴勒斯坦等地探险。

② 卡莱尔(1795~1881),苏格兰散文作家和历史学家,写有《法国革命》、《论英雄、英雄崇拜和历史上的英雄事迹》等著作。

③ 这是一句夹着法语的英语,原文为"vous avez drivé devlish slow"。

他写道:"这句话流露出轻率而又狭隘的思想,极其清楚地表明18世纪以来在英国统治阶层所发生的独特变化。五十年前,颇有教养的英国绅士会以自己能用一口巴黎方言或略带巴黎口音的腔调回答那位马车夫而自豪。但是,拿破仑发起的那些战争、工业革命、重振雄风的浪漫主义,以及维多利亚时代精神,这些都导致了18世纪文化中谦和温顺精神的复兴;一直潜伏在英国生活中的那些离心力取得了胜利,而人们的这种思想倾向也就辐射进古怪粗野的习惯之中了。"

他继而注意到上述趋势在我们的文学史中的潮起潮落:"乔叟时代崇尚神圣的礼仪,紧随其后的是伊丽莎白时代英国文人同样具有神圣性的独特风格;18世纪优雅的活力为19世纪的狂暴气魄所取代",并且(请注意这些话)"到了今天,我们的文化又一次回归到对拉丁语成分的运用,从我们祖辈为之深深着迷的日耳曼影响中突然觉醒,转而偏爱敏捷的、井然有序的、并非太好的东西"。斯特雷奇说这番话的意思是,上述文化现象对我们太有启发性了。

我请你注意这些话,原因有二:其一与他自己的作品紧密相关(他自己就是那种突变和偏爱的主要代表),其二涉及他本人以及他对同辈人的影响。他小时候体弱多病,读了一年私立学校之后,便被送到利明顿学院(Leamington College)就学。这个选择很可能是基于健康原因作出的。(除利明顿学院属于档次较低的学府之一这个事实外,我对该校一无所知。)然而,这种选择从某种程度而言是颇为重要的——他因此而得以避免承受某所著名公立学校所具有的更为强大或许更为令人惬意的影响力。利顿·斯特雷奇的个人主义,极可能是因此而得以幸存下来的。不过,其实我们所说的"公立学校精神"、"团队工作"、"照规矩办事"等,始终只是意识层面的概念,它们不但令人厌恶,而且对他而言,在很大程度上是无法理解的。他不仅厌烦、恐惧公立学校的精神,而且认为这种精神荒谬可笑。

1899年,一位身材瘦削、无精打采、面色苍白的年轻男子,戴着夹鼻眼镜,留着沉闷的小胡子,来到剑桥的三一学院,比方说,如果站在吉卜林的角度立论,你会实在想象不出还有哪位青年比他更不令人满意了。1897年他离开利明顿学院,转入利物浦大学,在那里听过沃尔特·亚历山大·罗利(Walter Alexander Raleigh)①的许多讲演,并且开始随意地阅读历史类的书籍。正是一封来自沃尔特·亚历山大·罗利的信,宣布一位卓越超群的大学生即将加入我们的行列,才在很大程度上决定了利顿·斯特雷奇在剑桥的朋友圈的形成。

他毕生都和这些朋友保持着深厚的友谊。在那群伦敦的作家和艺术家中,他是位最突出的人物,他们后来形成"布鲁姆斯伯里文化圈"而声名鹊起,它在20世纪初的剑桥,确是一种衍生物或独特群体(还应加上莱斯利·斯蒂芬的两个女儿——弗吉尼亚·伍尔夫及瓦奈萨·贝尔)。鉴于上述原因,我将阐明我本人同样隶属于其中的这一代剑桥人的精神。

我们对于政治兴趣不大。抽象思考对我们更加富有吸引力。与公共事务相比,我们认为哲学要有意思得多。费边社的社会主义思潮,影响过一些比利顿·斯特雷奇更为年轻的学友,如鲁珀特·布鲁克等人,不过在我就读的时期,它的影响还没有波及剑桥。我们主要探讨的是作为终结本身的"商品";对于这些因被获得而使人们的后半生仅仅成为脚手架的终结,可将它们归入这样三个标题之下:追求真理、追求审美情趣、追求个人关系(爱情和友谊)。

---

① 沃尔特·亚历山大·罗利(1861~1922),英国学者、作家。

上过大学的人都会记得,每隔十年,年轻人在思想生活上,会怎样受到某个天资异常卓越的人物的支配。利顿·斯特雷奇来到剑桥之时,具有决定性的影响力来自形而上学,主要以穆尔和伯特兰·罗素(Bertrand Russell)[1]为代表,他们都对麦克塔格特(John McTaggart)[2]的唯心论抱着不甚坚定的信念。领军人物前赴后继。利顿·斯特雷奇自己就是下一位主导者。获得第二个学位即历史学学位之后,他继续留在剑桥,直到1905年,准备申请一份三一学院的研究员基金,同时还在撰写关于沃伦·黑斯廷斯的专题论文,感兴趣的读者不妨看看他的遗著《人物与评论》,其中收有相关篇章。那是一篇别致的、成熟得令人惊讶的作品。他对黑斯廷斯的兴趣,无疑源自其家族同印度的关联,可是这个主题特别不适合他的文体专长,所以没能为他赢得研究员基金。正如我所说的,在此阶段,他已成为年轻人的领袖,不仅凭借他的修养、智慧以及鉴赏力,更重要的是还应感谢他对人物进行评判时表现出的热烈、激昂的秉性。他的影响力的趋向,与哲学思辨是偏离的,因为尽管他的论说思路清晰,他却不太能够适应环环相扣的抽象推理思维。他的时光被消磨在阅读上,消磨在漫长、悠闲、欢乐而私密的闲谈里。有人谈到爱德华·菲茨杰拉德(Edward Fitzgerald)[3]时,曾说他的友谊更像爱情,这一评价也同样适用于利顿·斯特雷奇。

---

[1] 伯特兰·罗素(1872~1970),英国哲学家、数学家、逻辑学家,分析哲学主要创始人,世界和平运动倡导者,获1950年诺贝尔文学奖,主要著作有《数学原理》(与怀特海合著)、《哲学问题》、《数理哲学导论》等。

[2] 麦克塔格特(1866~1925),英国哲学家,黑格尔学派的知名人物之一。

[3] 爱德华·菲茨杰拉德(1809~1883),英国作家,以完全意译的方法翻译波斯诗人欧玛尔·海亚姆(Omar Khayyám)的《鲁拜集》,使之成为英国文学名著。

他的影响,尤其是对比他年轻的学友们的影响,表现为善于将他们的注意力,引领到人类情感和人际关系的领域。他可以被称为能够进行心理学闲谈的大师,这种谈话将朋友看成人种简图,并能穿越过去、穿越小说、穿越史学,从而寻求任何足以说明这种或者那种人性内涵的解释。他也创作过相当多的诗歌,其中有些粗俗下流,其他篇章则感情丰富,而且思想的精致性表现得特别突出,我们常将它们与哲学派诗人、17 世纪诗人,或与诸如蒲柏(Alexander Pope)①的《阿伯拉尔与埃罗伊兹》(*Abelard and Héloise*) 这样的诗歌联系起来考察,因为它们全都洋溢着经典的狂热。

正如他在散文方面的鉴赏力偏向于高卢人的明晰和我们文化中的拉丁元素,偏向于 18 世纪温和、沉着的气质那样,他在诗歌方面的鉴赏力也偏向于伊丽莎白时代的诗人以及他们的直接继承人。他热爱诗中极其耀眼的亮色,热爱扶摇直上、直达天际的情感的黄金时刻——虽然也始终留意着那根即将落下来的棍子。经历过睿智锻造、烈焰冲击、语义挤压的诗歌,令他神魂颠倒。……

他的双重性格,可在某些生理特征方面找到呼应。他有两种嗓音。一种嗓音如同《爱丽丝漫游奇境记》(*Alice in Wonderland*)里的小昆虫的那样细微,另一种则低沉而且浑厚。前一种嗓音为他简短、快速的言语增添了情趣,它能捅破空架子,挫败放肆无礼的态度。我记得,自从他蓄起长长的、为其形象增添如此多威严的棕红色胡须后不久,有位女士问道:"噢,斯特雷奇先生,告诉我吧,你睡觉的时候,是把你的胡子放在毯子里面呢,还是放在外面呢?"对此,他是以昆虫般

---

① 蒲柏(1688~1744),英国诗人,长于讽刺,善用英雄偶体,著有长篇讽刺诗《鬈发遇劫记》、《群愚志》等,并翻译荷马史诗《伊利亚特》和《奥德赛》。

的嗓音加以回答的：:"那就来看看吧！"

但是，当他朗读拉辛（Jean Baptiste Racine）①或者伊丽莎白时期剧作家们的作品时（他确实是心怀崇敬、带着强烈的情感来朗读的），或者当他表达的是愤慨而非蔑视之时，你听到的便会是那严肃而庄严的嗓音了。在行为上，他也表现出相似的鲜明反差。当他对某种暴行进行批驳，或者当他为自己对其感到愉悦的某个放纵行为而欢呼不已时，他那最为夸张的手势，可在顷刻之间把原来那种近乎倦怠的极端沉默和消极状态，驱散得无影无踪。

停顿，在他的一本书与另一本书之间是如此长！他没有勃勃野心——至少，自从向自己及朋友证明了拥有才华之后（他们曾经预言他确实富有才华），他就不再那么胸怀雄心壮志了。与野心相比，他的其他情感要强烈得多。对于那种任由野心凌驾于个人关系之上，从而破坏公正客观的人物，他是不喜欢的。正如他对人性所作的研究所表明的，他对怪异的丑角和因抱负导致的孤僻、愚蠢行为，独具慧眼和洞见。无情的虔诚所蕴含的自我膨胀，其性质与野心相似，对此他虽曾经崇拜，并且还曾为之作过辩解（你或许还记得他的《弗洛伦斯·南丁格尔》[Florence Nightingale]），但是后来他是相当厌恶这些东西的。他的著作精准到了令人吃惊的地步，设想一下，作为"笔记"，其中每一个重要的事实，尽管可能尚未经过很好的验证，但必定都经过他头脑的筛滤，这是多么愉快的事啊！他对趣味的良好感觉，为其作品平添了明显的轻松感，从而将他在创作过程中体会到的各种痛苦隐藏了起来。这种对趣味的良好感觉，也支撑着他作为一名

---

① 拉辛（1639~1699），法国剧作家、诗人，法国古典主义悲剧代表作家之一，主要作品有诗剧《昂朵马格》、悲剧《爱斯黛》、《费德尔》等。

艺术家的直觉，在撰写《维多利亚女王传》时，引领他从1817年至1901年间的大量事实依据中找到路径。他坚信，这条道路的每一个转弯处，都应藏有可以吸引我们的东西。没有这种准确无误的趣味感，他便绝不可能找得到这条道路。同样显示这种匠心独具之处的是，他在处理文字表述方面显示出的才能（从他撰写的许多小传里可以清晰地见到这一才能），因此我们才有幸读到种种对于大量历史事实的全面论述，这种论述需要极为精深的文字功力。若是传记领域中稍逊一筹的作家，他们肯定认为必须阻止我们接触如此庞大的历史资料。令人惊奇的是，虽然他的文字含有不少疏漏，读者却没有感觉出来。为了保持文章那种生动风趣的流畅，他付出的是怎种努力啊！他将这个间接的方法运用得多么娴熟啊！

"维多利亚时代的历史永远无法被记录下来：我们对此了解得实在太多了，"他在《维多利亚时代名人传》的序言中这样写道，"……过去的考察家想要描述这个独特非凡的时代，单靠严谨直接的记述手法是不行的。他若是聪明的话，就会采取更为微妙深奥的策略。"

他补充道："进行描述，而不是给出解释，这一直是我的目标。"现在，既然历史主要和因果律相关联（正是这个成见将严格意义上的历史学家区分出来），那么利顿·斯特雷奇就成了描绘历史的画家和传记作家，而不是历史学家。那个"独特非凡的时代"——请注意他用以修饰维多利亚时代的这一短语中的形容词"独特非凡"，在此之前，从来没有人以这种眼光来看待这个时代。维多利亚时代曾经遭受一次又一次的鞭打，被愤怒的经济历史学家责骂过，被它自己的儿女，例如卡莱尔和罗斯金，以同样猛烈的方式谴责过，可是它的威望却依然咄咄逼人。当利顿·斯特雷奇带着平静的诧异看待这段历史的时候，很多20世纪的读者发现，潜移默化之间，他们自己对于维多利亚时代的标准和信念也开始产生动摇,"独特非凡"一词,凭借它略具讽刺意味的语调,真切地描述出了他们对于这一时代的感受。

惊诧虽是一种快乐的心理状态,却无法维持长久、不断地让人心怀愉悦,所以,当人们为了向与之相随的优越感表示恭维而保持惊诧态度之时,它就变得卑劣而又无聊了。任何乱涂一气、妄自尊大、将脸转向那些伟大的维多利亚时代文人的小人物,对于这些人所展现的开心、惊讶的笑容,我们现在感到极其厌恶。可是,不能因此而责怪利顿·斯特雷奇,模仿他的人既不具备他的"微妙深奥的策略",或是他细致的好奇心,也没有他那明白易懂的平静心态以及——我马上就要论及的——他的道德热情,对于这些人的作品所造成的低劣效应,他不应承担任何责任。麦考莱心里很清楚,仿效者对于被模仿的作家来说,其更具破坏力的地方在于伤害他的名声,而不是让那些尖酸刻薄的评论家们得到了攻击他的口实。但是不论怎样令人叹息,这些结果都是独创性与魅力的最好证明。利顿·斯特雷奇已经使我们的意识,聚焦到了 19 世纪与 20 世纪的人类思维和情感模式的差异这一问题上,并且对此予以强调;他通过危险的自身示范,业已改变了大众传记文体的写作方法,仅凭上述这些方面,便可衡量出他的重要性。即使他自己的作品没有获得完美的效果和长存的新鲜感,但是这种影响本身,也足以确保他在文学史上能占有一席之地。

与多数富有独创精神并且影响深远的人士一样,他也敢作敢为。他的勇敢是轻松自如的,而且由于他喜爱并坚信人性的某些特质,相信某些思想见解,他也自然成了理想概念及贞操典范的反对者,人们总是用这种贞操典范来对他所珍爱的品质进行恫吓。公众认为他是一个轻浮、冷漠的讽刺家,不过他实际上更是一位道德家。只是在写作之时,由于虑及审美效应,他才小心翼翼地掩饰紧皱双眉的不祥面容,那是一位最热忱的作家的面容。他不相信基督教,在英国少数几位容许怀疑主义影响自己对信徒的看法的作家中,他就是一位——吉本(Edward Gibbon)①是另一位。

利顿·斯特雷奇在三个方面很像伏尔泰:在他看来,人们忠实于荒谬的信仰,这是荒唐可笑的,而且他还深信,只要人类继续信仰各种谬论,他们就会不断实施暴行。作为道德家,他认为热情毫不重要②,除非你遇见的是狂热分子,否则这种见解就是值得信赖的,就是将我们引向正确生活和正确判断的指南。公众认为,他给出上述见解仅仅出于他有进行破坏性调侃的顽皮喜好——但是当时的公众太邪恶,除非一个道德家佩上传统的勋章,否则他们是无法将他辨认出来的。

顺便提一下,在他的作品里,并非如大家猜想的那样,存在许多有害的讥讽,更多的倒是同情。我可以引述许许多多他写的段落,来证明其间确实流露着他对那些其人生观与自己不同者怀有体贴而敏锐的同情之心。(你可以想想《维多利亚时代名人传》中关于纽曼的几页文字,以及《维多利亚女王传》里他对毫不令人喜欢却非常可敬的女王丈夫表现出的公正。)

正如关于"英国书信作家"的论文指出的那样,成熟得如此早的天才作家里,几乎没有哪位经历过这么漫长的孕育过程:《维多利亚时代名人传》出版时,他已经三十七岁了。导致这种情况出现的部分原因是他一直体弱多病,不过更多的缘由或许在于他心中含有两种倾向的冲突——浪漫主义的和理性主义的冲突。他不清楚自己最想

---

① 吉本(1737~1794),英国历史学家,著有《罗马帝国衰亡史》等。
② 原文为法文"surtout point de zèle",本意是"毫无热情"。

做的是什么,或者说得更确切些,他无法肯定自己到底能把什么做得最好。我想,他一定很希望自己能够写出富有诗韵的戏剧。他对形式的感觉,还有他对人性的关注,使得戏剧对他具有极大的吸引力。伊丽莎白女王和埃塞克斯伯爵,就是他年轻时对他极富召唤力的一个主题。

弗朗西斯·比勒尔先生,在他于1932年7月为法国《周刊》(*La Revue Hebdomadaire*)杂志撰写的一篇极好的评论中指出,斯特雷奇的《伊丽莎白女王和埃塞克斯伯爵》几乎就是一个剧本的初稿。作者让伊丽莎白女王、埃塞克斯伯爵、培根(Bacon)、塞西尔(Cecil)陷入其中的沉思冥想,其实就是内心独白,它源自伊丽莎白时期戏剧赋予作者的灵感,在那些剧作中,主人公常常独自站在舞台上,用诗歌抒发着让灵魂经受分裂之痛的爱恨与困惑。如同安东尼(Antony),埃塞克斯伯爵也是先离开,后来又回到他的女王身旁;如同安东尼,他也死得轰轰烈烈。该书收尾段落推敲得极为讲究,读者从中可以看见,塞西尔坐在他的书桌前,为英格兰以及自己家族的命运忧心忡忡,这一段落也是从伊丽莎白时代的舞台上转借而来的,但是经过修改而且有所创新。《安东尼和克娄巴特拉》(*Antony and Cleopatra*)不是以屋大维(Octavius)的胜利收场的吗?《哈姆雷特》(*Hamlet*)不也是以福丁布拉斯(Fortinbras)的加冕落幕的吗?评价他的这部作品时,我们最好记住这一相似之处。斯特雷奇的众多崇拜者对此大为失望,因为和所有崇拜者一样,他们希望他能够重复自己的意见。但是我相信,随着时光的流逝,《伊丽莎白女王和埃塞克斯伯爵》将会得到更高的评价。书中包含着他一生中写得最杰出、最富想象力的散文。

他写道:"人类十分重要,不能仅被视为历史曾经存在的迹象。他们具有独立于时间过程之外的价值——这是永恒的价值,因此我们必须为了人类自身的价值而去感受它。传记艺术似乎是在糟糕的时候降临英国的。诚然,我们有过几部大手笔的作品,可是我们却从未像法国人那样,拥有过一个伟大的传记样式的传统;我们没有丰特奈尔(Bernard Le Bovier sieur de Fontenelle)①和孔多塞(Marie Caritat, de Condorcet)②式的人物,他们那无与伦比的《颂歌》(éloges)③,仅凭区区几页文字,就将人类多样化的存在浓缩得熠熠生辉。我们身边那些在写作艺术各分支中最为精雅高尚的作家,一直被贬斥为文学领域中的熟练工人。……譬如说,保持一种适当的精练性——它能摒弃一切累赘多余的内容,又不会放过任何意义重大的东西——这一点,当然就是传记作家的首要职责。我们同样确信,他的第二个职责应是保持自己的自由精神。"

他正是在"写作艺术各分支中最为精雅高尚的"方面,卓然独立、出凡超群,并且,他之所以能够取得这样的成绩,原因除了作为作家和讲故事者的天资之外,还多亏保持了"自己的自由精神"。当他刚开始写作时,这种独创精神就得到了展现。我们的传记作家一向养成了抑制个人施展"自由精神"的传统。他们有意隐去自己对生活的态度,转而暂且采取所写人物的人生观,他们正致力于呈现类似"公正"的见解,这种见解毫无特征可言。写保守党人士生平的是保守党人士,写自由党人士的呢,当然也是自由党人士,而记录那些宗教领袖和改良者的生平的人,则要么和他们信念一致,要么假装和他们站

---

① 丰特奈尔(1657~1757),法国科学家、文人、哲学家,伏尔泰称其为路易十四时代最多才多艺的人。

② 孔多塞(1743~1794),法国哲学家、数学家,法国大革命时期立法会议中的吉伦特派领导人之一,主要著作为《人类精神进步历史概观》。

③ 这是丰特奈尔为巴黎科学院的院士们所撰写的文章,共有六十九篇。

在同样的立场之上。这些著作可能会有某些伟大的优点,可是它们不会具备一件艺术品身上所蕴含的价值。以莫利(John Morley)①的《格莱斯顿的一生》(Life of Gladstone)为例:从这本书里,没有人能猜得到莫利爵士是个激情洋溢的理性主义者。其理性主义必定使他觉得格莱斯顿的许多判断、情感,以及他的不少行为非常荒谬古怪:尽管他可能不会停止对格莱斯顿的崇拜,但是这种崇敬之情一定带有嘲讽或困惑的气息。不过,"作为传记作家",他以自己的名誉担保,决不会在自己的书中表露上述个人倾向。一件艺术品是无法在那样的情况下被创造出来的。对于利顿·斯特雷奇而言,传记就是解读,因此其中记录的不但应有史实,而且也应有传记作家对这些事件作出的反应。除此以外,不能存在其他什么真实的焦点,也不能再有什么重要的选择原则。当他指出"人类十分重要,不能仅被视为历史曾经存在的迹象"之时,他向我们暗示了自己的比例感。他所关注的是人性本身,只在偶尔出现的情况下,才会注意到事件或变化的缘由。这些都是他为讲故事而经常需要应付的问题,而且他总能应付得极好:请注意他关于牛津运动(the Oxford Movement)以及自由政府对戈登和苏丹的态度发生缓慢转变的原因所作的精辟概括。然而,他总能将我们的注意力吸引到人物及其性情对事件的影响上来,或者重复我先前的话,吸引到事件对于人物的影响上来,在《维多利亚女王传》中,他就已经通过那样的技巧展现了这样的特点。他完成了约翰逊界定的传记作家必须肩负的任务。

利顿·斯特雷奇告别人世时才五十一岁。人们承认,他的离去对文学界而言是一个严重的损失,这种损失实际上比初看上去来得

---

① 莫利(1838~1923),英国政治家和作家。

更为巨大。很可能我们从此将再也看不到他最优秀的著作了。诗人和小说家达到成熟阶段之后常会说些重复的话；他们的作品太依赖于灵感、创新和情绪，而岁月的消逝慢慢地把这些东西都带走了。他们可以保持自己的技法和洞见，但是他们看到并且加以记录的内容之中，几乎没有以前不曾用过的东西。不过从文人的立场来看，"成熟就是一切"这种说法也再真切不过了。相对而言，在传记作家与历史学家所撰写的作品里，学问和判断力则要重要得多。他们不断写作，直到疲倦降临，从而终结喋喋不休的重复，终结那作为絮叨的毁灭性征兆的平静与松懈，但是与此同时，年龄增长又会增进他的学问，拓宽他的视野。唉，我深信，对利顿·斯特雷奇而言，最好的作品他还没有创作出来。不过，他已证明自己是一个多么优秀的艺术家！

多拉·卡琳顿[1]

戴维·加尼特

多拉·卡琳顿坚持让我们称呼她为卡琳顿。她和布鲁姆斯伯里文化圈相关,主要是因为她对利顿·斯特雷奇的爱恋,从1917年起直到1932年斯特雷奇去世,她都始终和他生活在一起。斯特雷奇去世两个月后,她自杀身亡,年仅三十八岁。在日记里,她记下了亨利·沃顿(Sir Henry Wotton)[2]的一句格言:

他辞世在先,她则因为些许痛苦而步其后尘
失去他的生活令她厌弃,于是便也撒手人寰。

---

[1] 本文参见戴维·加尼特:《前言》(*Preface*),见《卡琳顿:书信和日记节选》(*Carrington: Letters and Extracts from Her Diaries*),戴维·加尼特编,伦敦:Jonathan Cape,1970年,第9~16页。——原注

[2] 亨利·沃顿(1568~1639),英国诗人、外交家,曾任驻威尼斯大使(1604~1623)、伊顿公学校长(1624~1639),作品中以献给波希米亚王后伊丽莎白的颂诗《你这夜美人》最为著名。

作为画家,卡琳顿的名声随着公众对布鲁姆斯伯里文化圈艺术的兴趣日渐浓厚而慢慢扩大。随着她的书信和日记被整理成书问世,作为作家的她也得到了世人的承认,然而为时已晚。戴维·加尼特为卡琳顿的书信、日记所写的这篇引言,发表于1970年。

读者可能会问:"这位名叫卡琳顿的女士到底是谁?"当我回答应该读读这本书,去发现她究竟是个怎样的人——因为她所有的品格,不论好坏,全都展现在这些书信中——时,这位读者或许又会生起气来,继续问道:"不过,她长得怎么样呢?漂亮吗?"

为了进一步激怒这位读者,我会说他也许根本没必要这么想,但是事实上我觉得她很好看。

奥特兰·莫瑞尔夫人称她为"一匹沼泽里的小野马"。这一形容非常贴切。奥尔德斯·赫胥黎(Aldous Huxley)[①]笔下的人物,就相貌而言,全都来自于他的生活,他提到"她那孩子气的脸庞流露出的真诚的、月亮般的纯洁",说她剪短的头发犹如"富有弹性的金色小铃铛",悬垂"在她的脸颊两旁",她那大大的、青瓷色的双眼,"带着某种直率并且经常蕴涵困惑的热切表情"。奥尔德斯记得,她说话时常会气喘吁吁,"她的话语不时地被微小的喘息打断"。

后来,他突出描绘了她穿着紫红色睡衣的孩子气的形象——这套睡衣在后面几页中再次出现,读者从中可以知道,它在生活中是有

---

① 奥尔德斯·赫胥黎(1894~1963),美籍英国作家,托马斯·赫胥黎之孙,写有诗歌、小说、剧本、文艺评论等,所写小说被称为"概念小说",代表作为寓言讽刺小说《美妙的新世界》、《针锋相对》等,移居美国(1937)后作品带有神秘主义色彩。

原型的。然而,鉴于个人原因,奥尔德斯将玛丽·布雷斯格德尔(Mary Bracegirdle)写得极为愚蠢,连在他和格特勒(Gertler)之间,决定谁更适合作为自己恋人的能力也没有。

这部作品的名字是"克罗姆·耶娄"(*Crome Yellow*,1921),故事的背景是菲利普(Philip Morrell)和奥特兰·莫瑞尔夫人的美丽乡舍——嘉辛顿农场,而马克·格特勒(Mark Gertler)[①]、桃乐茜·布雷特(Dorothy Brett)[②]及其他人物,都以漫画笔法被写进了书里。

早于《克罗姆·耶娄》五年,吉尔伯特·加南(Gilbert Cannan)[③]在他的小说《孟德尔》(*Mendel*)里便已提到卡琳顿那"微小的喘息"。这部作品写的是格特勒早年的生活,作为女主人公的卡琳顿,则是格特勒在斯拉德艺术学校的同学。

"她的嗓音令他(格特勒)颇为恼火。她的声调相当装腔作势,然而非常清晰,句子和句子之间,她常会短促地喘一下气,他将这种习惯视为装模作样。"加南在书中并没有形容她的长相,但有好几次谈到她十分腼腆,"一副怯生生的可爱模样"。读者自然会感到她极富魅力,因而被她迷住,而加南似乎也已被她征服了。

奥尔德斯·赫胥黎把她描绘得太像一个洋娃娃了,其实卡琳顿的头发并不是金色的,而是枯萎的稻草色——一种很浅的棕色,间或泛出金色的光泽。她的脸色粉里透白,犹如苹果花一般。她的鼻子受过伤,两颗门牙并不方正,而呈倒三角状,两边都被磨损了。

成千上万的妇女都有青瓷色的眼睛,讲话时都会略带喘息声,并

---

① 马克·格特勒(1891~1939),英国画家。

② 桃乐茜·布雷特(1883~1977),画家,毕业于斯拉德艺术学校,和多拉·卡琳顿和马克·格特勒是学友。

③ 吉尔伯特·加南(1884~1955),英国作家、剧作家。

且都遭遇过性方面的问题,但是人们并不会千方百计地去寻觅、阅读她们的书信。对于朋友来说,卡琳顿一直魅力十足,而在下一代眼中,她的令人感到好奇和迷人之处,却在于她同利顿·斯特雷奇的关系,后者就是那位凭借《维多利亚时代名人传》以及为维多利亚女王所写的传记而一举成名的批评家。卡琳顿将自己的一生献给了利顿,后者死于某种尚未确诊的肠癌,从此她认为生活没有了意义,便开枪自杀而离开了人世。

阅读这些信件的读者,将会发现自己身陷于一战和20世纪20年代之间的英国部分社会生活之中。他们将希望得到一些线索,以便了解卡琳顿在这些生活里所处的位置。

这是一个由声名显赫的知识分子、作家、画家、大学生组成的群体,他们常常都是一些有良心的和平主义者,全都挺身而出,反对战争。战争结束之后,更为年轻的人士补充到了这支队伍之中,他们或者是战争的幸存者,或者是出生太晚,没有赶上参加战斗。

他们之中几乎无人相信,在自己的生命里战争还会再次爆发。他们生活在一个兴高采烈的时期。陈旧的障碍和古老的传统,从此将被肃清,无人予以理睬。

在《维多利亚时代名人传》和《维多利亚女王传》中,利顿·斯特雷奇对时代伟人们的可信性提出了质疑,认为正是人们所给予这些伟人的信任,才导致了历史上那场不可避免的屠杀。他很快就因此而扬名天下,并且成为知识分子及持不同政见的和平主义者的领袖。

在对维多利亚时代的道德观、艺术观以及传统行为进行抵制的英国批评界里,有个角落一直被称做布鲁姆斯伯里文化圈,这名字源于伦敦中部的某个教区,许多持有自由开放的异端思想的人都居住在那里。这一文化圈的主要人物有瓦奈萨·斯蒂芬、弗吉尼亚·斯蒂芬、她们各自的丈夫克莱夫·贝尔和伦纳德·伍尔夫,还有斯特雷奇家族的部分成员以及斯特雷奇的表弟邓肯·格兰特。此外,著名艺术评论家罗杰·弗莱和对经济学发起改革的梅纳德·凯恩斯(后来成为爵士),也都属于这个圈子。

卡琳顿与这个圈子并不契合,她被归入布鲁姆斯伯里文化圈,与其说是因为自己的名气,还不如说是因为与利顿·斯特雷奇的关系。当年,诸如库纳德夫人(Lady Cunard)、玛戈特·阿斯奎斯(Margot Asquith,后来成了奥克斯福德[Oxford]夫人)以及科尔法克斯夫人(Lady Colefax)这样一些著名的贵妇人,在向文坛名流利顿·斯特雷奇发出邀请之时,是不会考虑到应该同时邀请卡琳顿的,对于她们而言,如果邀请她,就和邀请利顿带上他的管家或者厨子没有什么区别。

奥特兰·莫瑞尔夫人则不然,她在卡琳顿遇见利顿·斯特雷奇之前就认识她了,而且通过卡琳顿,她还结识了伯特兰·罗素、奥尔德斯·赫胥黎、凯瑟琳·曼斯菲尔德(Katherine Mansfield)[1]、米德尔顿·默里(Middleton Murry)[2],以及众多她乐于款待的知识分子、艺术家和放荡不羁的文化人。相比较而言,卡琳顿身处于奥古斯都·约翰(Augustus John)[3]、亨利·兰姆(Henry Lamb)[4],还有同她一样在

---

[1] 凯瑟琳·曼斯菲尔德(1888~1923),英国女作家,以善于描写人物内心冲突著称,代表作有短篇小说集《幸福》、《园会》等,是米德尔顿·默里的妻子。

[2] 米德尔顿·默里(1889~1957),英国批评家、编辑,与不少文人为友,例如托马斯·艾略特、赫伯特·劳伦斯以及弗吉尼亚·伍尔夫等。

[3] 奥古斯都·约翰(1878~1961),画家,毕业于斯拉德艺术学校,在爱德华时代是先锋派的领军人物,作品主要表现吉普赛人的形象和海边景象。

[4] 亨利·兰姆(1883~1960),画家,曾在一战中担任卫生官员,并从亲身经历中获得灵感,创作了好几幅巨幅作品,其中一幅名为"巴勒斯坦战争图"(*Palestinian War Picture*)的作品作为插图被选入托马斯·爱德华·劳伦斯的小说《智慧七柱》里。

斯拉德艺术学校受过专业训练的画家们的世界里时,将会感到更加惬意。至于布鲁姆斯伯里文化圈里的画家们,例如瓦奈萨·贝尔、邓肯·格兰特和罗杰·弗莱,他们都和她隔着一个领域,并且还都深受塞尚、马蒂斯和毕加索的影响。卡琳顿的作品一直较为保守。比起布鲁姆斯伯里来,她在威尔特郡的生活要远远舒适得多,她在那里创建了利顿·斯特雷奇那处美丽的汉姆斯珀雷屋(Ham Spray),并且协助他招待过一批又一批的客人。卡琳顿的丈夫拉尔夫·帕特里奇(Ralph Partridge)①爱上了弗朗西斯·马歇尔,两人从1926年在布鲁姆斯伯里的那个星期开始,直到卡琳顿自杀,都生活在一起。卡琳顿去世之后,他们结了婚并且迁居到汉姆斯珀雷屋。他们常在那儿度周末,因为拉尔夫·帕特里奇将那里视为自己在乡下的家。

与卡琳顿相比,把弗朗西斯·马歇尔列为布鲁姆斯伯里文化圈的成员要合适得多。她受过良好的教育,对于抽象观念兴趣浓厚,比卡琳顿更加能言善辩,虽然年纪比卡琳顿小,但却显得更加成熟。

利顿是个同性恋者,但他并不讨厌女人:事实恰恰相反。他的一些最为愉快的关系,是与诸如弗吉尼亚·伍尔夫、杜瑞拉·约翰(Dorelia McNeil John)②、奥特兰·莫瑞尔、表妹玛丽·圣约翰·哈钦森(Mary St John Hutchinson)③,以及亲姐姐桃乐茜·斯特雷奇·布吉

---

① 拉尔夫·帕特里奇(1894~1960),曾在贺加斯出版社当过短期助手,是多拉·卡琳顿的丈夫,然而卡琳顿爱上了利顿·斯特雷奇,并成为他后来的伴侣,但身为同性恋者的利顿却爱着拉尔夫·帕特里奇。卡琳顿和利顿去世之后,拉尔夫·帕特里奇与弗朗西斯·马歇尔结为夫妇。
② 杜瑞拉·约翰,奥古斯都·约翰的第二任妻子。
③ 玛丽·圣约翰·哈钦森(1889~1979),作家,利顿·斯特雷奇和邓肯·格兰特的表妹,克莱夫·贝尔的伴侣。

(Dorothy Strachey Bussy)①与皮帕·斯特雷奇②这样一些女性结下的。其中最重要的显然是与卡琳顿的关系,1916年的春夏之间,他爱上了卡琳顿。

他们成了恋人,可是肉体之爱在两人之间变得非常困难,甚至是不可能实现的。利顿的问题在于他缺乏自信,感觉自己的性功能不健全,而且永远总是深受年轻男子的吸引;卡琳顿的问题则在于她极其厌恶自己是个女性,因为这一身份给她带来自卑感,从而使得正常、快乐的关系,变成几乎不可能成为现实的镜花水月。

然而,他们却共同生活了很多年,而且彼此都感到非常愉快。如同马克斯·比尔波姆漫画中的马修·阿诺德(Matthew Arnold)③一样,利顿·斯特雷奇从未"完全严肃"地对待过这种关系。包括他自己的深刻情感和信仰在内的一切,都是大家经常开玩笑的对象和放荡地夸大某些事由时的主题。倘若仅仅肤浅地④看待这个问题,那就彻底误解他了。他和卡琳顿都被彼此的幽默感深深地吸引住了——两人为了能"如胶似漆地"互相拴在一起,都作出了不少努力。性爱对于他们既然成为困难的事,于是他们就各自拥有了一系列的情人,以此作为弥补。卡琳顿的第一个补偿性关系是和拉尔夫·帕特里奇建立起来的,后者迫使她嫁给了自己。这段婚姻并不成功,但是两人的关系却无法了断。

于是,读者可以看到一个性格相当复杂而又富于独创性的人物,

---

① 桃乐茜·斯特雷奇·布吉(1866~1960),利顿·斯特雷奇的姐姐,法国画家西蒙·布吉(Simon Bussy)的妻子,在伍尔夫夫妇的帮助下,曾匿名出版过一部名为"奥利维亚"(*Olivia*,1949)的小说。
② 即菲利帕·斯特雷奇。
③ 马修·阿诺德(1822~1888),维多利亚时代卓越的诗人、教育家、文学批评家。
④ 原文为法文"au pied de la lettre"。

身处亲密而奇特的境况之中,这些书信之所以相当有趣,部分原因就在于此。不过,我想许多人都会感觉到卡琳顿的魅力。她的丈夫拉尔夫·帕特里奇说过,一旦你让她进入你的血液,那么她就永远留在那里了。杰拉尔德·布雷南(Gerald Brenan)①,她的情人之一,则在日记中这样写道:"与她相比,其他女人都会显得粗俗不堪,毫无品位。她对她们的影响是和杜瑞拉(奥古斯都·约翰的妻子)一样的……她丝毫没有减少其他女子的美丽或聪颖,却夺走了她们身上美丽与聪颖亲密结合的效果,那便是品位……"

作为卡琳顿的一个随意的至交,我要说的是,她有着那种人们在孩童身上才会发觉的性格力量,那种少女在长大成为妇人之后常常会丧失的性格力量。她和我交谈时,总是仿佛在向我透露某个秘密似的,于是我便感到受宠若惊。她让我感到自己也像个孩子,其实她自己就是一个十足的幼童。

她确实具有不少孩子气的,或者应该说是少女的特征,青春期时,它们常会令女孩子感到痛苦。她从未战胜过对自己是个女人这个事实产生的羞耻感,在她的书信里,提及月经之处简直无所不在。虽然在她与马克·格特勒的暧昧关系以及她与杰拉尔德·布雷南的艳事之中,她的欲望日渐强烈;尽管她又爱上了布雷南,好像从未与格特勒共枕同眠一般,可是这些关系都奇怪地遵循着某一相似的模式:千篇一律的欺骗、借口,还有自责,在每一种关系中这些都被重复着,并且每一种关系,都因她对自己作为女人的憎恶而遭到了损害。

如同孩子一样,她觉得同时在两个对象之间进行选择是很可鄙的;

---

① 杰拉尔德·布雷南(1894~1987),英国作家,在西班牙待过很长时间,是利顿·斯特雷奇、多拉·卡琳顿和弗吉尼亚·伍尔夫的朋友。

一旦永久了断了某种关系,之后她经常会立即着手建立新的关系。

如同孩子一样,她总是撒谎,而且谎言最终肯定都会被揭穿,因此,她的生活就因不断的欺骗和纠缠而变得错综复杂。

几乎可以说,她就是教科书上所写的那种女孩,唯有与"父亲式的人物"在一起时,才会感到快乐。她爱父亲,憎恶母亲;她发现,唯有与利顿·斯特雷奇的关系才是持久的、愉快的,因为这是一种扩大了彼此年龄差异的关系。

每当谎言被揭穿时,或者遇到情感危机时,她在举止上便常会像个小孩一样,她会承认自己的过错,但又说出更多的谎言,并向利顿寻求帮助和宽恕。

在潜意识里,她的性爱对象应是其兄长特迪(Teddy),1916年他死于战争,这是一个在卡琳顿的梦境里起着重要作用的人物。她总是将他设想为一位水手,她的最后一件风流韵事,就是和某位被她看做特迪的水手之间发生的,此人具有许许多多酷似特迪的迷人品性。

她没受过教育,但却表现得比实际情况更加无知,因为她拼写单词时老是将字母放错地方,如"minute"一词,总是被写成了"minuet"。

虽说毫无常识,她在遇到利顿之前却已是位博览群书的年轻女子了,并且对于文学相当有主见,也相当有品位。她渴望弥补自己的无知,而利顿就是一位理想的老师。

她对一切都讳莫如深,唯有在利顿面前,后来是在朱莉亚·斯特雷奇(Julia Strachey)[①]面前,她才会毫无顾忌地敞开心扉,但是她还

[①] 朱莉亚·斯特雷奇(1901~1979),利顿·斯特雷奇的侄女,作家,曾经从事摄影、模特和编审工作,是雕塑家斯蒂芬·汤姆林的妻子(1927~1934),后来嫁给了艺术批评家劳伦斯·高文。

是向他们隐瞒了在给杰拉尔德·布雷南的信中所表露的浪漫感情——那些信件的署名都是"乔治亚女王"(Queen of Georgia)。她十分喜欢使用神秘的名字。和利顿在一起时,她先是自称为"你的胖娃娃"(votre gross Bébé),后来又自称"你的侄女"(your niece),最终一直用的是"莫普萨"(Mopsa)。在她的信件中,可以找到各种有趣的名字变体。她不喜欢自己的名字多拉(Dora),1915年我第一次见到她时,她就已经改名为多立斯(Doric)了。后来,她在给杰拉尔德·布雷南的书信中把这个名字倒过来写,成了斯立多(Cirod)。杰拉尔德在日记里几乎总是将她称为 C. R. D. 。她在每封信上所签署的秘称,和她写那封信时的心情通常是相对应的。

那些她所深爱的人,同样也被冠上了各式各样的称呼。其中,利顿被叫做"老爷子"(Grandpère)、"粗人"(Yahoo)、"洞穴里的癞蛤蟆"(A Toad In The Hole)、"老伯爵布姆贝尔"(Old Count Bumbel)、她的"小老鼠丈夫"(rat-husband)等。

虽然她的生命是以悲剧的形式结束的,因为她对利顿倾注了全部的爱恋,但是我却不将她看做一个本质上的悲剧型人物。对她而言,或者我应该说对我们而言,最大的不幸倒是:在她和马克·格特勒感情破裂之后,她所深爱的那些与她共同生活在一起的男士们,事实上却对她的绘画全都不在乎。无论利顿·斯特雷奇还是拉尔夫·帕特里奇,他们全都从未想到过,她的绘画应被置于首位。格特勒过于以自我为中心,既无法给她任何激励,也不能与她共事。在生命临近结束之际,她只能经常见到奥古斯都·约翰和亨利·兰姆这几位画家,他们都属于老一代艺术家行列。实际上,没有人可以像邓肯·格兰特与瓦奈萨·贝尔结成那种关系那样和她一起工作。倘若有一个这样的工作伴侣,很可能她就能够克服心理障碍。可是身处于孤立的状态,这种心理问题变得更加恶化了,以至于她最终完全失去了继续生活的信心。我想,除了抛下她而独自离开人世之外,这是利顿带给她的最深刻的伤害。

约翰·梅纳德·凯恩斯[①]

弗吉尼亚·伍尔夫

1934年春,弗吉尼亚·伍尔夫将JMK[②]这个字母组合草草地记在了她的一本写作笔记的某页上方。接着,她在下面就约翰·梅纳德·凯恩斯的当前生活这一主题,用飞快的速度写出了一篇长达三页的传记性小品。这篇小品把布鲁姆斯伯里文化圈中最不寻常的两位人士联系到了一起,它又是足以代表伍尔夫传记艺术的一个典型。《JMK》,借用她日记里的话来说,就是一篇传记式的幻想作品。

在弗吉尼亚·伍尔夫的这篇小品里,赞赏、热忱和讽刺交织在了一起。她以一连串与JMK的生活有关的话题作为文章开头,而在下文中却仅就其中的五六个话题展开描述。她从猪和

[①] 本文参见弗吉尼亚·伍尔夫:《〈JMK〉:一篇传记式的虚构作品》,("*JMK*": *A Biographical Fantasy*),罗森鲍姆(S. P. Rosenbaum)编,载《查尔斯顿杂志》(*The Charleston Magazine*),1995年春/夏,第5~8页。参见弗吉尼亚·伍尔夫的诸多作品手稿,Berg Collection,纽约公共图书馆,第七卷,第73~77页。——原注

[②] 约翰·梅纳德·凯恩斯(John Maynard Keynes)的名字的首字母的组合。

学院的话题,转到柯芬园皇家歌剧院(Covent Garden)以及唐宁街(Downing Street),又将金融与藏书混合在一起,结尾写的是这位著名学者在床上问起某本珍贵的小册子,并且想到他自己的诺言,想到传说中的亚特兰蒂斯(Atlantis)岛以及最终能够解答一切问题的那些符号。话题飞也似的在转变,有时非常突然,富有讽刺意涵,观点的变化显得既客观又带主观性。如果说作者只用寥寥几笔来简约地勾勒各种场景,那么其效果却是非常生动的。虽然文中缺乏解释性的文字,但是提到了一些非常具体的事实。幽默在叙述中的表现不一,有轻描淡写的,也有夸张的。对于那头猪和香肠之间的联系,对于沙土中那个高深莫测的计划与组织芭蕾舞的计划以及黑板上的 x 和 y 的快乐游戏之间的关联,文中都有所暗示。这篇幻想作品收束于某种工作的开始,全文具有完整性,这表明《JMK》并非一件支离破碎的作品。对于熟悉伍尔夫的《奥兰多》、《爱犬富莱西》以及她的文论、日记的读者来说,《JMK》中的所有写作手法都是相当亲切的。

对于这篇短文中比较突然的话题错位,作者一开始就通过加括号的方式,用传记艺术自身的"幼儿期"进行解释并且表达了歉意,叙述者几乎完全没有提供儿童学步用的"牵引带",然而没有"牵引带",传记艺术是无法展开的。不过,当人们仔细研究伍尔夫为凯恩斯写的传记式幻想小品之时,它所依据的大部分事实基础就显现出来了。例如,凯恩斯在国王学院当会计时,就对猪表现出了极大的兴趣,并且开始在他位于查尔斯顿农庄附近的乡舍里养猪。一直身为指导教师而非教授的他,在结婚之前甚至还是一位芭蕾狂热者,同时又担任着政府的财政顾问一职。6月15日这个日期颇为精确,它标志着在凯恩斯的生活中,

1933年6月间发生过的一些事情。当时,世界经济会议正在伦敦召开,它包括一场由凯恩斯组织、由卡玛戈学会(Camargo Society)①演出的晚会,其中有莉迪亚·洛普科娃表演的舞蹈。女王出席了这台晚会——弗吉尼亚·伍尔夫也去了。此次会议讨论的是外币汇率的稳定性,在协商过程中,凯恩斯接受了唐宁街的咨询。也是在1933年,凯恩斯从其弟弟那里收到一本十分珍贵的关于休谟(David Hume)②《人性论》(*A Treatise on Human Nature*)的摘要(但是该摘要另外两个为人所知的文本并不在加利福尼亚,也不在克里姆林宫)。文中进而提到凯恩斯收藏的英国哲人和经济学家的著作,提到他早晨在床上办公的习惯,提到皇家统计学会的一百周年大会也是在1933年夏季召开的,还提到战争期间他在巴黎买到的塞尚的七只苹果(而不是五只)的静物画作,后来这幅画被他藏到查尔斯顿庄园的围墙里了。亚特兰蒂斯岛似乎并不在凯恩斯的兴趣爱好范围之内,尽管他以研究各种古代货币为自己的一种爱好。最后,能够造出那些简单、充分而且含义广泛的神秘符号的魔术,奇妙地暗示着1933年凯恩斯正在撰写的《就业、利息与货币通论》(*General Theory of Employment, Interest and Money*),该书于三年之后正式出版。

弗吉尼亚有时认为,她的小说是既与事实、也与幻想相关的。《JMK》就是弗吉尼亚·伍尔夫想象力的杰作,但是其中提

---

① 卡玛戈学会,1930年初形成的一个团体,以18世纪优秀的芭蕾舞者玛丽·卡玛戈的名字命名,旨在在英国复兴芭蕾舞。
② 休谟(1711~1776),英国哲学家、经济学家、历史学家,不可知论的代表人物,认为知觉是认识的唯一印象,否认感觉是对外部世界的反映,主要著作有《人性论》、《人类理智研究》等。

及约翰·梅纳德·凯恩斯 1933 年的经历的那一部分表明,在这篇小品中,许多看似为幻想的内容,其实都蕴藏着作者对待真实的方式。(转录伍尔夫这篇文章时,我对原文中的大写字体和标点符号作了调整,并且省略了所有的删节号以及她忘记划掉的文字。某些部分由于笔迹难辨,转录相当困难,有几处文字的解读,纯乎出于编者猜测。)

JMK

政治。艺术。舞蹈。文学。经济学。青春。前途。腺体。家谱。亚特兰蒂斯岛。道德观。宗教。剑桥。伊顿公学。戏剧。社会。真理。猪。苏塞克斯。英国史。美国。乐观主义。结巴。旧书。休谟。

这头猪出生于伯克郡,和其他得奖猪猡一样,在出生时无疑害它母亲经历了一两次剧痛。不过是否可以证明:这头猪诞生于某位大乡绅所在的英国某郡里呢?从这位大乡绅手里,有一所学院偷到了一片绿树成荫的地方,即便在今天的晚祷时分,从它的教堂里传出的管风琴声依然响彻云霄,六百年前,一个中心正是因此而形成的。[1]

---

[1] 1209 年牛津城的一群学者因受到当地民众的敌视,来到剑桥镇避难并继续他们的研习。十几年之后,来到剑桥的牛津学者在人数上已具备一定规模,他们的研究课程也日渐成熟,因此便在这个圈子内开始了有组织的授课活动。英国国王亨利三世在 1231 年将这群学者纳入庇护之下,使其免受地主的欺压,同时也命令要保护他们的授课权利。1284 年,伊利主教雨果·德鲍尔舍姆(Hugo de Balsham)建立了剑桥的第一个学院 Peterhouse。

(传记艺术尚处于幼年阶段。它还没有学会不借助"学步带"而自己走路。)简而言之,这头得奖的猪就是一窝品种优良的小猪仔的父亲,这窝小猪不在伯克郡,也不在那个以其教堂为文明世界景观之一而著名的小镇上,因此在凉爽的夏日夜晚,常有一小群游客在(剑桥的)大门口闲逛,看着达官显贵进进出出,彼此询问着那是谁那是谁?

赛勒斯·派克洛夫特(Cyrus K. Pyecroft)在某个晚上陪伴我们这位教授主人公的时候,竟将口香糖吐到了草皮上,这是真事。这位教授,在纽约,在华尔街,在芝加哥,在波士顿,都声名显赫。因为口香糖而出名,他说!

确实,他一定是个名气很大的人,他会在夏日里停下脚步,用鞋尖在沙土上勾画着方案——然而那是关于什么的方案呢?

当继续往前走的时候,他的头向前伸着,说话声音低沉,游客们绞尽脑汁,想解开沙土上的十字形图案,却都白费功夫。有些人说他的方案指的是这件事,有些人则说是指那件事。其实,哪件都不是。

那么,这个方案究竟是什么呢?

6月15日,一轮夏日西垂于伦敦天际,柯芬园皇家歌剧院内灯光亮起来了。英国女王向芭蕾舞演员们抛去一朵玫瑰花,可是她身旁那位浑身裹着晚礼服的绅士,却越过他的衬衫袖口注意到,她站在距离舞台四分之三英寸远的地方。他正在向所有达官贵人中最德高望重的人物,设立已久的俄罗斯舞蹈教会(Russian Church of Dancing)——这一异教——的大主教,讲解他的方案中的部分内容,毫无疑问,正如那一年常会在凌晨一两点钟时发生的情况那样,此时唐宁街无法入眠,所有的人都心神不宁地守在电话机旁,急切地抓起听筒;幽暗阴沉、空空荡荡的内阁会议厅里,皮特①略带嘲讽地看着那幅似乎将永远被卷起的地图,官员们把那位独一无二、备受信赖的顾问,那位整个帝国的命运都系于其一身的男士召唤到这里……

香肠在他嘴里依然很烫。地上是玫瑰花瓣和许多被撕破了的薄纱芭蕾舞裙。他用薄纱为自己做了个帐篷,然后蹲在那里,进行口述。这些内容被所有报纸用醒目的字体刊登出来——就在第二天早晨。

"你能肯定原稿第十页背面的大写字母 A 颠倒了吗?"他强调道。然后向后一靠,陷进枕头里。

英国不再实行金本位了。经过多年寻觅,他终于找到了那本极为珍贵的、只有一个版本的现存小册子,该书只有三册,其中一册在克里姆林宫,另一册在帕萨迪纳(Pasadena)②——现在他所拥有的是第三册——二十年里,他翻过各种目录,遍览各家昏暗的书店,四处寻找那本晦涩小册子的唯一为人所知的版本——现在它终于就在他的手里了。

因此,当他们沿着大街叫喊着含有恐怖内容的新闻时,他躺在床上,凝视着各种巨著之间的狭小空隙——休谟、洛克(John Locke)③、

---

① 据译者所知,现在的唐宁街 10 号的门厅(the Entrance Hall)里,有一处名为 the Horse Guards' Parade 的地方,那里挂有皮特父子的肖像。(老)皮特(William[the Elder] Pitt,1708~1778),英国政治家,曾任首相(1757~1761;1766~1768),为英国赢得七年战争(1756~1763)的胜利,使英国在对北美和印度的争夺中成为霸主,称号为 1st Earl of Catham。(小)皮特(1759~1806),英国首相(1783~1801;1804~1806),(老)皮特的次子。改组东印度公司,改革财政和关税制度,组织反法联盟,领导反对法国革命政权和拿破仑的战争。此处不知是皮特的肖像后来被移了位还是弗吉尼亚记错的缘故。

② 帕萨迪纳,美国城市名。

③ 洛克(1632~1704),英国唯物主义哲学家,反对"天赋观念"论,论证人类知识起源于感性世界的经验论学说,主张君主立宪政体,著有《政府论》、《人类理解力论》等。

贝克莱(George Berkeley)①、马尔萨斯(Thomas Robert Malthus)②,他们厚厚的著作一本接一本地排列着,在塞尚的五只苹果的静物画作的下面,这些巨著熠熠生辉,显得庄严而高贵。然后,他的目光迅速地移动着,一封来自××夫人的晚宴邀请函,就搁在稍远一点的书架上;统计学家要在一起开个会——他们都是哲学家、古文物研究者、系谱学家,以及探险家。有一支远征队即将前往某一地点,现在它的上面涌动着白浪,而海面之下长眠着亚特兰蒂斯岛的遗址。它是种古代文明,它是否代表了某个更好的文明社会呢?亚特兰蒂斯。比起现在外面回响不绝的钟声来,那里的大钟是否曾为更崇高的服务而敲响呢?他听见人们在大街上叫喊着新闻事件。耸了耸肩,他的注意力集中到了那块绿色的大黑板上,上面钉满了写有各种符号的小纸片:其内容是符号的嬉戏,许多 x 为许多 y 所控制,周围还有更多的神秘符号。当我们把它们放在一起耍起来时,他相信,非常肯定,便会产生一个字眼,一个简单、充分而且内涵广泛的字眼,它将永久地解决一切问题。着手工作的时刻到了,于是他开始了。

---

① 贝克莱(1685~1753),爱尔兰基督教新教主教、唯心主义哲学家,认为"存在即被感知",存在的只是我的感觉和自我,著有《视觉新论》、《人类知识原理》等。
② 马尔萨斯(1766~1834),英国经济学家,以所著《人口论》而知名,认为人口按几何级数增长而生活资料按算术级数增长,如不抑制人口过度增长,必然会产生"罪恶和贫困"。

约翰·梅纳德·凯恩斯①

克莱夫·贝尔

  1946年凯恩斯逝世,十年后克莱夫·贝尔所撰写的回忆凯恩斯的文章问世,比罗伊·哈罗德(Roy Harrod)②所写的颇具权威性的传记晚了五年。贝尔这篇文章的风格,同他为弗莱所写的忆文一样,表现出热爱与批判交织的复杂情感,它再次证明了布鲁姆斯伯里文化圈并不是"相互仰慕社团",文中略带讽刺地提及"凯恩斯阁下"就是一个例子(1942年,他被封为提尔顿[Tilton]的凯恩斯男爵[Baron Keynes of Tilton])。贝尔也揭示了有关道德、审美、政治、文学以及经济的各种观念,这种大融合与圈子中的人际关系密不可分。但是,在出版方面,凯恩斯与布鲁姆斯伯里文化圈里其他仅为"传记俱乐部"写作的传记作家相比,显得更加沉默寡言。

---

  ① 本文选自克莱夫·贝尔:《老朋友》,伦敦:查图—温都斯书局,1956年,第42～61页。——原注
  ② 罗伊·哈罗德(1900～1978),英国经济学家,就读于剑桥大学时,曾是梅纳德·凯恩斯的学生。

在一篇名为"我的早期信仰"(*My Early Beliefs*)的文章里,当凯恩斯阁下描绘到他在剑桥得到的友情时,他找到一些字眼或是短语,来分别描述每位朋友。"穆尔是个清教徒似的人,做事一板一眼,"他写道,"斯特雷奇(当时他的名字便是如此)是个伏尔泰式的人物,伍尔夫犹如犹太学者,我自己不喜欢受拘束,谢帕德则恪守成规,而且(现在的实际情况表明)他还是个神职人员,克莱夫是条令人感到愉快而且和蔼可亲的狗,锡德尼-特纳是位寂静主义者,霍特里是个教条主义者,等等。"克莱夫或许是很令人感到愉快,是很和蔼可亲,是条狗,但是唯有通过道听途说,梅纳德才可能了解这一点,因为,非常奇怪的是,在剑桥我们从未谋过面。或许在片刻之间有过相遇,在晚餐前,或是在辩论会开场前?但我觉得不曾同他发生过邂逅,尽管我还清楚地记得,埃德温·蒙塔古(Edwin Montagu)①曾告诉我,他邀请了一位刚从伊顿公学升上来的富有才气的新生,此人——在我们受挫后——对于自由党在联合王国中的地位的提升,定会显示出巨大的价值。那是在1902年的秋末,也是在那时,我才第一次听说梅纳德这个人。我们彼此所以不相识,可能是由于在校的最后一年即第四年(自1902年10月至1903年10月)中,我把大部分时间都花在伦敦国家档案馆(the Record Office)的工作上了,在剑桥的时候,我则主要和老朋友们一起住在三一学院,而没有陪利顿·斯特雷奇去参观国王学院。不论怎样,我能确信的是,自己第一次遇到梅纳德并与他进行交谈,那是在1906年的夏天,是利顿把他带到了我

---

① 埃德温·蒙塔古(1879~1924),英国政治家。

的住所。我想,当时他正要报名参加公务员考试,而且我敢肯定,他穿着浅绿色的柏帛丽(Burberry)风衣,头戴一顶圆顶硬礼帽。①

我们的情谊稳中有升。1908年2月,我的长子出生。按那时的习俗,年轻母亲产后得在床上坐大约三十天的月子,我便开始邀请一些比较相投的朋友到家里来玩,晚餐之后,他们常会和恢复中的产妇聊上个把小时,给她解闷。梅纳德就是经常来访的三四位友人中的一位。然而,那时我们之间的交情还算不上亲密,因为我记得自己感觉有一点——准确地说并不是腼腆,而是很清醒地意识到,那是我头一回同他单独面对面地共进晚餐。他依旧是印度事务部的一名职员,住在圣詹姆斯公园车站(St James's Park Station)附近的公寓区的某一栋沉闷的楼里,不过,几个月后他就搬回剑桥了,虽然在接下来的一两年里,我经常和别人一起碰到他,但几乎没有单独和他见过面。他曾和我们一起在乡下待过。1911年7月,他与我们同住在吉尔福德(Guildford),就是他,就是这位和往常一样总要第一个阅读《泰晤士报》的朋友,告诉我们上议院已经通过了议会法案。当时他来到阿希汉姆屋过复活节,我和我妻子都在那里。显然,到了1913年8月,我与梅纳德已经相处得非常轻松惬意了,因为我们在一次露营聚会上共用过一个帐篷,这次活动

---

① 在纠正一个错误的时候,我可否提醒各位关注另一个不太相干的错误?梅纳德(在《我的早期信仰》第84页)写道——"多年后,他(赫伯特·劳伦斯)在自己出版的书信集里的一封信件中写道,我是布鲁姆斯伯里文化圈中唯一一位通过订购《查泰莱夫人的情人》,以实际行动支持他的成员。"倘若我也被视为布鲁姆斯伯里文化圈的一员,那么这句话如同劳伦斯说过的许多别的话一样,是不正确的。因为我也订购了他的那本著作,标号为第578号,并且还有作者的签名,它现在就端放在我的书柜里。——原注

当然是由奥里维尔一家①组织的——被称为布兰顿露营(Brandon Camp):关于此次经历,我最生动的回忆多是与不舒服联系在一起的。梅纳德的表现却大度得多,与我相比,他是一个更好的野外露营者。而在另一个方面,他的草地网球却打得比我还要糟糕。我们——他和我、杰拉尔德·肖夫、菲利普·莫瑞尔,有时还有阿德里安·斯蒂芬——时常在戈登广场的斜坡球场上打网球。但是梅纳德球技太差,我们总是把菲利普分给他做搭档,菲利普是迄今为止最好的网球手,尽管如此,我们还是无法打满一场比赛。梅纳德被撂倒了。

这一定是第一次世界大战之前的事:1914年夏天,当时梅纳德住在布朗斯维克广场。那年冬天,他任职于印度货币与金融皇家委员会(Royal Commission on Indian Currency),开始结交许多高层人士。一个崭新的梅纳德出现了,对于以往的梅纳德来说,他是一种补充而不是替换——这是一位成就了不少大事的人,是一个最棒的朋友。我猜想,大概也是在这个时期,或许还要稍早一些,他喜欢上了搞投机买卖。根据有一次他送给我看的记录——我必须承认,当他这么做时情绪相当反复无常——无论在剑桥时期还是早年在伦敦的日子里,对"证券交易"版几乎不屑一顾的梅纳德,现在喝早茶时变得——这是他告诉我的原话——非常厌倦于阅读《泰晤士报》上的板球比赛

---

① 指锡德尼·奥里维尔(Sydney Olivier)一家及其女儿们,锡德尼曾任牙买加总督、英属印度国务秘书,也是著名演员劳伦斯·奥里维尔(主演过《呼啸山庄》、《蝴蝶梦》、《傲慢与偏见》、《哈姆雷特》等影片)的叔叔。他有四个女儿,即布琳希尔德(Brynhild,1887～1935)、玛杰里(Margery,1887～1974)、达芙妮(Daphne,1889～1950)、诺埃尔(Noel,1892~1969)。她们都是鲁珀特·布鲁克"新异教徒"圈子的成员,跟戴维·加尼特是从小一起长大的朋友。诺埃尔是名医生,跟布鲁克、阿德里安和詹姆斯·斯特雷奇都有过感情纠葛,她的一个女儿即认弗吉尼亚为"教母"。布琳希尔德后来嫁给了布鲁姆斯伯里的朋友休·波帕姆(Hugh Popham),他们的女儿安妮·奥里维尔(Anne Olivier)后来即为昆汀·贝尔的太太。

得分表了,于是他反过来,迷上了对各种价格的研究。信不信由你:反正与我刚才所说的内容相比,这有点跑题——早在战争爆发之前,梅纳德就已接触到一些政界要员了。我们之中有些人开始摇头,不是因为他的新爱好,而是因为他结交的那些新朋友。他们是否会反对他培养在我们看来并无价值的东西?他是否不至于对手段(权力、荣誉、习俗、金钱)倾注更多的精力,而是更关注结果——比如良好的思想状态(参见《伦理学原理》相关章节)?他是否还能保持比例感?但是,当梅纳德邀请两位大人物(我记得好像是奥斯汀·张伯伦[Sir Joseph Austen Chamberlain]①和麦肯那[Reginald McKenna]②)前来共进晚餐时,他在最后一刻钟才发现,自己所有的香槟酒都被邓肯·格兰特和他那群快乐的伙伴喝光了——邓肯在布朗斯维克广场举办的中午香槟派对,在那一年难忘的夏季里成为一个亮点——对于这种尴尬场面,他的应对非常得体。他的价值感似乎毫发未损。我敢肯定,他也意识到,此后他和邓肯·格兰特邀请圣约翰·哈钦森(St John Hutchinson)一家——哈钦森太太是邓肯的表妹——还有莫莉·麦卡锡以及我本人参加的那次聚会,相比之下要尽兴得多。

1914年9月,梅纳德与我们一同住在阿希汉姆屋;这位伟人——他的确是个了不起的人物——多年以来一直因其冷静、超脱的判断力而名扬天下,他对我拒绝相信俄国军队将在英国登陆的童话,对我认为战事不会很快结束的推测,一一加以尖锐地斥责,令我至今想起此事还感到好笑。当然,实际情况是,假若梅纳德果真超然物外,那么他的判断力倒会同他那深邃的智慧一样牢固了,然而,梅纳德却是

---

① 奥斯汀·张伯伦(1863~1937),英国保守党领袖(1921~1922)、外交大臣(1924~1929),因签订《洛迦诺公约》(1925)获1925年诺贝尔和平奖。
② 麦肯那(1863~1943),英国政治家。

个无可救药的乐观主义者。我不可能忘记,1929年,他曾怀着极具感染力的自信断言,自由党在新组成的下议院中肯定会得到一百多个议席,或许可以获得一百五十个议席(其实那年他们只得到了五十九个),因为他是靠在证券交易所里的一场赌博支持自己的观点的,在赌博中他把许多身无分文的朋友都拉了进去——但我不在其中。体贴入微和自信一样,也是他的性格特征,所以当他的乐观主义将朋友们带入无比窘迫的困境之时,他就自告奋勇地承担起了他们的债务。1939年将近7月中旬时,他正要启程去罗雅特治病,当时他问我是否战争会在今年秋季打响,或者是否会发生"一次喧闹"(在我看来,对于慕尼黑而言,"喧闹"倒是个不错的词)。我说,以我的愚见,既然我们答应过要保卫波兰,而且希特勒也毅然决然地要立刻入侵波兰,冬季来临之前,战争可能是不可避免的了。这一次梅纳德并没有对我进行任何指责,不过他确实称我为"悲观主义者"。

1914年至1918年战争期间我经常见到他,尤其在其中的后两年中,他和我,还有谢帕德以及诺顿,都住在戈登广场46号。似乎大家并不了解凯恩斯阁下是个拒绝服兵役的人——虽然罗伊·哈罗德先生并没有试图要掩盖这一事实。当然,梅纳德是那种特殊的,而且在我看来也是最通情达理的拒服兵役者。他不是反战人士;他并不反对任何情况下发生的战斗,他所反对的是被迫参加战斗。作为一名优秀的自由主义者,他反对征兵制度。他不愿战斗是因为劳合·乔治(David Lloyd George)①、霍雷肖·伯顿利(Horatio Bottomley)②和诺

---

① 劳合·乔治(1863~1945),英国首相(1916~1922)、自由党领袖。任财政大臣(1908~1915)时,实施社会福利政策,第一次世界大战中组成战时联合内阁,出席巴黎和会(1919),承认爱尔兰独立(1921),称号为1st Earl of Dwyfor。
② 霍雷肖·伯顿利(1860~1933),英国金融家、报业主、平民主义政治家、议员。

思克利夫勋爵(Lord Northcliffe)①告诉他不要这么做。他认为,对于争论中的那个问题,是否值得为之进行杀戮并且为之献身,这是应由个人作出决定的,自然,他也有理由把自己看做比全国报人更有判断力的人士。当阿斯奎斯先生对后者的叫喊作出让步的时候,他感到惊讶万分。直至1917年,他都在财政部任职,财政部已经成为至关重要的政府部门,这使他与不少较为重要的部长都保持着联系,在此期间,他非常清楚地看穿了劳合·乔治的真面目。他极其厌恶后者蛊惑民心的言行。我记得他曾从一张法国报纸——大概是《求精报》(*L'Excelsior*)——上剪下一张"那头山羊"(他常这样称呼劳合·乔治)的照片,照片里的后者,全身上下穿着晚礼服,佩着令人窒息的绶带,正在巴黎的某个宴会上侃侃而谈。我记得梅纳德在照片下面题了这么几个字——"冠冕堂皇地撒谎"。他把它钉在46号的餐厅里。后来,他怀着对自由党的假想的兴趣,同"那头山羊"有过合作,那时在某些左翼报纸和政客的眼里,后者已经变成某类"威严的老人"了。合作没有取得任何成果。至于他的拒服兵役,他则曾经因此而接到法庭的传票,可是他回应道:自己实在过于繁忙,因此无法到庭应讯。

有些人认为,梅纳德在战时的重要地位以及他与政界要人的密切关系,促成了他最令人讨厌的性格的形成,那便是自以为是。对此,我却不敢苟同。大人物们对梅纳德的影响,与他给予他们的影响相比,是微不足道的。他的自以为是从未改变过;形势的各种变化更是不断引发并刺激了这一性格特征。诚然,这一习性是令人气恼的,

---

① 诺思克利夫勋爵(1865~1922),也被称为"北岩爵士",原名为哈姆斯沃思(Alfred Charles William Harmsworth),英国著名报业主,曾创办《答问》周刊、《勿忘我》杂志、《每日邮报》(1896)、《每日镜报》(1903),购买《伦敦晚报》,取得对《泰晤士报》的控制权(1908),称号为 Viscount Northcliffe。

但也有着逗人发笑的一面。一战临近结束之际的某个晚上,我记得他来到我在戈登广场的住处,当时我和诺顿似乎正在安静地探讨"含义之含义"的问题。他一副得意扬扬的神情,刚用过餐,而且是刚和内阁大臣们用过餐。问题提出来了——"是谁最终战胜了汉尼拔(Hannibal)①?"除梅纳德外,没有人知道答案,于是他告诉大家,是非比阿斯·马克西姆斯(Fabius Maximus)②,他慷慨激昂地说道:"名闻遐迩的拖延者挽救了战局。"③我希望他对政客们讲这句话时是将其翻译成了英文;至于对我们,他做得不错,保留了这番话的原文。我则热心地指出:当然,并非那位执行拖延战术者,而是大西庇阿(Scipio Africanus)④,在扎马战役中最终击败了汉尼拔。对于我的指正,梅纳德不屑一顾,他流露出的神情也许淡淡地意味着,曾与内阁大臣们一道用过餐的某位人士,当然见识更广。他继续津津有味地谈论在那个夜晚度过的愉快时光,自己所取得的小小的历史性的胜利,饭菜所体现的精湛厨艺,以及席间所饮的葡萄酒——这是最要紧的。

梅纳德对一切话题都要作出权威性的表态。我敢说自己将这一点太放在心上了,他的许多朋友则对此付诸一笑。但是我真的认为,他这么做非常愚蠢,因为教条式地评判自己对之一无所知的话题,有

---

① 汉尼拔(前247~前183),迦太基统帅,率大军远征意大利(前218),发动第二次布匿战争(前218~前201),曾三次重创罗马军队,终因缺乏后援而撤离意大利(前203),后被罗马军队多次击败,服毒自杀。

② 非比阿斯·马克西姆斯(?~前203),古罗马统帅,历任执政官和独裁官,在公元前2世纪第二次布匿战争中,以拖延、回避和消耗战术与强敌汉尼拔周旋。

③ 该句原文为拉丁文"unus homo nobis cunctando restituit rem"。

④ 大西庇阿(前237~前183),古罗马统帅,在第二次布匿战争中参加坎尼战役,入侵迦太基,在扎马击败汉尼拔(前202),曾两度任执政官(前205;前194)。

时反而会在那些不太熟悉他本人以及那些确实令人生厌的人士面前,使他显得非常可笑。自以为是的性格属于他无法摆脱的罪过,如果可以将它称为罪过的话。渐渐地,以权威的态度说话就成了他的习惯。这种习惯很恶劣,它致使沉迷于此的人们想当然地以为,我们其他人随时都会相信他们在知识上要高出一筹。梅纳德确实学识渊博,而且在好几个课题上,他的权威性是名副其实的。不幸的是他染上了用权威性的口气发话的习惯,而且不顾这种态度是否具有正当的理由。他沾染上了——我并没有说他养成了——一种专横跋扈的习气,因此他信心十足地对自己一知半解或毫不知晓的事物进行高谈阔论,每当谈论经济学、概率或是珍稀版本时,他对别人提出的言之成理的见解充耳不闻,这种时候他显得自命不凡,而不是专横跋扈。这一点也是令人感到遗憾的,因为其实他并不是个自命不凡的人,他从未因自己拥有高人一等的学识而自我夸耀,也从不期望因此受到别人的赞誉,他无非是自以为是而已。就我的立场而言,最令人难以容忍的是他常在绘画和画家的问题上指手画脚,不过我不想从他对艺术的评判中列举出可以说明其错置的自信力的例子,其原因在于,既然美学判断往往是不大靠得住的,那么尽管我确信他判断错误,却也不能肯定自己的鉴赏力就永远是正确的。然而,我想重提一次"对话"——也许我应使用一次"暴露"这个词儿?——它极其清晰地印在我的记忆里,为证明他那错置的自信力提供了一个实例,这种错置性是无可怀疑的。

他曾和某位有钱的城里朋友一起生活过——那些时候(20世纪20年代初期),有钱人在英国还是并不罕见的。我觉得他在汉普郡(Hampshire)待过,但是对此不敢确定,反正一定是在南部的什么地方待过;后来他回到查尔斯顿庄园,在这个位于苏塞克斯郡的庄园里,有一段时间他和我、我妻子,还有邓肯·格兰特曾住在一起,在那个时期里,他向我们讲述了关于某次狩猎聚会的事情。梅纳德自己从来不会使用枪支,但是却向我们描述了一切关于枪支的事。他告诉我们该做什么,不该做什么;什么时候你可以射击,什么时候不能射击;他给我们讲解该怎样开枪,该朝什么目标射击。在他的印象里——所有的一切都发生在他拥有自己的农场和林场之前——他们那群猎手,在汉普郡或是其邻近地区,一直是用来复枪打松鸡的,你可以想见,当时他编的是些什么样的胡话。凑巧的是我正好生长在一个喜爱打猎的家庭:十六岁时,我就获得了狩猎许可证,而且自孩提时代起,便来来去去都带着枪;我的确相信,除了雷鸟以及一些更为珍稀的鸭子以外,自己已经将不列颠群岛上的每一种可以捕杀的鸟儿都打死过了。可是,如果你设想这些事实会把梅纳德阁下吓住,那么我所能说的就是——你把这位大经济学家估计错了。

我对梅纳德的自以为是的性格的强调,可能给人造成了他被自己的成功冲昏了头脑的印象。倘若如此,那么我带给大家的印象就是错误的。梅纳德快乐地漂浮在权力的海洋里,漂浮在荣耀和可观的财富中,但却从未随波逐流。两根结实的精神支柱——他的老友们以及剑桥将他牢牢地拴在岸边。对此,罗伊·哈罗德先生在他所撰写的出色的传记里已经表述得非常清楚了。内阁大臣们和《泰晤士报》可以夸赞他,可是,倘若他心神不安地猜想利顿·斯特雷奇、邓肯·格兰特、弗吉尼亚·伍尔夫和瓦奈萨·贝尔这些人不会为前者的热忱所动,那么公众的奉承就会变成可耻之物。接受贵族封号之后,他携凯恩斯夫人来到查尔斯顿庄园,当时他极为羞怯。"我们前来供大家取笑了。"他说。什么是剑桥思想?梅纳德赤胆忠心地关注着祖国,但是我认为,比起拯救大英帝国的财政危机,令他更加煞费苦心的,却是拯救国王学院的财经危机。如果这么说有一点儿夸张的话,那么艺术气质这种我乐于受其折磨的性情必须承受相应的指责。但是罗伊·哈罗德先生已经向所有读过他的书的人交代得非常清楚:凯恩斯这位苛刻无情、不屈不挠的经济学家,对于老友们的真知灼见,比对大众或者伟人们的见地,要远远看重得多。在我看来,哈罗德先生就他的话题——我几乎要说就他的"男主角"——在大家面前呈现了一部非常优秀的记述,大家应该为了这本书本身而去阅读它,而且或许它还可以对我的描述起到纠正作用。然而,有些亲密的老友会说:"梅纳德并非真的如此,他完全不是那样的。"我能理解他们说这番话时的感情。提到被正式认可的传记时,老友们总是会那样说的,而且他们是正确的。斯雷尔夫人(Mrs Thrale)[1]结识约翰逊的时间比鲍斯韦尔(James Boswell)[2]要早得多,而且与其往来也更密切,她对后者所写的《约翰逊传》的回应,无疑也是如此强烈的。当然,斯雷尔夫人有这样的反应是有道理的。只是她忘记了鲍斯韦尔的工作就是写传记,就是描写一个人因身处各种活动之中而与各行各业的人形成的各种人际关系,至于她的特权,则是记录她个人对他人的印象。

现在我记录的也是一种私人印象。我试图回想起一些细微的逸事,在那些名家们的视野里,它们都已逃逸了。那些小事界定起来非常琐碎,有时还难免含有贬损之意,不过,虽然它们可能有损历史尊严,但在日常生活中却非常重要。可以预见,我的回忆将会冒着被斥

---

[1] 斯雷尔夫人(1741~1821),即皮奥齐,英国女作家,以作为亨利·斯雷尔的夫人而知名,塞缪尔·约翰逊的密友,著有《已故塞缪尔·约翰逊博士最后20年间生活逸事》等。

[2] 鲍斯韦尔(1740~1795),苏格兰作家,著有《约翰逊传》和《科西嘉岛纪实》。

责为别有用心的风险。为了冲淡这种貌似别有用心的表象,我当然可以堆砌出一摞又一摞冠冕堂皇的恭维之词。但是,既然比我更有资格的作家已经阐述过梅纳德的思想力量以及他为人类所作出的贡献,而且他们的阐述极具权威性,那么由我来重做一遍又有什么意义呢?然而为了避免有人指责我心怀叵测,请允许我在此先说几句今后或者还有机会重复的话。梅纳德是我遇到过的最聪慧的人,而且他的智慧是亲切、愉快、古怪而富有修养的,这使每一位认识他的富有才华之士,都会感到与他交谈其乐无穷。此外,上苍还将一种深沉而温柔可爱的天性赋予了他。一次,在"传记俱乐部"的碰头会开始之前,我在餐桌上听见他以幽默的口吻(但我相信是由衷地)说道:"今晚,倘若在座的随便哪位——我本人除外——会离开人世,那么看来我也不会在乎继续活下去的。"他热爱周遭的朋友,也为朋友们所喜爱。尽管他兴许很喜欢我,但是他并不爱我;我对他也一样。这一点,任何肯赏光阅读本文的读者,请务必记住。

对于重要的东西,他都极其慷慨大度;对于祖国,对于他所在的学院,对于仆人和随员,尤其是对于没有他自己那么走运的朋友,他都毫不吝啬(据我所知,有两位可爱的青年男士或许知道,或许尚不知道,他们之所以能够受教育——而且接受的是高层次的教育——部分原因就在于梅纳德自掏腰包为他们付学费)。不过在小事上,犹如许多成长在严肃的非国教徒家庭里,并且体会到了这种教育方式的优缺点的人一样,他是非常小心谨慎的。另外,既然是位金融家,他就非常喜欢讨价还价。1919年某个夏日的晚上,他在伦敦待了一天之后回到查尔斯顿庄园,扛着一个沉沉的包裹,里面装满了数不清的小听的罐装肉。因为恰巧赶上军储物资减价促销,他便把这些罐头以每罐一个便士的价钱买了下来。对于这个问题,二等兵士们显示出了良好的品位:他们不喜欢吃这种东西。我揶揄梅纳德,假称这种肉罐头业已备受指责,被认为不适合人类食用:真的,这位专爱捡便宜货的老兄,也近乎无法将这些肉咽下肚去了。然而,每罐可是花了一个便士买来的啊!……我又想起自己曾和他一道观看刘易斯市的赛马会,当时我向认识的某位农民要点儿"好东西"。梅纳德不想要"好东西",他想要的是大大地赌上一把:以赔率下注。这一颇为复杂的概念令我的朋友大感不解,我们后来便把他扔在那里,让他一个人去困惑不已了,因为我不想解释梅纳德脑中盘算着的是这样一笔账:某场比赛中,可能会有某匹马输掉比赛的几率比一般概率要高,更确切地说,赌马者到底是赌马者,这种几率不会比预期的概率更低。如果有一匹以一百比一的赔率被下注的赛马,竟然可以以六十六比一的赔率被下注,那么这匹马尽管毫无胜出的明显迹象,却便是梅纳德下注的对象。他要的不是这匹马的获胜,而是要保证能捞到便宜。

利顿·斯特雷奇过去常说——"波佐①根本没有审美感"。那或许是夸大之词。然而可以大胆指出的是,对于视觉艺术,他的确毫无直觉。若不是遇上了邓肯·格兰特,他是永远不会在绘画方面表现出多大兴趣的。他的收藏都很值钱,因为一般在选购艺术品时他都会听从别人的好建议,然后才出手,不过当他完全依赖自己的鉴赏力作出决定之时,结果却往往很糟糕。假如后来他在《新政治家》上发

---

① 罗伊·哈罗德先生在注释里写道:"多年以来,凯恩斯在布鲁姆斯伯里文化圈里一直以'波佐'这一绰号而为人熟悉,这个名字是斯特雷奇按那位科西嘉的外交家 Pozzo di Borgo 的名字给他取的——此人并非动机阴险、操行卑鄙的外交官,而肯定是位谋士,是位多面人物。"可是,利顿以及使用这一绰号的那群人心里所联想到的,不仅仅是这位科西嘉的外交官。"波佐"这一意大利词,含义众多,所以在英国人耳朵里听起来,也就指向了各种各样的暗示。——原注

表的对于洛(Sir David Low)①的画作的评论文章,是在纯粹依赖他自己的判断力的情况下完成的话,那么这真的就会是件可悲的事情了,因为在原稿里,他不但把洛与杜米埃(Honoré Daumier)②进行了比较,而且几乎将前者等同于后者了。他所强调的原画中保留的那些东西,也完全是没有价值的。

众所周知,今天我们之中有一位承继了伟大传统的漫画家。然而,各家晚报发表的那些反映公众的认可和人们茶余饭后对其作品的评价的稿件,却无法传送到这位谦逊的漫画家的手中,因此人们欢迎像本书这样的著作的出版,并且将它视做一次机会,一次可以向洛表达我们对他的评价有多高,而且我们有多么爱他的机会。他身上交融着各种天赋,这种现象旷世罕见,由此形成了其技法中必不可少的因素——机敏而明察秋毫的理解力、智慧、品位、沉稳、文雅、一颗既义愤填膺又悲天悯人的心灵、一种迅捷的瞬间观察力,以及同样迅捷的概括力,最重要的是他对于美的感觉和评判的天分,甚至从丑陋之中,他也能萃取出令人愉悦的东西来。看起来人们似乎在堆砌夸赞之词,可是洛确实具有这些品质,当我们打开《旗帜晚报》(*Evening Standard*),看到一位修养良好的男士,看到他的语言和视野的时候,这对我们的生活是有极佳的补充作用的。

---

① 洛(1891~1963),出生于新西兰的英国漫画家,第二次世界大战期间以其反法西斯、反压迫的政治连环漫画著称于世,主要作品有《毕林普上校》、漫画集《愤怒的年代》等。
② 杜米埃(1808~1879),法国画家,擅长讽刺漫画、石版画及雕塑创作,1832年因其漫画《高康大》讽刺国王而被捕入狱,晚年曾参加巴黎公社革命活动。

去年夏天,洛和金斯利·马丁(Kingsley Martin)①一起去波尔谢兰德(Bolshieland)旅行,这本书便是旅行的结果。洛的铅笔素描和炭笔素描被用平版画的样式复制成了印刷品,这就增强了洛和那些为巴黎《喧闹》(Charivari)报作画的版画家们的可比性——这些版画家包括加瓦尔尼(Gavarni)②、杜米埃以及他们的同行。洛的所有素描作品,准确地说就是插图——既包括书中所收的,也包括并未收入书中的那些绘画。③

一般人试图指出的是,没有哪两位艺术家——暂且就用这种有礼貌但不诚实的措辞罢——可以比杜米埃和洛更加不相像了,可是对这一点,梅纳德是不可能理解的。首先,洛不是艺术家。他具备不可思议的技巧,能够为政治形势、政治观点创造出在视觉上与之对等的画面,而且还用附加的语句去弥补画面表现所缺失的内涵,这种附加的说明多为精练的警句。这是非常了不起的天资。但是,那些对等物毫无审美价值——画面本身也丝毫没有价值。洛笔下的线条和低级文人所写的散文一样粗鲁、麻木。而杜米埃则是19世纪伟大的美术家之一,他完全缺乏洛所具备的那种天分,过去,正是这种天分促使我们为了看看洛究竟在画什么而去购买《旗帜晚报》。一幅美丽的画作完成了,它可以暗示,也可以不暗示其中是否含有少量粗野的社会性或政治性的批评,杜米埃通常不会想到要在画面之下加上任

---

① 金斯利·马丁(1897~1969),英国新闻记者、作家。
② 加瓦尔尼(1804~1866),即法国插图画家伊波利特·舍瓦利耶(Hippolyte Chevalier),加瓦尔尼为其别名。
③ 梅纳德·凯恩斯:《关于〈洛的俄国素描簿〉的评论》(Review of "Low's Russian Sketchbook"),载《新政治家与民族》,1932年12月10日。——原注

何题字。你看,一幅绘画不是对别的什么事物的解释说明,而是一件自身完整的艺术品。所以,他便将填写顺口溜的活儿留给菲利蓬(Charles Philipon)①,或者留给办公室里其他的聪明家伙了。如同在任何对视觉艺术没有真实感情的人看来一样,上述区别在梅纳德看来也是颇为稀奇的。甚至在文学方面,他的质朴的判断也不可信赖。上次战争期间,他从美国回来,并且带回某一有价值的发现——一本极佳的新小说。他发现了一位现代小说大师,便买了他的杰作带回家来。这本书是白蒙(Ludwig Bemelmans)②写的《现在我躺下安睡》(*Now I Lay Me Down to Sleep*),一部可以供你在火车上消遣个把小时的怪里怪气的作品。

梅纳德由于创建大不列颠艺术协会(Arts Council of Great Britain)③而使各类艺术广为受益,这既是一个荣耀的标题,也是一件众所周知的事情,这与我在上一段文字里所谈的观点并不相悖。事实表明,如果我们还需要进一步对此作出确证的话,那么他确实属于那种能把自己强大的组织才能全部投入到实现良好目标的活动之中的不寻常的人士之一。梅纳德的多才多艺总是在为文明社会服务,长期以来,他与艺术家们结下了亲密的交情——请别忘了,凯恩斯夫人就是一位优秀而风趣的芭蕾舞演员——这种交情令他逐渐地、强烈地意识到,在文明世界里,艺术是一种不可或缺的元素。另外,在他自己于其间扮演了重要而疲倦的角色的战争时期,他创立起了大

---

① 菲利蓬(1806~1862),法国漫画家、出版家。
② 白蒙(1898~1962),美籍澳大利亚插图画家、儿童读物作家。
③ 20世纪40年代,英国成立了第一个扶持文化事业的国家组织——音乐和艺术激励委员会(CEMA),该组织于1946年在凯恩斯的领导下变成了大不列颠艺术协会。

不列颠艺术协会,这一成就证明——但是又来了,我们要证据做什么用呢?——他精力充沛、多才多艺、法力无边,而且富有才干,能够领会暗示并且能够将其落实为坚固而经得起时间考验的事物。但愿不会有人曲解我的这番话语,不会以为我在提示,是我给了他那种暗示。那一时期,到处都听得到人们怀着或多或少的社会主义心态对艺术的未来所提出的不无焦虑的质问。我把自己拉进那个历史画面,只是因为我想起了和梅纳德的一次交谈,正是这次谈话,使我听从他的建议而为《新政治家》写了一篇文章,如果我没记错,当时他是该报纸的所有者之一和主管。我在文章里表达的观点是,尽管我对设立艺术部的主意极为反感,但在经济平等主义摧毁了私人赞助渠道之后,它的创建将成为挽救艺术、防止艺术消亡的唯一方式。我的见解既不惊人也不新奇,令人惊异的是,梅纳德竟在百忙之中,不但策划而且建成了这样一个组织,从而使艺术得以壮大,他没有拱手将它交给公务员及政客们。迄今为止,他的策略都已奏效,而且成果非凡。这个组织是否能够继续避开死亡的拥抱——我指的是政客们的拥抱——还有待事态的发展而定。

说梅纳德·凯恩斯是个缺乏审美感的人,似乎把他写的散文忘掉了。他的文风优雅明晰,他能够机智地、颇具信服力地表述脑中想到的有趣话题。然而,当他试图表达更为微妙的情感上的差别,或想通过场景将观察到的事物而不是观点表现出来之时,我认为他的写作就不那么具有说服力了。他为克列孟梭(George Clemenceau)[①]、威

---

① 克列孟梭(1841~1929),法国政治家、新闻记者、第三共和国总理(1906~1909;1917~1920),有"老虎"之称,参加并操纵巴黎和会,力主削弱德国,反对俄国。

尔逊(Thomas Woodrow Wilson)①及劳合·乔治描绘的肖像,在我看来,绝非属于在别人或在更厉害的鉴赏家眼里能被视为大师之作的作品。它们活泼生动,但是我以为毫无精湛之处。以我的口味判断,《凯恩斯文集:预言与劝说》(*Essays in Persuasion*)是他最好的著作,而他笔下的最佳肖像,当属阿尔弗雷德·马歇尔(Alfred Marshall)②的。重印在《凯恩斯文集:精英的聚会》(*Essays in Biography*)里的长篇传记表明,他的知识和文化修养虽然有限,但是笔下的素材却经过了一种独特的、超强的理解力的浏览和筛选,因此能被熟练地运用到在别人笔下可能枯燥无味的话题上去,从而变得发人深省。这种文笔的效果,即使不能称为漂亮,也是极其令人愉快的,确切地说,它是值得人们赞美的。

我指出他的文化修养比较有限:这种判断总是相对而言的,也许我应该表述得更明白些。如上所说,在视觉艺术方面,他的品位根本不可靠,他的学识也变得一无是处。有些人认为他会欣赏音乐,可是我却从未找到过形成他们这种判断的基础。文学则是另一回事。伊顿公学时期,梅纳德是在经典文学的熏陶之下长大的,对于希腊和拉丁作家及其著作,那些感受过公立学校教育优点的聪明人士应该留有多么深刻的印记,他也就有同样深刻的印记。我听说,他是个相当不错的研究德国文学的学者,可是对此我无话可说。他只懂得一点点法语,对意大利语则一窍不通。英语作品他倒是读过不少,既包括

---

① 威尔逊(1856~1924),美国第二十八任总统(1913~1921)、民主党人,领导美国参加第一次世界大战(1917),倡议建立国际联盟并提出"十四点"和平纲领(1918),获1919年诺贝尔和平奖。
② 阿尔弗雷德·马歇尔(1842~1924),英国著名经济学家,英国剑桥学派创立者,新古典经济学体系的奠基者。

诗歌也包括散文。他喜爱诗歌,然而他是作为一名受过良好教育的实务家来玩赏,而不是像艺术家或美学家那样进行审美感受的。你只要听听他的大声朗读——他爱好高声朗读诗歌——就会感觉到他真正关心的是诗的内容。与那些英国历史学家的交往,本来可以使他更加获益匪浅,如果他的记性能更强些的话。他很健忘,而且常会混淆日期和数字,这是令人讶异的,有时还相当讨厌——原因在于他那难以克服的自以为是的脾气,这使他从未梦想过需要承认自己的错误。生命走向终点之时,他还在继续学习——或者说,在面对人生尽头的时候,他这么做仅仅是出于对数学和哲学的兴趣。大概可以这样说,对于维特根斯坦(Ludwig Wittgenstein)①的理论,他领会得同任何人——艾尔(Alfred Jules Ayer)②教授除外——一样好。他从不以逻辑实证主义者(Logical Positivist)自称。至于他的经济学理论及其建构,亦即关于他一生中最伟大的工作,我太过无知,因此没有发言权。相较于谈概率论(theory of Probability)在他使用蒙特卡洛(Monte Carlo)统计方法时怎样不奏效,我倒是更有把握谈谈概率论本身,因为第一次世界大战爆发前的几年里,我经常听到他谈论这个话题。战争结束以后,他开始着手处理过去所写的论文稿件,为了将它们整理成书,那个时期,他会——我想大概是因为我们当时住在一起的缘故吧——偶尔递给我一页涂满修正记号的纸张,并且说道——那就是他记性不好的地方——"你还记得我用这个记号是什么意思吗?"唉,数字和符号都混入了论点之中,而我在算术方面又笨

---

① 维特根斯坦(1889~1951),出生于奥地利的英国哲学家、数理逻辑学家,著有《逻辑哲学论》和《哲学研究》,对逻辑实证主义和语言哲学有很大影响。

② 艾尔(1910~1989),英国哲学家,新实证主义代表,英国科学院院士(1952年起),著有《语言、真理和逻辑》。

拙得可怜,因此我总是帮不上什么忙。反正,我无权评判如此深奥的理论,不过我知道自从弗兰克·拉姆赛(Frank Ramsey)①租住到我们屋里之后,梅纳德的概率论的所有针缝都绽开了。

我敢说,大多数读者都会认为,我所讲述的内容足以证明,我自己所说的梅纳德文化修养有限的结论不能成立。也许我用错了词,原本应该用"狭隘"来形容。在解释我使用这个词想说明什么的时候,或许大家可以允许我提取一些普通而生动的往事。我们在查尔斯顿庄园有一个习惯,那就是晚餐之后,大家会呈半椭圆形地围坐在一个奇特的壁炉跟前,壁炉是由罗杰·弗莱设计并建造的,通过烧圆木来为一间特别寒冷的房间供暖:真是奇怪,这还确实有效。我们每个人都要朗读自己的著作,有人肯定会用法语来读。凑巧的是,战争结束后,我想自己是在奥尔德斯·赫胥黎的激励下,开始对生活感兴趣,由此又喜欢上了阿尔菲爱里(Count Vittorio Alfièri)②的戏剧;在阿尔菲爱里作品的指引下,我可能还在读一些19世纪早期的意大利文学作品。所以,到了睡觉之前的某个时刻,我以跳跃式的思维谈论起法国式或意大利式的思考方式、感情体验和生活习俗这些话题来。在那种探讨中,你不能不对梅纳德印象深刻,因为他根本无法站在屋子里面看到外部的任何一个国家。法国、意大利,甚至美国,他看它们时都是立足于多佛(Dover)白茫茫的悬崖之上的,说得更确切些,

---

① 弗兰克·拉姆赛(1903~1930),英国数学家、哲学家,凯恩斯在剑桥的学友,在认识论、语义学、逻辑学、统计学等领域都作出过突出贡献。凯恩斯认为概率是没有主观性的,而拉姆赛则认为概率是主观的。

② 阿尔菲爱里(1749~1803),意大利剧作家和诗人,对悲剧进行了改革,把新的启蒙思想注进历史题材和圣经故事,写有悲剧二十一部,杰出的有《腓力二世》、《索尔》等。

是立足于白厅(Whitehall),或者国王学院的公用教室。与(例如)经常作陪的罗杰·弗莱相比,他的知识面似乎狭隘得有点可笑。当我把他的文化修养说成有限的时候,这可能就是我想表达的意思。

撇开所有那些侵袭我的记忆、令人生气但又微不足道的小事,我对梅纳德的印象,最鲜明而又最持久的,便是有他为伴时的那种快乐。我很怀念他,也深深理解那些不止怀念他的人们的情感,对这些人而言,梅纳德的去世在他们心里造成的创伤永远无法愈合,而且随时都会作痛。我怀念的是他的谈话。他的谈吐才气逼人:这是显而易见的、易被提及的特点,然而也是他最为真实的方面。从最高意义上讲,他有聪明才智,能将寻常之事变得似是而非,进而把似是而非变成真理,他能发现——或者说,创造——相似之点和差异之处,并且能将毫无干系的观点捏合到一起——聪明的人,只有非常聪明的人,才会在交谈中运用如此有趣而且令人惊叹的才能,从而赋予生活独特的内涵。他机智诙谐,能言善辩。在辩论时,他的反应迅捷得令人困惑,而且表现得也不拘一格。他常会点评任何一个正为大家讨论的话题,甚至会对他并不知晓多少的话题发表高见,这些评论往往极其鼓舞人心,富有独创精神,以至于你几乎想不到要停下来问一问它们究竟公正与否。可是,如果你非常认真地请他解释一些技术性的事情,这些事情对于外行而言近乎不可理解,他便会快乐轻松地使它们显得十分简单,你便会不知道究竟应该赞叹他的才智,还是应该为自己的愚蠢而感到惊讶。在这些时刻,我总是坚信,梅纳德真是自己遇见过的最聪明的人士了,也是在那种时候,我时常感觉到,当然是荒唐地感觉到,他是一位艺术家。

梅纳德是个伟人,这一点毋庸置疑,不过在私生活方面,却没有谁可以比他更不具有"伟人的样子"了。他从不装模作样。无疑,他的伟大才能给人印象最为深刻的,是其在经济学领域——他毕生的事业里——在组织以及谈判方面的卓越表现,不过关于他在这些方面的才干,我没有资格发言。唉!对于他那在有些人眼中最难令人忘怀的品质,我也无权评论。对我来说,他的机敏最具价值,但在因其伟大品德而与其结识的一些富有特权的男男女女眼里,他那深情而慈爱的本性才是最为重要的。他喜欢各种各样为数众多的人,并给予他们愉快、兴奋和良好的建议,但是对于至亲好友,他则热情洋溢、赤胆忠心,(听起来有点奇怪)还心怀些许谦卑。

莉迪亚·洛普科娃[①]

昆汀·贝尔

约翰·梅纳德·凯恩斯 1925 年与莉迪亚·洛普科娃结婚,并将她介绍进布鲁姆斯伯里文化圈,这一引介在该圈子的成员中引起了相当强烈的紧张情绪。在给凯恩斯的一封未发表过而且日期不详的信里,瓦奈萨·贝尔写道:

> ……克莱夫说,他认为将新婚的妻子或丈夫介绍进我们既成的圈子,而且每次参与聚会长达一个多星期之久,这对于我们之中的任何人,无论是你、我、他,还是邓肯,都是令人难以忍受的事。他自己(无疑)不再准备这么做了,与其举办那样的聚会,他宁可独自离开……然而,不要以为我说的这些话在某种程度上是对莉迪亚的批评,因为事实并非如此。我们只是觉得,无论是谁,

---

[①] 本文参见昆汀·贝尔:《布鲁姆斯伯里和莉迪亚》(*Bloomsbury and Lydia*),见《莉迪亚·洛普科娃》(*Lydia Lopokova*),米洛·凯恩斯编,伦敦:韦登菲尔德—尼科尔森出版社,1983 年,第 84~92 页。——原注

在进入我们这个亲密的圈子时,都会对它进行某种改变(对此,她已经这么做了,或许她造成的改变比任何人造成的都要小,当然也比随便哪位妇女所造成的,在程度上更小)。那是不可避免的事,不是吗?……

关于对待莉迪亚的态度问题,众多批评家一直认为布鲁姆斯伯里文化圈不够慷慨大方(福斯特似乎曾是她在布鲁姆斯伯里文化圈里最喜欢的朋友)。昆汀·贝尔在本文中,对该文化圈在接受莉迪亚为成员方面遇到了哪些困难作出了解释。他的观点是以一封给梅纳德·凯恩斯的侄子——米洛(Milo)——的书信的形式表述的,后者于1983年编了一本关于莉迪亚·洛普科娃的随笔集。

亲爱的米洛:

你要我写写莉迪亚和布鲁姆斯伯里文化圈。我拒绝了你的要求,并且说我会试着给你写封信,因为这似乎要更加容易一些。可是,我发现写信比预想的甚至更为艰难,而且我敢说,它几乎不值得公开发表。

事实是我不想写莉迪亚。我知道,她不会看到这封信,可是情况就是这样,我不得不说信中的部分内容是可能会带给她痛苦的,所以,这一点导致写这封信必将成为一种尴尬、讨厌、吃力而不讨好的工作。

那么,我又为何还要试图写这封信呢? 回答是我被激怒了。这不是个很有说服力的理由,不过却是个很难抗拒的理由。激怒我的是理查德·巴克尔(Richard Buckle)[①]的一篇文章,它被收录在几年

[①] 理查德·巴克尔(1916~2001),英国舞蹈批评家、作家、展览设计师。

前你出版的关于梅纳德的随笔集里,题目为"论爱慕莉迪亚"(*On Loving Lydia*)。巴克尔先生认为,布鲁姆斯伯里文化圈"没能看到"莉迪亚的"长处",这个看法确实显得十分愚蠢,不过更加糟糕的还在后面:在他看来,甚至该文化圈成员们的漠不关心都不是真诚的;它不是来自一种尽管错误却真挚的情感,而是来自对于秩序的怯懦的驯服情绪;"他们"都非常遵从"当家"的"独裁者"的命令,而且从某种程度而言,这位女主人是完全将自己的要求强加给了其余成员。这位可恶的暴君便是我的母亲——瓦奈萨·贝尔!

是的,正如我所说的,我被激怒了,我怕自己的愤怒会在下面的文字中自然流露出来。然而,我将试着控制住自己的情绪,并对所知事件作出简要描述。

我第一次见到莉迪亚是在1918年,当时我八岁。我想她当时正在伦敦大剧场演出,但也许我在那里根本没见过她。这一点并不重要。不过,几年以后,我开始对她有所接触,并且确实喜欢上了她。我想,我肯定是在十一岁生日以前——但是我的记忆又一次变模糊了——就被允许在戈登广场46号和大人们共进午餐的。莉迪亚也在那里,我相信其中还有马辛、卡莎维娜(Tamara Karsavina)[①]、我父亲克莱夫以及梅纳德。当时人们有一种普遍的观念,就是在俄国芭蕾舞演员面前要说法语。无论如何,午餐时每一个人的确都在用法语交谈。我不知道你是否还记得我父亲,如果记得的话,你可能还会想起,每当有什么可以说法语的借口时,他便会利用这个机会,有时即便找不到借口,他也要说法语。在这种场合,他心怀两个动机,他

[①] 卡莎维娜(1885~1978),俄国芭蕾舞者,是著名的俄国男芭蕾舞者尼金斯基的搭档,也是伦敦皇家舞蹈学院的创办人之一。

不但特别喜欢借午餐这一时机展示自己掌握法语的熟练程度,而且也喜欢趁此机会和莉迪亚调情,而梅纳德由于对法文口语掌握得结结巴巴,所以几乎一句话也插不进去。对于法语我掌握得比梅纳德还要糟糕,因此对我来说,那种聚会纯粹是充斥着莫名其妙的惊叹和欢笑的事情。显而易见,克莱夫"看到了"莉迪亚的"长处",而且他发现这一点时态度显得极其热情。毫不奇怪,梅纳德始终处于苦恼不堪的境地,午餐尚未结束,他便冲我这个与他一起受难的同伴喊道:"他们为什么用法语叽里咕噜地说个不停?我不相信他们真的清楚自己究竟是在说些什么东西。"

据我推算,如果这次午餐聚会发生在1921年的夏天,那么就在同一年,我获得了提高法语水平的第一次机会,因为那年秋天,我们全家搬到了法国南部。1921年12月,就是在那里,我母亲和邓肯·格兰特了解到莉迪亚学过英文,而且成绩相当突出。

那年的12月20日,梅纳德在给瓦奈萨的一封信里写道:

……另一条主要消息,关乎我与洛佩(Loppy)①的关系的进展。我想我告诉过你,上个星期日她来我这儿吃午饭了。上周五,芭蕾舞演出结束之后,我带她去了萨瓦(Savoy),我俩在那里聊到凌晨1点,现在她请我去喝茶。怎么办?我开始感到有点害怕。

1922年1月6日,梅纳德又一次给瓦奈萨来信说:

……我非常需要听听你的真知灼见。你不必担心我想结

---

① 莉迪亚的昵称。

婚,不过情况变得很严重,我一点主意也没有,不知道该怎么做。我开始认为去印度是个好主意了。然而,她真的很可爱。

1月9日,梅纳德的信又来了:

> ……我身处可怕的困境,几乎不可救药。见到我如此低声下气,克莱夫只会高兴地咧着嘴笑。可是,我渴望与你好好谈谈。

无疑,你必须允许这些书信中存在着半喜剧性的夸张成分。不过,几乎不用怀疑,此时的梅纳德,他的感情复杂得出奇。她确实"非常可爱"。在另一封信里,他曾提到她"善于会意而且对用英语遣词造句具有审慎的"能力,那是一种顽皮的运用语言卖弄风情的能力,梅纳德并不是唯一注意到它并被它强烈吸引的人士。她的性情既可爱又快乐;世界对于她似乎永远是个惊喜的源泉;她深感惊奇,而她自己也令人觉得讶异。她具有天生的温柔微妙的感伤情怀,这使某位芭蕾舞批评家在一个不合时宜的时刻将她称为"迷人的调皮瓷娃娃",但她身上仍然具有明智、诚实、毫不矫揉造作,甚至朴实无华的气质。你熟悉她,所以肯定不会对梅纳德会爱上她感到惊奇,当然你也会同意,她的迷人之处还有许许多多。

既然如此,何来恐惧,何来对他进行挽救的恳求呢?为什么梅纳德的结婚念头,如此迅速地(也许可以说难以令人信服地)被打消了呢?

我觉得人们并不需要非常深奥的心理准备来回答这些问题。婚姻是重大而严肃的事情。它隐藏着危险,特别是当你的妻子是个外国人的时候,暂且不管娶这个外国女人——某人,其兴趣爱好与我们的截然不同,来自一个完全不一样的社会背景——多么令人快乐。几个月以前,梅纳德的伙伴是个极富魅力、学问渊博的人,他就是已故的斯博洛特(Walter John Herbert Sprott)[①]教授,当时还是一位气质优雅、魅力非凡的青年,瓦奈萨时常把他叫做"梅纳德的妻子"。他当时被称做塞巴斯蒂安(Sebastian),从来没有成为过布鲁姆斯伯里文化圈的一员,不过,他与梅纳德的结合对梅纳德的其他朋友从未造成过任何困难:他曾在剑桥待过;他是"使徒社"的成员;他可以去这些人家里看望他们,并且毫无障碍地为他们所接受。不止于此,他的出现,丝毫没有扰乱梅纳德自1912年以来形成的单身汉的生活状态,当时后者已经成为社会团体(布鲁姆斯伯里文化圈)的一员,定居在布朗斯维克广场。那种生活状态,对于梅纳德和他的朋友们来说 是极为合适的。这使他既非常独立,又相当合群;使他得以既过着自己的十分紧张而且艰辛的公众生活,又能经常见到朋友并能频频地和他们一道出国旅行,尤其是和邓肯·格兰特及瓦奈萨·贝尔在一起旅行。或许他曾时常安慰自己,并且试图说服朋友们,向他们保证,这种愉快深厚的亲密友情,即使在他与莉迪亚结婚之后,也不会发生任何改变。但是实际上,他必定很清楚,那是不可能的。婚姻不可避免地会改变画面的格局;它固然会带来欢乐,但是同时也需要他作出牺牲,各种各样他很难让自己事先对之作好思想准备的牺牲。结婚仪式上吩咐新人要"抛开所有其他人"的誓言,对他而言,别有一番痛楚的含义。他希望能常常见到友人们,从他们的"建议"中得到帮助,可是,除了认为他应该找到某个逃避婚姻的办法,他们还能给予他什么建议呢?他们和他一样,希望他与莉迪亚继续维持恋爱关系,长久

[①] 斯博洛特(1897~1971),被称为塞巴斯蒂安,英国心理学家。

以来,这种状况一直非常和谐愉快。既然连坠入爱河的梅纳德都还会用蕴含伤感的理性看待这件事,那么我们或许也就可以因他的朋友们对此表现出的相似的洞察力,而给予他们谅解了。

邓肯和瓦奈萨从法国回来之后究竟发生了什么事,对此我不清楚。瓦奈萨过去常说,梅纳德求她解救他,这种事情在我看来是非常可能发生的,尽管很难肯定此类壮举会如何完成。不过,我的确记得一件可以称为解救小尝试的事情,既然是第一手资料,似乎就值得提出来,虽然此事并没有什么结果。

时间是在 1922 年或 1923 年,地点是瓦奈萨位于戈登广场 50 号的起居室,演员有莉迪亚、瓦奈萨以及我自己(我扮演的是一个跑龙套的角色):

>莉迪亚(突然快乐地):"'梅纳'说我该给巴洛基(Randolfo Barocchi)①写封信,问一问,他是否认为自己和我还有婚姻关系?"
>
>瓦奈萨(严肃而意味深长地):"我亲爱的莉迪亚,结婚是件严肃的事。换了我,对于这样的问题,我在言行举止上是会非常审慎的。"

我感到很震惊,因为从没想过莉迪亚已经结婚,而且她竟然从未对我,这个她每天都见得到的人,提起过这件事。

大概也是在这个时候,即在他们最终结合的三年之前,我想梅纳德正尝试着实行一种折中策略。他力图教会莉迪亚作为他的妻子她

---

① 巴洛基,莉迪亚·洛普科娃的前任丈夫。

应知道的东西；我也认为他想把她移植过来，或者说，想让她在戈登广场的土壤里枝繁叶茂地生长。为了使这些措施奏效，莉迪亚被安置在戈登广场50号住下，楼下是阿德里安·斯蒂芬家，楼上住着贝尔一家，或者说至少是贝尔家的代表。莉迪亚于是楼下楼上地随意闲逛，她把大部分的时间都消磨在我们的厨房里。每到周末，梅纳德就会下楼来辅导我学习。自然，这只能是对我施行的启蒙教育，我还是个孩子，的确很需要受教育；不过莉迪亚常会和我们在一起，所以她几乎很难回避大量美妙信息的冲击。梅纳德对我总是很和蔼，自从五岁时在奇切斯特港（Chichester Harbour）把他的草帽扔进水里以来，我就深信他对我表露无遗的快乐，总是怀着慈祥的爱心。不过，倘若莉迪亚不在那里，我真的非常怀疑这种以教育为目的的漫游，是否还会发生。我们开着一辆戴姆勒（Daimler）汽车出发了（这辆车本身就足以让我研究一整天的了），参观了威斯敏斯特大教堂（Westminster Abbey）、汉普顿宫（Hampton Court）、伦敦塔（the Tower of London）等名胜古迹，梅纳德兴致勃勃地谈论着英国历史、宪法、教会，还有那些只有上帝才知道的话题。这种经历非常惬意，我自己肯定从中学到了不少知识，所以当必须去上寄宿学校而要停止进行这样的学习时，我感到非常难过。至于莉迪亚从中学到了多少，我就不知道了，不过以我的立场来看，事情进行得极为顺利。

从我的角度而言，对莉迪亚的移植也可以说是成功的。我说过，她常在厨房里晃悠，我印象最深的是，在那里她和我、和那位我们亲爱的厨子兼管家格雷斯（Grace Higgens）经常进行无休无止的交谈。格雷斯是位极其随和的年轻女郎，后来成了我家的"宝贝"，而且身兼更多的职务。格雷斯同我经常揣着莉迪亚给我们的戏票，去伦敦大剧院看她的表演，她以经过精心化装的、轻盈可爱的形象出现在舞台上时,我们几乎认不出她来了。我们很喜欢她的演出,尽管我无法说我们不是怀着同样的热情欣赏乔治·罗比(Sir George Robey)①和利特尔·蒂奇(Little Titch)②的表演的。在一个特别的夜晚,梅纳德闯进我的房间,把我拽了出去,带我去看滑稽歌舞的头场演出。我们坐在一间包厢里,莉迪亚来看我们,或许是在她要表演的那幕戏开始之前,或许是在结束之后,我记不清了。当大幕升起的时候,她就在我们的包厢里,舞台被设计成一处湖泊,周围有二十位大概化装成印第安人的美女摆着造型。那些女孩像蜡像般一动不动,没有音乐,偌大的剧场里鸦雀无声,只听见莉迪亚的耳语声在回荡:"啊,这景象令人作呕。"听见这一语出惊人的评价,我估计不少观众都扭过头来,朝我们那间包厢张望。他们可能看到了梅纳德、莉迪亚、瓦奈萨、邓肯,以及一个奇胖无比的小男孩,他的红头发剪出一排刘海,块头很大,但是上身却套着一件脏兮兮的、黑白相间的条纹橄榄球运动衫,下身穿着——不过很难看得出来——边缘磨损得相当厉害的短裤,脚上穿着一双长筒袜,它皱巴巴地不时往下滑溜,一直滑进肮脏的靴子里。毫无疑问,我的样子让人看了心烦意乱。

我跑题了:让我回到梅纳德的活动的第二部分,也就是他是怎样向布鲁姆斯伯里文化圈引介莉迪亚的。如我所说,莉迪亚走进了厨房,并且在那里大获全胜。她和我们谈俄国,谈涅夫斯基大道、俄式马车、俄罗斯冷盘、狼,还有俄式茶炊,有趣极了。

但是,当莉迪亚再走上一段楼梯,带着同样毫无艺术感觉的幽默,准备把瓦奈萨逗笑时,效果就不那么令人快乐了。

---

① 乔治·罗比(1869~1954),英国杂耍剧场的喜剧演员,被称为"欢笑首相"。
② 利特尔·蒂奇,原名哈里·雷尔夫,英国著名杂耍剧场的戏剧演员。

你知道,瓦奈萨不是一个很合群的人,她把大部分的时间都花在了绘画上;对于她的创作来说,每天总有几个小时是神圣而不可侵犯的,除非你有什么特别的理由。她也会留出一部分时间给家人,这里说的家人,指的是她的孩子们。至于邓肯、弗吉尼亚,当然还有梅纳德以及三四位其他朋友,她也会为他们挤出一些时间,那通常是在完成工作,并把年幼的孩子们一个个送上床之后,总是在深夜时分了。不速之客的白天来访,绝对不会受到她的欢迎。这便是从事绘画艺术的难处之一,创作起来所需时间漫长,而且任何侵扰都会非常严重地打断画家的思路。

梅纳德必定知道这些,而且一般人也往往认为他肯定事先告诉过莉迪亚,她是不会时时处处受到欢迎的。要么是他忘记作这种提醒了,要么是莉迪亚在某种程度上误解了梅纳德的意思,总之她十分自得其乐,完全把这里当做了自己的家;不论在白天还是晚上,她都随时可能姗然来访,门对她是起不到阻隔作用的:既然在厨房里她备受青睐,那么为什么在起居室或者画室里她就不会得到同样的待遇呢?这倒也是不差的,在那些地方迎接莉迪亚的同样总是笑脸,因为如果对她友善的问候表示拒绝,岂不太过残忍。但是,经常性地造访,无休无止地闲聊,完全若无其事地侵占每一分钟闲暇时光,甚至连无法分神的宝贵时间也不放过,那就令瓦奈萨苦恼不堪了。看起来,仿佛倒是她娶了莉迪亚,而梅纳德呢,则享受着婚姻带来的安乐,至于她,瓦奈萨,却注定要接受它的所有乏味方面。最终,瓦奈萨采取了对她而言似乎唯一可行的措施。她去找梅纳德,告诉他:必须事先对莉迪亚的来访规定好次数。就个人而言,我知道,与瓦奈萨必须忍受的情况相比,即便情况稍好一点,进行艺术尝试和创作也会多么令人难受,所以我不想因此而责怪她。

此举给了莉迪亚很大的打击。她不再经常登门造访了,而且搬进了戈登广场的另一幢房子里,这样瓦奈萨便被前门保护起来了。人们必定会想,无论梅纳德说过什么,问题总归得到了解决,而且因此变得有些令人烦恼。如果巴克尔先生因此留下印象,认为贝尔夫人铁石心肠,独断专行,或许那也就是我们唯一所能期望的结果罢。

这是一个沉闷而且无聊的结论,但是最后我似乎真的很难将其归咎于她俩中的任何一方。莉迪亚肯定清楚,瓦奈萨的房门是冲着她而合上的,而且她也心知肚明,或者至少一定猜想得到,瓦奈萨一直态度积极地试图阻止她的这场婚姻。如果莉迪亚时不时地说"噢!瓦奈萨,你把我吓死了"(她的确说过此话),那么人们至少可以从中理解到她的感受。悲剧在于,我不认为她会认识得到,究竟是什么原因使她把瓦奈萨给惹怒了。

伦纳德·伍尔夫在其自传里曾经写到,有一次维特根斯坦如何以极其野蛮的态度跟莉迪亚翻脸,以致把她吓哭了,而维特根斯坦是素来享有举止谦卑、道德高尚的美誉的。伦纳德觉得,维特根斯坦的性格中含有些许卑鄙残酷的倾向,不过既然我不认识这位大哲学家,而且当莉迪亚落泪的时候也不在场,那就应该承认,此事只有维特根斯坦最清楚。可是,我总觉得莉迪亚很可能在无意间说了些什么,她的话语先把维特根斯坦逼到了落泪的境地,才会导致后来的结果。我记得,有一次她就是这么对我的。

1940年春,在查尔斯顿庄园,有一次梅纳德和莉迪亚晚饭之后过来串门,自然而然地,大家不知不觉将话题转到了战争方面。德国人刚刚入侵挪威,我方部队打赢了一场海战,并在特隆赫姆(Trondheim)①登陆,形势非常令人鼓舞,梅纳德的乐观精神因此被调动起来

---

① 特隆赫姆,挪威中部城市名。

了。他断言,德国军队的攻势即将被粉碎,他们将要败得落花流水,希特勒将永远无法东山再起。他已经完蛋了。

总会因他所称的梅纳德的目空一切而被激怒的克莱夫,对此持有另外一种见解;他不无道理地指出,现在宣布胜利为时尚早,而且如果低估希特勒可能投入到战争中的军备实力,这将会导致很大的错误。我敢说,克莱夫当时发表此番意见的方式相当具有煽动性,并且他在措辞上本来是可以谨慎一些的,不过,他真的不应该得到下面这样的反唇相讥,不是来自于梅纳德,而是来自莉迪亚:

啊!(可惜,我无法音译出莉迪亚情绪激动地将她这个特别的元音发得甚至更加特别时的腔调)克莱夫,你不会要说你想让德国人打赢这场战争吧。他们不会赢的,你不许这么说。

克莱夫因为这一莫名其妙的情绪失控而惊愕不已,他辩解道,自己根本没有说过那种话,只是指出太过乐观的危险而已。

可是他连讲完话的时间都没有。每次,只要他一张嘴,就会遭遇火辣辣的斥责声,而当他好不容易设法插上嘴时,莉迪亚却不肯听下去了。于是这种场面就僵持着,岔开话题或者将它引向更加富有理性的内容,这些努力全都无济于事。可以想见,那个晚上大家只能不欢而散。

要说自己被逼到近乎掉眼泪的境地,这也许太夸张,可是和别人一样,我也曾被深深地触怒过。为什么我们的谈话竟会变成愚蠢的口舌之战呢?

哦,钻石啊钻石!你这个小东西,清楚自己做了什么调皮捣蛋的事吗? 当然,大家都对莉迪亚生过气,但却都没有一本正经地责怪过她。她也从来不曾想到过,在对公共事务满怀关切的时刻,她正剥夺着我们倾听某位人物的观点的权利,此人见多识广,能言善辩,最有发言权,尽管他的立场过于乐观,却总可以给我们带来最想了解的消息。说实话,过去令我惊骇,现在仍然令我惊骇的,就是梅纳德本人。他根本不打算阻止莉迪亚在大家面前出丑,也没打算过要提醒克莱夫不要发脾气。其实,单凭一个笑话、一个谬论,只要他那智力过人的脑子稍微转动一下,便可以使一切矛盾烟消云散。然而,恰恰相反,他却面露微笑地坐在那里,就像某位仁爱的家长,看着被自己宠坏的孩子将别人的茶杯打得粉碎,脸上却仍旧带着和蔼、宽容以及溺爱的神情。

我猜,这种面对争论退避三舍的涵养,这种对莉迪亚以自己的方式进行交谈的做法欣然默许的态度,便是他与她结合的一个价值因素,这也可以证明,他们的婚姻非常美满。然而,作为局外人,我必须说,有时我很希望梅纳德能够解释一下某位诗人的作品,他的名字我记不起来了,但是我记得他曾对自己的妻子说:"做个淑女,闭上你的嘴巴。"①我必须补充一句,当莉迪亚斗胆谈论对她来说具有危险性的话题——政治、哲学或科学——时,她常会表现得荒唐可笑,但是,我想自己从来没有见到过她在表达荒谬见解时,神情竟会那么激动。

你知道我想说什么了吗?如果要将我所要讲的意思确切地表达出来,必须写上好多封洋洋洒洒的信件。你也许会传递出这样的信息,就是莉迪亚可能是个麻烦,她与理智,甚至在这种场合下会与好脾气为敌。但是与此同时,你不得不解释清楚——不,应该说是予以强调——她不但可以变得非常有趣,而且还真的令人印象深刻,她的

---

① 说此话的诗人是波德莱尔,原文为法文"Sois charmante et tais toi"。

真诚、快乐是淳朴的,完全没有架子,这些都使有她陪伴的夜晚,不仅变得愉快起来,而且颇能让人增长见识。只有当谈到某个话题,对此她的知识比你自己的要更丰富时,她才会处于最佳状态,可是请允许我再说一遍,即便在她的谈吐最为可笑的时候,莉迪亚也是完全真心实意的,甚至当向风车发起挑战之时,她也仍会径直地策马扬鞭、勇往直前。或许你的某一位投稿人,能够重现莉迪亚过去跟随佳吉列夫组织的芭蕾舞团演出的生活,或者更早一些,重现她在圣彼得堡的时光。或许,在梅纳德生命的最后几年中能更经常地见到她的人,会描绘出一幅截然不同的画面,因为到那个时候为止,她要挑战的就不是风车了。从我的角度来看,我只是匆匆地瞥见了她那种后发的英雄主义行为,她把大量的精力都用来照顾梅纳德了,使得这个令人感到棘手的病人,仍然生活于某种秩序之中。毋庸置疑,在那种时候,莉迪亚表现得英勇无比,因此不论梅纳德以前产生过什么疑虑,他都会意识到,自己身边有着一个自己可以正大光明地引以为豪的妻子。

如你所见,莉迪亚具有两面性,如果你要描述她与梅纳德的老友们之间的关系,那么就有必要对双方都给出公正的评价。为此,你需要一位文笔高超、判断力极强的作者。就像我刚才所说的,我自己提笔的原因在于被惹怒了,这与你所需要的投稿人的素养是不相符的,因为我怎能逃脱得了认为我偏心眼的指责呢?在这一问题上,我自认为不具备评判的能力,而只是一个目击者,正因如此,我声明自己已经尽力叙述了实情。

你的最真诚的

昆汀

戴维·加尼特①

亨丽埃塔·加尼特②

戴维·加尼特的父亲爱德华是一位作家,也是高尔斯华绥(John Galsworthy)③、康拉德(Joseph Conrad)④、福特(Ford Maddox Ford)⑤、哈得逊(William Henry Hudson)⑥、劳伦斯以及其他作家的文学顾问;其母亲康斯坦斯(Constance Garnett)⑦,则

---

① 本文参见亨丽埃塔·加尼特:《父亲的方方面面》(Aspects of My Father),载《周末电讯》(Telegraph Weekend Magazine);1989年4月8日,第23~27页。——原注
② 亨丽埃塔·加尼特(Henrietta Garnett,1945~),作家,戴维·加尼特和安杰莉卡·加尼特的女儿。
③ 高尔斯华绥(1867~1933),英国小说家和剧作家,获1932年诺贝尔文学奖,作品以19世纪末、20世纪初英国社会为背景,描写资产阶级的兴衰,代表作为《福尔赛世家》三部曲。
④ 康拉德(1857~1924),英国小说家,当过水手、船长,作品大多描写其航海生活经历,代表作有《水仙号上的黑家伙》、《黑暗的心》等。
⑤ 福特(1873~1939),英国作家。
⑥ 哈得逊(1841~1922),英国作家、鸟类学家,自然主义者。
⑦ 康斯坦斯(1862~1946),英国翻译家,向英、美读者介绍俄罗斯文学名著,翻译托尔斯泰、契诃夫、果戈理等人作品约七十卷。

是一位将俄国小说译成英文的伟大翻译家。1922年戴维因其小说《太太变狐狸》(Lady into Fox)的出版而一举成名。第一任妻子雷切尔·马歇尔(Rachel Marshall)①去世之后,他娶了安杰莉卡·贝尔,本文作者是他们所生的四个女儿之一——她也是一位小说家。写这篇文章的时候,戴维已经和安杰莉卡分居了。促使本文作者提笔撰写这篇回忆文章的诱因,是安德鲁·劳伊德·韦伯(Andrew Lloyd Webber)②于20世纪80年代,将加尼特在20世纪50年代创作的小说《爱情面面观》(Aspects of Love)改编成了音乐剧。

倘若父亲告诉我,他有一百岁了,我也会对此深信不疑的。事实上,我出生时他五十四岁,他在第二次婚姻中续娶的是安杰莉卡·贝尔,我在他们的四个女儿中排行老二。他满头银发,蓝眼睛,鼻子粗大而笔直,双肩宽厚,体格强壮,是个情绪激昂的人。他极少费劲掩饰自己的情感。我认为他并不希望这么做,也感到这样做毫无必要。

我们从来都只叫他"兔子"。他小时候喜欢看凯迪克(Randolph Caldecott)③画的《睡吧睡吧胖娃娃》(Bye Baby Bunting)的插图。自从他父亲弄到一张兔子皮,给他做了顶帽子之后,村里的孩子们很快就习惯叫他"兔子"了。这个绰号陪他走过了大半生。

"兔子"有个浪漫的想法,就是我们应该长成充满自信且无所畏惧的人,像奥里维尔家的姑娘们一样,她们是他年轻时的新异教徒朋

---

① 雷切尔·马歇尔(1891~1940),插图画家。
② 安德鲁·劳伊德·韦伯(1948~   ),英国著名音乐剧作曲家。
③ 凯迪克(1846~1886),英国图画书画家,其作品深受少年儿童喜爱。

友。我们受到鼓励,可以放肆,可以撒野,要坚韧不拔,随之而来的后果则是常常陷入困境。于是,他会因此而勃然大怒。他发起脾气来,有时是很吓人的:鼓着眼珠,面孔涨成砖红色,双下巴气成酱紫色,像一头野兽般朝我们咆哮。但是,他从没动过我们一根手指头。虽然他的狂怒令我十分慌张,但我时常仍会故意惹怒他,然后跑开,用这个方法捉弄他,并且为此而暗暗高兴。如果你能设法跑到远远的他捉不到的地方,那么这种游戏就会很带劲。

我的两位妹妹枪法很好,而且都是钓鱼能手,对此他感到非常自豪。她俩从一家旧货店买回一把刺刀,还没把刀拔出刀鞘,她们就用它打起架来,"兔子"也没想到要把刀从她们手里夺走。我们大喊大叫,打打杀杀,一定使他感到焦头烂额,苦不堪言。但是他没意识到,自己如果成为了四个亚马逊女战士的父亲,那么她们就非常可能袭击他的菜园,洗劫他的果园,从而将他平静的生活搅得更加鸡犬不宁。

他也曾经误入"歧途",遭受过一片农场的拖累。他渴望养上一群鹿。然而,他反倒买了几头泽西(Jersey)种的乳牛,因为按照他的想法,乳牛的眼睛应和鹿的眼睛长得很像。不幸的是,母牛们需要有人给它们挤奶。

记住这一点,那么大家就会觉得他直到20世纪50年代中期才恢复写作这一点不足为奇了,当时《爱情面面观》首次出版。

把《爱情面面观》中年迈的贵族诗人乔治·迪林汉爵士(Sir George Dillingham)说成"兔子"的自画像,这是不正确的,他不是那样的人。不过自从创造了乔治爵士这一形象,"兔子"就开始模仿起他来了。这种表演在一定程度上非常具有信服力。"兔子"从当地的医生手里买了辆二手的劳斯莱斯汽车。他从未拥有过葡萄园,但确实在法国待过很长一段时间。当乔治·迪林汉爵士的意大利太太朱丽叶塔(Giulietta)在丈夫的葬礼上致辞时,她所说的大部分话,读上去和"兔子"希望人们今后在他的悼词中写的内容十分酷似:"乔治·迪林汉和今天大多数的男人都不同。他不想改变生活和人性,也不认为这样的做法是明智的。对于我们天生的样子,他欣然接受。他并不盼望着升入天堂,地面上的生活就已令他心满意足了。

"乔治集古代和五十年前男子们的品格于一身。如同文艺复兴时代的人,他对生活的渴望永无止境,对于生活中的善良他坚信不已。他热爱并且理解肉体,相信肉体和精神不可分离……他既通晓也喜爱食物与美酒。比起这两者来,他更懂得女人,不少女子的生活因得到他的爱才变得充实。不过,与文艺复兴时期的男人不同,他还是精雅的品位和情调的创造者……"

不过,他与乔治爵士的相似之处也就到此为止。我为此感到很高兴。不管"兔子"遭受过何种失败,我会更乐于庆幸自己是他的女儿,而不是乔治爵士的。

如同大多数人一样,"兔子"也喜欢被奉若名人的感觉,他也会因旁人对他作品的解读而变得飘飘然。由他的处女作《太太变狐狸》改编而成的芭蕾舞剧令他十分高兴,此剧由奥涅格(Arthur Honegger)[①]谱曲,安德烈·霍华德(Andrée Howard)[②]于1939年为它编了舞。萨利·吉尔莫(Sally Gilmour)[③]扮演了泰伯利克太太(Mrs Tebrick)这个角色,她在剧中突然变成了狐狸。霍华德也是《水手归来》(*The Sai-*

---

① 奥涅格(1892～1955),瑞士作曲家,在巴黎音乐学院学习过,师从丹第,作品有《太平洋231号》《火刑堆上的贞德》等。
② 安德烈·霍华德(1910～1968),舞蹈家、舞蹈设计师。
③ 萨利·吉尔莫(1921～2004),兰伯特芭蕾舞团的著名芭蕾舞演员。

lor's Return)的编舞者,吉尔莫在此剧中的表演又一次大获成功,这次她扮演的是郁金香一角,郁金香是达荷美共和国的黑人公主,跟从水手丈夫回到英国,然而等待他们的却是可怕的结局。汤姆·贝尔(Tom Bell)在根据该小说改编而成的电视剧中扮演水手塔吉特(Targett),"兔子"非常钦佩他的表演。

别人想把《太太变狐狸》拍成电影。"兔子"深感失望,因为事实证明,驯化一条大小适中的狐狸,使它学会打伯齐克(bezique)纸牌,实在太难了。同样令他失望的是,让·雷诺阿(Jean Renoir)[①]打算将《爱情面面观》搬上银幕的计划最终成了泡影。因此,我能想象,要是他知道安德鲁·劳伊德·韦伯成功地实现了自己的雄心壮志,将《爱情面面观》改编成了音乐剧,他该多么欣喜啊!

1924年,"兔子"买下了希尔顿庄园(Hilton Hall),这幢房子十分美观,正面是安妮女王朝代柔美的赭色风格,屋后有一间鸽舍,成片的草地直通果园,远处还有一片草地,位于与费恩(Fens)沼泽区相连的灰蒙蒙的、平坦的土地上。虽然情调浪漫,可是住在希尔顿的那些日子令人极其不自在。"兔子"具有简朴的气质,这使他对任何接近奢侈的事物嗤之以鼻。

我们小的时候,他确实比较穷,不过我仍然感到奇怪,对于我们的教育问题他竟全不操心。我的意思不是指他把我们送进了一所沉闷得令人窒息的蹩脚学校,而是指不论我们在课堂上学些什么,他都从未表现出感兴趣的样子。我都记不起来他是否问过我每天在学校

[①] 让·雷诺阿(1894~1979),法国著名电影导演,法国20世纪30年代"诗意现实主义电影"代表人物,主要作品有《幻灭》、《马赛曲》、《衣冠禽兽》、《游戏的规则》等。

都做什么了。或许他是对的。或许过问不过问并不重要。因为,如果我们真的学到了什么东西的话,那是因为我们可以在他那浩瀚无边的书屋里博览群书。除了藏书,家里还有大量精美的绘画以及许多雕刻作品。如果谁表现出任何写作方面的天分,他都会全力支持,并鼓励她进行更多的创作。可是他把稿纸放在书房里,每次只肯拿出一张,我至今还觉得这一点很奇怪。

我之所以感到奇怪,是因为"兔子"是我认识的人里最慷慨大方的。他在时间和注意力的使用上都十分大度,而且还是一个好客的主人。"兔子"喜欢举办聚会,于是在仲夏夜的前夕组织聚会便成了传统。对于我们而言,聚会可是盛事。花园里亮起中国灯笼,琼浆玉液荡漾在杯中。这些都是大型的派对,人们从远方驱车前来赴宴。第二天早上,花园里还是高朋满座,客人们在午餐时就吃前一天晚宴的剩菜剩饭,他们谈笑风生,畅饮更多的美酒佳酿,或是跳入泳池,让自己神清气爽,然后才恋恋不舍地一一作别。

他总是任由我自己决定邀请哪一位喜欢的朋友来希尔顿做客。我记得,有一次我在伦敦某家夜总会消磨到很晚,然后和一位朋友开车回希尔顿庄园,到了那里,我们俩发现门被锁上了,本小姐的亚马逊族女战士式家庭教育便派上了用场。我正要撬门而入,这时门突然开了。"兔子"穿着睡衣,手里拿着一把短手枪,瞄准了我们。起先我们被吓坏了,接着三个人都情不自禁地大笑起来。"兔子"扔掉手中的枪,搜出一些红葡萄酒。这种荒唐可笑的情景令他极为快乐。他也很喜欢我的那位朋友。我们仨边喝酒边聊天,就这样一直坐到吃早餐的时候。

1970年,他离开了希尔顿庄园,在法国西南部的莎丽城堡(Château de Charry)里租了一幢别墅。这幢房子小巧美观,它建立在一块平坦的地面上,背靠着一处树木茂盛的悬崖,正面俯瞰着一片山谷,掩映在一棵大橡树和几株榆树的树荫下。城堡的角楼在树丛间清晰可见,这使它带上了一丝浪漫的色彩,令人感到仿佛置身于睡美人城堡的领地一般。

我开始变得非常喜欢莎丽,所以经常去那里看望他。在邻居中间,属他运气最好,在与大多数来访者的周旋中,他也非常幸运。他的性情意味着会有众多的小一辈人前来叩门造访。他喜欢扮演主人这一角色,只在偶然的情况下,才会抱怨繁缛的社交活动搅得他无法工作。

"兔子"起得很早,早餐他常喝咖啡,吃面包和蜂蜜。他自称是"蜜蜂狂",毕生养过许多蜜蜂。他去世时,在莎丽还留着两个蜂巢。他会把各种各样剩下来的蜂蜜都装在不同的罐子里,等我去看他时一起品尝。我们品尝蜂蜜的时光十分美好,会以和品酒师同样严肃的态度,去比较各类蜂蜜的好坏,这些蜂蜜有他出国旅游时从西班牙带回来的,有来自意大利的托斯卡纳(Tuscany)地区以及来自希腊的,也有自产的。大多数的早晨,他会坐在起居室里擦得锃亮的长桌子跟前进行写作。

天气好的时候,我们会在屋外橡树树荫下一张摇摇晃晃的圆桌上共进午餐。"兔子"厨艺很好,他因此而颇为自豪。他烧出的菜肴相当丰富,可口的东西很多。可喝的东西也不少。他把大部分从帕尔纳克(Parnac)当地买回来的酒都储存在瓶子里。但是,尽管他烹饪的菜肴美味可口,那间小厨房却凌乱得出奇。面对着挂有各式各样小块诱饵的老鼠夹,老鼠们根本不予理睬。食物残渣到处都是,越积越多,只有皮耶雷特(Pierette)每周两次前来打扫完别墅后,厨房才会被收拾得干干净净,而在此之前,从寒冷的野地溜进来的小田鼠,单靠这些残渣就能饱餐一顿。虽说厨房很脏,"兔子"却极爱做家务,这令人颇感不可思议。对于日常生活,他如同对待对学识的追求一样饶有兴趣。他经常自己修理东西，大部分的衣服也都是靠自己手洗。有一次，他对我非常恼火，因为在当地的某个节日里，我出于想赢得一台洗衣机的原因，而去买了彩票。幸运的是，我并没有中奖。

我们的交谈从这些话题上延展开来。从书籍、伦理道德、谣言、风流韵事，到科学、丑闻，我们无所不谈。当然，他和我的观点并不总是一致。"兔子"常常表现得十分武断。一次，他正和我舅舅昆汀·贝尔谈论简·奥斯丁(Jane Austen)①的《爱玛》(*Emma*)。"兔子"认为，伍德豪斯先生(Mr Woodhouse)彻头彻尾是个令人难以置信的、软弱无能的角色。他批评爱玛，说她太势利，对父亲态度恶劣。昆汀表示反对，并为爱玛进行辩解，他指出爱玛其实对伍德豪斯先生很好。片刻停顿，"兔子"被难住了，接着他突然爆出一句："不过我们听到的只是简·奥斯丁的一面之词！"

我们一直消磨到吃早餐。上帝知道，我们怎么会无休无止地讨论关于《圣经》的事。我指出，无论是谁，如果他(或她)想了解自乔叟直到艾略特这个历史时期中所有作家的情况，那么就有必要先读读《圣经》。他大声咆哮起来，怒气冲冲，重重地跺着脚夺门而出。大约一小时后，他屈服了，勉勉强强地承认，或许我说的也有一定道理。然而，他希望上帝这一角色可以不出现在《圣经》里。上帝的确在《二乘以二》(*Two by Two*)里在假定中短暂地消失了，在这本他写的小说中，我的两个小妹妹成了诺亚方舟上的偷渡者。不过，除了那种偶尔的意见相左之外，我们的谈话生动亲密，时不时地被爽朗的笑声打断。

午餐之后，"兔子"通常会坐在屋外木制的躺椅上打一小会儿盹，

---

① 简·奥斯丁(1775~1817)，英国小说家，以善于描绘中产阶级家庭生活著称，著有长篇小说《傲慢与偏见》、《爱玛》等。

或者出去散散步。他如果出去散步,回来时总要带些什么东西,以表明自己出去过了。倘若赶上时令季节,他带回来的就会是蘑菇。"兔子"对于真菌类植物十分狂热。作为从帝国理工学院(Imperial College of Science)毕业的学生,他有幸接触到一种尚不为人所知的蘑菇物种。后来,这种蘑菇被命名为"小兰姆斯波顿和加尼特"蘑菇。兰姆斯波顿是国家自然历史博物馆的一位博士。正如这一命名所表明的,那种蘑菇非常小。"兔子"对我说,他的这一发现,比在文学领域所作出的任何贡献,都更令他感到自豪。鸡油菌、形状可怕的牛肝菌、灰色伞形毒菌以及青紫色食用伞菌,都被他得意扬扬地带回家来,精心烹煮。

然而,对于他以这些野生菌为材料而进行的烹调试验,并非所有客人都会表示感激。"亲爱的亨丽埃塔,我想告诉你,X 和 Y 指责我,说我有蓄意谋杀他俩的嫌疑。我要指出,他们是不请自来的。吃完了我用灰白牛肝菌为他们烹制的丰盛菜肴,他们竟还有脸抱怨那天晚上身子极不舒服。我鄙视这种伎俩。因为,当他们为了能体体面面地排泄,而在炖锅前奋战的时候,我偷偷溜回厨房,狼吞虎咽地将剩下来的菜肴一扫而光。假使当时我被发现,我不知道他俩之中有谁会再愿意同我说话。不过,吃早餐时,我把得意的笑容全都隐藏起来,成功地假装自己为这些倒霉蛋感到十分难过,他们对于乡村简直是一无所知……"我必须承认,自己是比较同情"兔子"的客人的。

作为名副其实的村夫,"兔子"从未离开过猫。在希尔顿庄园时,我们就有好几种泰国猫。到了莎丽时期,柏提那克斯(Pertinax)成为"兔子"养的最后一只猫。它是一只雍容高贵的虎斑猫。我有一次去莎丽探望"兔子",他正好闲着没事儿干。我提醒他,自己年幼时他曾给我大声朗读他的幻想故事的前言,故事讲的是他自己和一只会说话的猫。它完全攫住了我的想象力。我便说服他把这篇故事写成小说。其结果便是《猫师傅》(*The Master Cat*)的问世。这本书的内容比较古怪,也相当血腥,和起初前言里的内容大相径庭。然而,这本书的创作将他从无所事事的糟糕困境中解救出来,所以他把这本小说献给了我。

晚餐常常比午餐精美丰盛许多,餐后我们总是坐到壁炉旁两张非常漂亮的法式扶手椅里。我很喜欢那间屋子。壁炉大得很,里面有一个华丽的铁质背壁,前面空间留得很多,足够我蜷缩在橡木堆旁取暖。他会递给我白兰地、干果或是朗姆酒。他把那些熟悉的绘画、书籍和陶器从希尔顿搬了过来。我点上一支茨冈(Gitane)牌的女士香烟,"兔子"则抽着一支弗力古(Voligeur)牌的法国廉价雪茄,于是我们朝着天花板吞云吐雾。我们或者聊起私事,一聊就聊到深更半夜,或者就为彼此大声朗读作品。一般而言,我们常会读些当天自己写的文章,或是别人写的诗歌什么的。怀亚特(Wyatt)、邓恩、布莱克和叶芝是我俩共同的最爱。他时常会吟诵诸如《韦立韦立》(*Waley Waley*)、《洛德·兰登尔》(*Lord Randal*)、《两只乌鸦》(*The Two Corbies*)这样的童谣,调子颤抖而低沉,具有余音绕梁的魅力。他还善于模仿别人,学得特别像,而且常会模仿他的朋友做可笑事情时的样子,或者学某个他在市场上看到的、因一根萝卜而和小贩讨价还价的老太太的模样。尽管长得五大三粗,他却有本事凭借动作和声音,一下子变成某只老鼠,或是变成在雨里等候公共汽车的满腹牢骚的女士。

他喜爱谈论往昔。谈的虽是一个已被忘却的世界,但他却能把它说得栩栩如生。他讲到自己的父母,讲到年轻时多次游览革命前夕的俄国的经历,还怀着深深的爱意,讲到两次婚姻带给他的两任妻子。他继而讲述自己年轻时经历过的感情问题。他的这一性格,使得我俩可以分享许许多多共同感受。柏提那克斯趴在他膝上,时不时地挠抓着他的裤子。

"兔子"开车非常恐怖。他在学开飞机时写的一本题为"空中的兔子"(*A Rabbit in the Air*)的日记里,他曾极其风趣地写到自己是个多么不可救药的飞行员。不过,对于任何蔑视其车技的话语,他却是非常恼怒的。不论在哪里,只要有车子开过来,他都会操着英语大声嚷嚷:"闪开!"时常,特别是如果他正做着某件事情,谈着谈着完全跑题了,那么他就会让车子径直冲向某样危险的东西——它兴许是处悬崖,兴许是个树桩。

有一次,发现似乎要一命呜呼了,我就打开车门,力图要跳下车去。后来我告诉"兔子",他把我给吓糊涂了,听到这番话时,他的神情非常惊讶。然后他深感懊悔,带我去了一家小咖啡馆,给我要了一杯白兰地。在回家的后半段路上,他把车子开得很慢很慢,真是糟糕透顶,车子跌跌撞撞地顺着马路中线开了出去。

越加年迈的时候,怀着对衰老的不可避免的愤怒,"兔子"意识到自己需要找个伴了。他的运气不错,找到了作家琼·欧多诺万(Joan O'Donovan)①,她曾经在多尔多涅(Dordogne)生活过。琼对他悉心照料。他对此非常清楚,也非常感激她。她购物极策略,极其小心谨慎;她把屋子归整得干干净净,在她的照顾下,他也显得神清气爽;她还会巧妙地逗得他乐呵呵的,以至于忘记了自己正日渐衰老的事实,反倒尽情享受着她的陪伴。

我最后一次去看"兔子",是在 1980 年的圣诞节,不久他便去世了。同以往一样,屋子里只有我们俩在一起。琼出去看她的朋友了。我当时很愚蠢,根本没有注意到,自从我上次看他以来,他已经变得

---

① 琼·欧多诺万,神学家、教师。

更为苍老了,而上次看他也仅仅是前几个月里的事情。透过丝丝银发,他粉红色的头皮清晰可见。他的双手抖得很厉害,所以雪茄上的烟灰都撒到他的衣服上了。他的眼神遥远而恍惚。有时,话说到一半,他会停下来,尽力搜寻自己想要表达的语言。他讲到要和堂兄迪克·加尼特一起去钓鱼的计划,并告诉我他有多么爱我,对我女儿寄予了什么样的希望。他谈到了所有他热爱的人们。那其实就是某种程度上的挽歌了,而我竟然如此迟钝,没能意识到这一点。

那一日气候恶劣,天寒地冻。一场猛烈的暴风雨摇撼着整幢房子。电路被切断了。我烧上一大堆火,点上蜡烛,就用柴禾匆匆忙忙地煮了一顿晚饭。我俩紧紧蜷缩在炉火旁,喝了很多当地的葡萄酒,都试图用笑话和交谈驱散阴霾,活跃气氛。两人都坐到很晚才就寝。他咯咯地笑着,声音没能发出来,全身因此而颤抖着,更多的烟灰被抖落到了裤子上。

"那是什么?"我问道。

"是琼——她走了,留下一只圣诞袜给这只猫!"

很难说清楚,当有一个人离开,而自己成了个大傻瓜的时候,那些少有的欢乐片刻是怎么回事。可是我们就是情不自禁地感到高兴。我们俩畅快地大笑。我把琼忘在晾衣橱里的塞着圣诞礼物的袜子拽了出来。袜子的脚趾头里有一听绑着缎带的沙丁鱼。柏提那克斯出去找别的鱼吃了。我们重新把酒杯斟满。

两个月后,离他九十大寿只差几天的时候,"兔子"去世了。我的哥哥们、妹妹、我女儿以及她未来的丈夫,在这幢小别墅里住了三个礼拜,试图告诉他大家有多么爱他。那些日子很不好过。因为到了那种时候,他已经不会说话了。可是他还听得见。我花了许多时间,大声地为他诵读他最喜爱的诗歌。

布鲁姆斯伯里文化圈大事年表

1866　罗杰·弗莱出生。

1877　德斯蒙德·麦卡锡出生。

1879　E. M. 福斯特出生。
　　　瓦奈萨·斯蒂芬出生。

1880　利顿·斯特雷奇出生。
　　　索比·斯蒂芬出生。
　　　萨克逊·锡德尼-特纳出生。
　　　伦纳德·伍尔夫出生。

1881　克莱夫·贝尔出生。

1882　弗吉尼亚·斯蒂芬出生。
　　　玛丽·沃里-康尼希出生。

1883　J. M. 凯恩斯出生。
　　　阿德里安·斯蒂芬出生。

1885　邓肯·格兰特出生。
　　　罗杰·弗莱入读剑桥大学的国王学院(King's College, Cambridge)。

1888　罗杰·弗莱获得自然科学专业的一等荣誉毕业证书,决定转而学习绘画。

1892　罗杰·弗莱在巴黎学习绘画。
　　　戴维·加尼特出生。

1893　多拉·卡琳顿出生。

1894　罗杰·弗莱为剑桥大学的进修班作多次讲演,内容主要为意大利艺术。
　　　德斯蒙德·麦卡锡入读剑桥大学的三一学院(Trinity College, Cambridge)。

1895　朱莉亚·斯蒂芬夫人去世。
　　　弗吉尼亚·斯蒂芬第一次精神崩溃。

1896 罗杰·弗莱与海伦·库姆比(Helen Coombe)结婚。

1897 E. M. 福斯特入读剑桥大学国王学院。
德斯蒙德·麦卡锡离开三一学院。
弗吉尼亚·伍尔夫在伦敦国王学院(King's College, London)攻读希腊语和历史。

1899 罗杰·弗莱的《乔凡尼·贝利尼》(*Giovanni Bellini*)出版。
克莱夫·贝尔、索比·斯蒂芬、利顿·斯特雷奇、萨克逊·锡德尼-特纳、伦纳德·伍尔夫均于是年入读剑桥大学三一学院。
"子夜社"(Midnight Society)——一个"读书俱乐部"(reading society)——在三一学院成立,创建人是贝尔、锡德尼-特纳、斯蒂芬和伍尔夫。

1900 罗杰·弗莱在剑桥大学多次为进修班作关于艺术的演讲。

1901 罗杰·弗莱成为《雅典娜神庙》(*Athenaeum*)杂志的艺术批评家。
瓦奈萨·斯蒂芬入读皇家艺术学院(the Royal Academy Schools)。
E. M. 福斯特离开剑桥大学,去意大利和希腊旅游,开始创作小说《看得见风景的房间》(*A Room with a View*)。

1902 邓肯·格兰特在威斯敏斯特美术学校(the Westminster Art

School)听课。

伦纳德·伍尔夫、萨克逊·锡德尼-特纳和利顿·斯特雷奇入选"使徒社"(the Apostles,该学社早期的成员包括罗杰·弗莱、德斯蒙德·麦卡锡、E.M.福斯特)。

克莱夫·贝尔离开剑桥大学,然后在伦敦研究历史学。

阿德里安·斯蒂芬入读剑桥大学三一学院。

J.M.凯恩斯入读剑桥大学国王学院。

弗吉尼亚·斯蒂芬开始请私人教师授希腊语。

1903 G.E.穆尔的《伦理学原理》(*Principia Ethica*)出版。

罗杰·弗莱为自己创作的油画和素描举办第一次画展。

德斯蒙德·麦卡锡为《演说家报》(*Speaker*)撰写评论文章。

J.M.凯恩斯入选"使徒社"。

E.M.福斯特发表第一篇短篇小说。

1904 弗吉尼亚·斯蒂芬发表第一篇评论。

莱斯利·斯蒂芬去世,其子女迁入布鲁姆斯伯里区的戈登广场(Gordon Square)46号。

E.M.福斯特在德国任冯·阿尼姆伯爵夫人(Countess von Arnim)子女的家庭教师。

克莱夫·贝尔在巴黎从事历史研究。

伦纳德·伍尔夫离开剑桥大学,参加公务员考试后以"锡兰文职机构"(the Ceylon Civil Service)培训班学员的身份前往锡兰。

萨克逊·锡德尼-特纳离开剑桥大学,成为遗产税务局(the Estate Duty Office)的职员。

利顿·斯特雷奇为获得研究员的职位而致力于撰写一篇论文。

弗吉尼亚·斯蒂芬第二次精神崩溃。

1905 《欧佛洛绪涅:诗集》(*Euphrosyne: A Collection of Verse*)一书出版,该书收有克莱夫·贝尔、萨克逊·锡德尼-特纳、伦纳德·伍尔夫和利顿·斯特雷奇的匿名文章。

罗杰·弗莱编辑《约书亚·雷诺德爵士论文集》(*The Discourses of Sir Joshua Reynolds*)。

E. M. 福斯特的小说《天使不敢驻足的地方》(*Where Angels Fear to Tread*)首次印行。

阿德里安·斯蒂芬离开三一学院。

弗吉尼亚·斯蒂芬在伦敦莫雷学院(Morley College)任教。

索比·斯蒂芬开始在戈登广场为朋友们举办每星期四的定期聚会。

瓦奈萨·斯蒂芬组建"星期五俱乐部"(Friday Club),其活动内容与艺术相关。

利顿·斯特雷奇离开剑桥大学。

J. M. 凯恩斯跻身于剑桥大学数学荣誉学位考试(Mathematical Tripos)优胜者行列,获第十二名(Twelfth Wrangler)①。

---

① Wrangler 是剑桥大学向获得一等荣誉毕业的数学专业学生授予的称号,按照数学荣誉学位考试得分排出名次,第一名被称为"The Senior Wrangler",第二名为"The Second Wrangler",以此类推,该制度一直延续到 1909 年。

1906 克莱夫·贝尔攻读法律。

德斯蒙德·麦卡锡和玛丽·沃里-康尼希结婚。

罗杰·弗莱受聘出任纽约大都会博物馆(Metropolitan Museum of New York)油画厅主任。

邓肯·格兰特在巴黎学习绘画。

J. M. 凯恩斯在印度事务部(the India Office)任职。

索比·斯蒂芬死于伤寒症。

1907 E. M. 福斯特的小说《最漫长的旅程》(*The Longest Journey*)首次印行。

德斯蒙德·麦卡锡的著作《宫廷戏剧:说明与批评》(*The Court Theatre: A Commentary and Criticism*)首次印行。

瓦奈萨·斯蒂芬和克莱夫·贝尔结婚。

邓肯·格兰特在巴黎,曾于斯拉德艺术学校(the Slade School)学习一个学期。

弗吉尼亚·斯蒂芬和阿德里安·斯蒂芬迁居费兹罗伊广场(Fitzroy Square)29号;星期四定期聚会(一度中断)又恢复了。

弗吉尼亚·斯蒂芬开始创作第一部小说。

罗杰·弗莱辞去纽约大都会博物馆油画厅主任一职,转任该博物馆欧洲事务顾问。

德斯蒙德·麦卡锡出任《新季刊》(*New Quarterly*)编辑(至1910年去职)。

利顿·斯特雷奇开始为《旁观者》(*Spectator*)撰写每周评论(至1909年)。

"剧本阅读会"在戈登广场46号成立,创建者有贝尔夫妇、阿德里安·斯蒂芬、弗吉尼亚·斯蒂芬、斯特雷奇以及锡德尼-特纳,该阅读会的活动时断时续,至1914年解散。

1908 E. M. 福斯特的小说《看得见风景的房间》首次印行。

朱利安·贝尔出生。

伦纳德·伍尔夫出任锡兰汉班托特(Hambantota)政府代理助理(Assistant Government Agent)。

J. M. 凯恩斯离开事务部。

1909 罗杰·弗莱撰写的《论美学》(*An Essay in Aesthetics*)一文发表。

利顿·斯特雷奇向弗吉尼亚·斯蒂芬求婚。

邓肯·格兰特迁居费兹罗伊广场21号。

罗杰·弗莱出任《伯灵顿杂志》(*Burlington Magazine*)编辑。

奥特兰·莫瑞尔夫人开始参加费兹罗伊广场的星期四聚会。

J. M. 凯恩斯在国王学院获得研究员职位。

1910 E. M. 福斯特的小说《霍华德庄园》(*Howards End*)首次印行。

是年2月发生"大无畏号"事件(the Dreadnought hoax),事件的参与者包括弗吉尼亚·斯蒂芬、阿德里安·斯蒂芬和邓肯·格兰特。[1]

罗杰·弗莱结识邓肯·格兰特和贝尔夫妇;经常在"星期五俱

---

[1] 1910年2月10日,弗吉尼亚、阿德里安、邓肯以及他们的另外三位朋友化装成阿比西尼亚(即埃塞俄比亚)的国王、王子等,要求参观"大无畏号"战舰(H. M. S. Dreadnought),结果将舰上的舰长和船员都蒙蔽了。

乐部"作演说;被 J. P. 摩根从大都会博物馆解职。

海伦·弗莱因其精神错乱症无法医治,被送进精神病院(1937年去世)。

弗吉尼亚·斯蒂芬为争取妇女选举权而从事志愿者工作。

利顿·斯特雷奇结识奥特兰·莫瑞尔夫人。

昆汀·贝尔出生。

由罗杰·弗莱组织的第一次"后印象派画展"于此年11月至1911年1月在伦敦格莱夫顿美术馆(Grafton Galleries)举办,其间德斯蒙德·麦卡锡曾任画展的秘书。

1911 E. M. 福斯特的《神圣的马车和其他故事》(*The Celestial Omnibus and Other Stories*)首次印行。

弗吉尼亚·斯蒂芬租得位于苏塞克斯郡的弗勒的一所房子。

罗杰·弗莱婉拒泰特美术馆(Tate Gallery)馆长职位,开始在斯拉德艺术学校作演讲。

伦纳德·伍尔夫从锡兰返回英国。

J. M. 凯恩斯成为剑桥大学经济学专业的讲师。

弗吉尼亚·斯蒂芬和阿德里安·斯蒂芬搬入布朗斯维克广场(Brunswick Square)38号,和伍尔夫、凯恩斯以及格兰特同住。

瓦奈萨·贝尔和罗杰·弗莱开始发生暧昧关系。

1912 利顿·斯特雷奇的《法国文学的里程碑》(*Landmarks in French Literature*)一书首次印行。

E. M. 福斯特在印度旅行。

J. M. 凯恩斯出任《经济学杂志》(*Economic Journal*)编辑(直至

1945年)。

伦纳德·伍尔夫从"殖民地公职机构"(the Colonial Service)辞职。

弗吉尼亚·斯蒂芬和伦纳德·伍尔夫结婚,婚后先住在伦敦的克利福德律师公会(Clifford's Inn),从法国、西班牙和意大利旅行回来后定居于苏塞克斯郡的阿希汉姆屋(Asham House)。

由罗杰·弗莱组织的第二次"后印象派画展"自此年11月至1913年2月在伦敦举办,伦纳德·伍尔夫担任秘书。

1913 弗吉尼亚·伍尔夫的小说《出航》(The Voyage Out)完稿。

伦纳德·伍尔夫的著作《丛林中的村庄》(The Village in the Jungle)首次印行。

J. M. 凯恩斯的著作《印度通货与金融》(Indian Currency and Finance)首次印行。

E. M. 福斯特从印度回到英国,开始创作《印度之行》(A Passage to India)和《莫里斯》(Maurice)。

萨克逊·锡德尼-特纳进入英国财政部。

伦纳德·伍尔夫开始为《新政治家》(New Statesman)撰写评论,并且着手研究合作社运动(the Co-operative Movement)。

瓦奈萨·贝尔爱上邓肯·格兰特。

德斯蒙德·麦卡锡担任《新政治家》的戏剧评论家。

"欧米伽工作室"(Omega Workshops)由罗杰·弗莱倡议成立,邓肯·格兰特为共同管理者,温德汉姆·刘易斯(Wyndham Lewis)因该工作室而与罗杰·弗莱等发生争执。

弗吉尼亚·伍尔夫又一次精神崩溃,曾企图自杀。

"小说俱乐部"(Novel Club)活动持续将近一年而终止。

1914 克莱夫·贝尔的《艺术》(*Art*)一书首次印行。

伦纳德·伍尔夫的《聪明的少女》(*The Wise Virgins*)一书首次印行。

阿德里安·斯蒂芬与卡琳·卡斯戴罗结婚。

德斯蒙德·麦卡锡加入红十字会,并在法国工作至1915年。

J. M. 凯恩斯进入英国财政部工作。

伍尔夫夫妇从克利福德律师公会搬到萨里的里士满。

克莱夫·贝尔和玛丽·哈钦森开始相恋,这段恋情一直发展到1927年。

1915 克莱夫·贝尔的小册子《立即和平》(*Peace at Once*)首次印行(伦敦市长随后下令查禁并销毁该书)。

弗吉尼亚·伍尔夫的小说《出航》首次印行。

E. M. 福斯特随红十字会在埃及亚历山大市工作,直至1918年。

伍尔夫夫妇搬入里士满的贺加斯屋。

卡琳顿在布鲁姆斯伯里结识利顿·斯特雷奇。

1916 伦纳德·伍尔夫的著作《国际政治学:两份报告》(*International Government : Two Reports*)首次印行。

利顿·斯特雷奇以违背良心为由,拒绝应征入伍,遭到否决,但他还是因为体检方面的原因而得到豁免。

伦纳德·伍尔夫因体检方面的原因而被豁免兵役。

克莱夫·贝尔在莫瑞尔夫妇位于嘉辛顿(Garsington)的农场里服替代役。

瓦奈萨·贝尔及其子女与邓肯·格兰特、戴维·加尼特一同搬到萨福克郡的威塞特屋(Wissett),以便加尼特和格兰特能在附近的一个农场里服替代役;同年稍晚些时候,他们又迁居至查尔斯顿(Charleston)庄园,该庄园位于苏塞克斯的弗勒,贝尔一家和邓肯·格兰特后来长住于此。

J. M. 凯恩斯和一些朋友搬入戈登广场46号,这里成为他在伦敦的长期住所。

1917 伦纳德·伍尔夫的《君士坦丁堡的未来》(*The Future of Constantinople*)一书首次印行。

克莱夫·贝尔的 *Ad Familiares* 一书首次印行。

弗吉尼亚夫妇收购贺加斯出版社,《弗吉尼亚·伍尔夫和L. S. 伍尔夫创作并印刷的两个故事》(*Two Stories Written and Printed by Virginia Woolf and L. S. Woolf*)成为该社的第一本出版物。

伦纳德·伍尔夫编辑《永久和平的框架》(*The Framework for a Lasting Peace*)一书;建立"1917俱乐部";并且开始担任工党有关大英帝国以及国际问题顾问委员会秘书,任职长达二十多年。

弗吉尼亚·伍尔夫开始定期记日记。

利顿·斯特雷奇和卡琳顿在"米尔屋"成家,这所房子位于贝克郡的提德马辛(Tidmarsh)。

1918 利顿·斯特雷奇的《维多利亚时代名人传》(*Eminent Victorians*)一书首次印行。

克莱夫·贝尔的《劣质文艺作品》(*Pot-Boilers*)一书首次印行。

玛丽·麦卡锡的《桥墩和乐队》(*A Pier and a Band*)一书首次印行。

德斯蒙德·麦卡锡的《残迹》(*Remnants*)一书首次印行。

伦纳德·伍尔夫的《合作社及工业的未来》(*Co-operation and the Future of Industry*)一书首次印行。

伦纳德·伍尔夫出任《国际评论》(*International Review*)编辑。

凯瑟琳·曼斯菲尔德的小说《序曲》(*Prelude*)由贺加斯出版社出版。

在罗杰·弗莱和邓肯·格兰特的建议下,J. M. 凯恩斯说服英国财政部购得在巴黎举办的德加拍卖会(Degas sale)上拍卖的全部绘画作品。

瓦奈萨·贝尔和邓肯·格兰特的女儿安杰莉卡·贝尔出生。

1919 弗吉尼亚·伍尔夫的《夜与日》(*Night and Day*)一书首次印行。

贺加斯出版社出版弗吉尼亚·伍尔夫的《邱园记事》(*Kew Gardens*)和 T. S. 艾略特的《诗歌》(*Poems*),但是没能出版1918年詹姆斯·乔伊斯交付的《尤利西斯》(*Ulysses*)。

J. M. 凯恩斯作为英国财政部的首席代表参加巴黎和会;他于6月间辞职,然后在查尔斯顿庄园撰写《和平的经济后果》(*The Economic Consequences of the Peace*),该书于年底出版。

贝尔夫妇、伍尔夫夫妇、凯恩斯、弗莱及格兰特在伦敦结识佳吉列夫芭蕾舞剧团的相关人士,包括毕加索(Picasso)、德兰(Derain)、斯特拉文斯基(Stravinsky)、马辛(Massine)、安塞美

（Ansermet）、尼任斯基（Nijinsky）以及莉迪亚·洛普科娃。

伍尔夫夫妇从阿希汉姆屋迁至位于苏塞克斯郡洛德梅尔的"僧侣馆"（Monk's House）。

克莱夫·贝尔在巴黎结识许多朋友，包括德兰、布拉克（Braque）、德·塞贡扎克（Dunoyer de Segonzac）、毕加索、科克托（Cocteau）以及其他人。

斯特雷奇夫人及其女儿们搬入戈登广场51号。

弗朗西斯·比勒尔和戴维·加尼特合作开办一家书店。

1920 罗杰·弗莱的《视觉与设计》（*Vision and Design*）一书首次印行。

伦纳德·伍尔夫的《经济帝国主义》（*Economic Imperialism*）和《在非洲的帝国和商业》（*Empire and Commerce in Africa*）二书首次印行。

贺加斯出版社首次印行马克西姆·高尔基（Maxim Gorky）的《回忆托尔斯泰》（*Reminiscences of Tolstoy*），该书由科特里昂斯基（S. S. Koteliansky）与伦纳德·伍尔夫合译；E. M. 福斯特的《塞壬的故事》（*The Story of the Siren*）一书于同年首次印行。

伦纳德·伍尔夫连续三个月为《民族》（*The Nation*）撰写稿件，内容涉及外交事务方面的领导人物。

欧米伽工作室关闭。

"传记俱乐部"（Memoir Club）第一次聚会。

邓肯·格兰特在伦敦第一次举办个人画展。

德斯蒙德·麦卡锡出任《新政治家》的文学编辑（1927年离任），开始以"和善的老鹰"（Affable Hawk）为笔名在所撰评论上署名。

E.M.福斯特出任伦敦《每日先驱报》(*Daily Herald*)文学编辑,为期一年。

1921 克莱夫·贝尔的《诗集》(*Poems*)首次印行。

弗吉尼亚·伍尔夫的《星期一或星期二》(*Monday or Tuesday*)首次印行。

利顿·斯特雷奇的《维多利亚时代名人传》一书首次印行。

罗杰·弗莱的《十二幅新颖的木刻》(*Twelve Original Woodcuts*)一书首次印行。

伦纳德·伍尔夫的《来自东方的故事》(*Stories from the East*)及《社会主义与合作社》(*Socialism and Co-operation*)两部著作首次印行。

J.M.凯恩斯的《概率论》(*A Treatise on Probability*)首次印行。

E.M.福斯特在印度担任德瓦省君王临时私人秘书。

弗吉尼亚·伍尔夫生病,休养四个月。

卡琳顿和拉尔夫·帕特里奇结婚。

1922 克莱夫·贝尔的《自塞尚以来的绘画》(*Since Cézanne*)首次印行。

利顿·斯特雷奇的《书籍与人物:法国与英国》(*Books and Characters: French and English*)首次印行。

E.M.福斯特的《亚历山大市:历史与指南》(*Alexandria: A History and a Guide*)首次印行。

弗吉尼亚·伍尔夫的《雅各的房间》(*Jacob's Room*)首次印行。

J. M. 凯恩斯的《合约的修订本》(*A Revision of the Treaty*) 首次印行。

瓦奈萨·贝尔和邓肯·格兰特为凯恩斯夫妇位于国王学院的房间进行装修。

伦纳德·伍尔夫作为大学联合选区的工党候选人参选议员,但未成功。

1923 克莱夫·贝尔的《论英国的自由》(*On British Freedom*) 和《女巫山的传说》(*The Legend of Monte della Sibilla/ Le Paradis de la Reine Sibille*) 由贺加斯出版社首次印行,插图由瓦奈萨·贝尔和邓肯·格兰特绘制。

罗杰·弗莱的《邓肯·格兰特》(*Duncan Grant*) 和《卡斯提尔古国艺术之选粹》(*A Sampler of Castile*) 两部著作首次印行。

E. M. 福斯特的《灯塔与铁笼》(*Pharos and Pharillon*) 一书首次印行。

J. M. 凯恩斯的《货币改革论》(*A Tract on Monetary Reform*) 首次印行。

贺加斯出版社首次印行 T. S. 艾略特的《荒原》(*The Waste Land*)。

弗吉尼亚·伍尔夫创作的有关朱莉亚·玛格丽特·卡梅伦(*Julia Margaret Cameron*)的剧本《淡水:一部喜剧》(*Freshwater: A Comedy*)被搬上舞台,1935 年她又为另一次演出而修改了剧本。

伦纳德·伍尔夫编辑《费边合作社论文集》(*Fabian Essays on Co-operation*)。

J. M. 凯恩斯成为《民族和雅典娜神庙》(*Nation and Athenaeum*)

杂志的董事会主席,伦纳德·伍尔夫担任文学编辑,1930 年离职。

戴维·加尼特的《太太变狐狸》(*Lady into Fox*)首次印行。

1924 E. M. 福斯特的小说《印度之行》首次印行。

玛丽·麦卡锡的《19 世纪的童年生活》(*A Nineteenth-Century Childhood*)首次印行。

弗吉尼亚·伍尔夫的《贝内特先生和布朗太太》(*Mr Bennett and Mrs Brown*)首次印行。

罗杰·弗莱的《艺术家和心理分析》(*The Artist and Psycho-analysis*)一书首次印行。

贺加斯出版社首次印行弗洛伊德的《文选》(*Collected Papers*),并开始建立心理分析著作藏书库(the Psycho-Analytic Library);"贺加斯论文集"(The Hogarth Essays)系列丛书开始出版。

利顿·斯特雷奇、卡琳顿和拉尔夫·帕特里奇迁至位于贝克郡的汉姆斯珀雷屋(Ham Spray House)。

伍尔夫夫妇(以及贺加斯出版社)迁至布鲁姆斯伯里的塔维斯托克广场(Tavistock Square)。

戴维·加尼特的《动物园里的男子》(*The Man in the Zoo*)一书首次印行。

1925 弗吉尼亚·伍尔夫的随笔《普通读者》(*The Common Readers*)和小说《达洛卫夫人》(*Mrs Dalloway*)首次印行。

伦纳德·伍尔夫的《恐惧与政治:动物园里的一场辩论》(*Fear and Politics: A Debate at the Zoo*)首次印行。

J. M. 凯恩斯的《丘吉尔先生政策的经济后果》(*The Economic Consequence of Mr Churchill*)及《俄国略览》(*A Short View of Russia*)首次印行。

E. M. 福斯特的《匿名》(*Anonymity*)首次印行。

利顿·斯特雷奇1912年创作的剧本《天之骄子》(*The Son of Heaven*)被搬上舞台；斯特雷奇在剑桥大学作了关于蒲柏的演讲。

J. M. 凯恩斯和莉迪亚·洛普科娃结婚；凯恩斯游览俄国，随后租住在位于查尔斯顿庄园附近的"提尔顿"(Tilton)，那里成为他长期的乡村别墅。

弗吉尼亚·伍尔夫病倒，为时三个月。

弗吉尼亚·伍尔夫和维塔·萨克维尔-韦斯特结识并且成为挚友。

1926 罗杰·弗莱的《变形》(*Transformations*)和《艺术与商业》(*Art and Commerce*)两部著作首次印行。

《朱莉亚·玛格丽特·卡梅伦，维多利亚时代名人名媛的相片集》(*Julia Margaret Cameron, Victorian Photographs of Famous Men and Fair Women*)由贺加斯出版社首次印行，罗杰·弗莱和弗吉尼亚·伍尔夫为此书撰写引言。

阿德里安·斯蒂芬和卡琳·斯蒂芬获得医学学士学位，获得心理分析师资格。

戴维·加尼特的《水手归来》(*The Sailor's Return*)一书首次印行。

1927 弗吉尼亚·伍尔夫的小说《到灯塔去》(*To the Lighthouse*)首次

印行。

克莱夫·贝尔的《19世纪绘画的里程碑》(*Landmarks in Nineteenth-Century*)首次印行。

伦纳德·伍尔夫的《关于文学、历史和政治等的文选》(*Essays on Literature, History, Politics, Etc.*)及《寻找博学之人》(*Hunting the Highbrow*)首次印行。

E. M. 福斯特在剑桥大学"克拉克讲座"(Clark Lectures)发表演讲,该演讲后被整理成《小说面面观》(*Aspects of the Novel*)一书出版;E. M. 福斯特成为国王学院研究员。

罗杰·弗莱的《佛兰德斯艺术》(*Flemish Art*)和《塞尚》(*Cézanne*)两部著作首次印行;弗莱将夏尔·莫隆(*Charles Mauron*)的《美在艺术和文学中的本质》(*The Nature of Beauty in Art and Literature*)译成英文;弗莱在女王音乐大厅(the Queen's Hall)作多场关于佛兰德斯艺术的讲座,并成为国王学院荣誉研究员。

"贺加斯文学讲座"(The Hogarth Lectures on Literature)系列丛书开始出版。

朱利安·贝尔入读剑桥大学国王学院。

戴维·加尼特的《她必须离开!》(*Go She Must!*)首次印行。

1928 克莱夫·贝尔的《文明》(*Civilization*)和《普鲁斯特》(*Proust*)首次印行。

伦纳德·伍尔夫的《帝国主义与文明》(*Imperialism and Civilization*)首次印行。

E. M. 福斯特的《永恒的时刻及其他故事》(*The Eternal Moment*

and Other Stories》首次印行。

弗吉尼亚·伍尔夫的《奥兰多》(Orlando: A Biography)首次印行。

利顿·斯特雷奇的《伊丽莎白女王和埃塞克斯伯爵》(Elizabeth and Essex: A Tragic History)首次印行。

德斯蒙德·麦卡锡继埃德蒙·格斯(Edmund Gosse)之后担任《星期日泰晤士报》(Sunday Times)高级文学评论家；又担任《生活与文学》(Life and Letters)的编辑，直至1933年。

贝尔夫妇及邓肯·格兰特开始在位于马赛附近的卡西(Cassis)的"牧女居"(La Bergère)定期居住，伍尔夫夫妇和罗杰·弗莱经常过来同住，1938年之后这种情况才发生改变。

斯特雷奇夫人去世。

1929 弗吉尼亚·伍尔夫的《一间自己的房间》(A Room of One's Own)首次印行。

邓肯·格兰特举办自己1910～1929年间所创作的作品的回顾展。

德斯蒙德·麦卡锡在剑桥大学的"克拉克讲座"发表关于拜伦的演讲。

1930 玛丽·麦卡锡的《驳菲茨杰拉德之观点及其他论文》(Fighting Fitzgerald and Other Papers)首次印行。

罗杰·弗莱的《亨利·马蒂斯》(Henri Matisse)首次印行。

J.M.凯恩斯的《论货币》(A Treatise on Money)(两卷)首次印行。

瓦奈萨·贝尔在伦敦举办个人画展。

伦纳德·伍尔夫帮助创办《政治季刊》(Political Quarterly),次年出任该刊编辑,1959年离职。

《贺加斯每日手册》(Hogarth Day to Day Pamphlets)开始发行。

1931 弗吉尼亚·伍尔夫的《海浪》(The Waves)首次印行。

克莱夫·贝尔的《法国绘画简介》(An Account of French Painting)首次印行。

德斯蒙德·麦卡锡的《肖像》(Portraits)首次印行。

伦纳德·伍尔夫的《洪水之后》(After the Deluge)(第一卷)首次印行。

利顿·斯特雷奇的《微型肖像》(Portraits in Miniature)首次印行。

J. M. 凯恩斯的《说服文章》(Essays in Persuasion)首次印行。

E. M. 福斯特的《致马丹·布兰查德的一封信》(A Letter to Madan Blanchard)首次印行(为"贺加斯书信集"系列丛书的第一种)。

罗杰·弗莱举办绘画回顾展。

约翰·莱曼加入贺加斯出版社,次年离开。

1932 弗吉尼亚·伍尔夫的《普通读者》第二辑及《致一位青年诗人的一封信》(A Letter to a Young Poet)首次印行。

德斯蒙德·麦卡锡的《批评》(Criticism)首次印行。

罗杰·弗莱的《法国艺术的特征》(Characteristics of French Art)和《绘画和雕塑的艺术》(The Arts of Painting and Sculp-

ture)首次印行。

利顿·斯特雷奇去世；卡琳顿自杀身亡。

罗杰·弗莱在女王音乐厅作演讲数场。

瓦奈萨·贝尔和邓肯·格兰特在伦敦举办最近画作展览。

贺加斯出版社开始出版"新署名"(New Signatures)系列丛书。

1933 罗杰·弗莱的《作为学术研究的艺术史》(*Art-History as an Academic Study*)首次印行。

J. M. 凯恩斯的《精英的聚会》(*Essays in Biography*)首次印行。

伦纳德·伍尔夫编辑《聪明人士阻止战争的方式》(*The Intelligent Man's Way to Prevent War*)。

弗吉尼亚·伍尔夫的《爱犬富莱西》(*Flush: A Biography*)首次印行。

利顿·斯特雷奇的论文集《人物与评论》(*Characters and Commentaries*)首次印行。

罗杰·弗莱被任命为剑桥大学的斯拉德艺术教授。

克莱夫·贝尔担任《新政治家与国家》(*New Statesman and Nation*)的艺术批评家，直至1943年离职。

1934 克莱夫·贝尔的《欣赏绘画：在国家美术馆以及其他地方的沉思》(*Enjoying Pictures: Meditations in the National Gallery and Elsewhere*)首次印行。

E. M. 福斯特的《戈兹沃西·洛斯·狄金森》(*Goldsworthy Lowes Dickinson*)首次印行。

罗杰·弗莱的《英国绘画回顾》(*Reflections on British Painting*)

首次印行。

弗吉尼亚·伍尔夫的《沃尔特·希克特：一次谈话》(*Walter Sickert: A Conversation*)首次印行。

罗杰·弗莱去世。

瓦奈萨·贝尔举办画展。

1935 德斯蒙德·麦卡锡的《经验》(*Experience*)首次印行。

伦纳德·伍尔夫的《夸克，夸克！》(*Quack, Quack!*)首次印行。

瓦奈萨·贝尔和邓肯·格兰特被委以装饰"玛丽女王"号的任务，但是邓肯的设计最后遭到否决。

J. M. 凯恩斯帮助剑桥大学创立艺术剧院。

1936 J. M. 凯恩斯的《就业、利息和货币通论》(*The General Theory of Employment, Interest and Money*)首次印行。

E. M. 福斯特的《在阿宾格村的收获》(*Abinger Harvest*)首次印行。

玛丽·麦卡锡的《残障：六份研究》(*Handicaps: Six Studies*)首次印行。

伦纳德·伍尔夫的《联盟与阿比西尼亚》(*The League and Abyssinia*)首次印行。

阿德里安·斯蒂芬的《"大无畏号"战舰恶作剧》(*The "Dreadnought" Hoax*)首次印行。

由罗杰·弗莱翻译的斯特凡·马拉美(Stephane Mallarmé)的《诗集》(*Poems*)首次印行，附有夏尔·莫隆所作评论。

弗吉尼亚·伍尔夫病倒,为时两个月。

1937 弗吉尼亚·伍尔夫的《岁月》(*The Years*)首次印行。

玛丽·麦卡锡的《节日及其他》(*The Festival, Etc.*)首次印行。

德斯蒙德·麦卡锡在剑桥大学的"莱斯利·斯蒂芬讲座"(The Leslie Stephen Lecture)发表关于莱斯利·斯蒂芬的演讲。

瓦奈萨·贝尔举办画展。

邓肯·格兰特举办画展。

朱利安·贝尔在西班牙丧生。

J.M.凯恩斯患重病。

1938 弗吉尼亚·伍尔夫的《三个几尼》(*Three Guineas*)首次印行。

克莱夫·贝尔的《好战者》(*Warmongers*)首次印行。

E.M.福斯特的《英格兰的乐土:一出露天历史剧》(*England's Pleasant Land: A Pageant Play*)首次印行。

朱利安·贝尔的《论文、诗歌和书信》(*Essays, Poems and Letters*)首次印行,该书编者为昆汀·贝尔。

由利顿·斯特雷奇和罗杰·福尔福德(Roger Fulford)编辑的《格雷维尔的日记》(*The Greville Memoirs*)首次印行,共八卷。

约翰·莱曼收购弗吉尼亚·伍尔夫在贺加斯出版社的股份,并以总经理及合伙人的身份重新加入该出版社。

伦纳德·伍尔夫被任命为民事仲裁法庭(the Civil Service Arbitration Tribunal)仲裁员,任职共十七年。

J.M.凯恩斯向"传记俱乐部"朗读他所发表的一篇演说词《我的早期信仰》(*My Early Beliefs*)。

1939 伦纳德·伍尔夫的《洪水之后》第二卷、《门口的野蛮人》(*The Barbarians at the Gate*)及《旅馆》(*The Hotel*)首次印行。

E. M. 福斯特的《我的信念》(*What I Believe*)首次印行。

罗杰·弗莱的《最后的演讲》(*Last Lectures*)首次印行。

伍尔夫夫妇及贺加斯出版社迁至梅克伦堡广场(Mecklenburgh Square)37 号。

安杰莉卡·贝尔举办 21 岁生日聚会,这次聚会成为"布鲁姆斯伯里文化圈的最后一次聚会"。

1940 弗吉尼亚·伍尔夫的《罗杰·弗莱传》(*Roger Fry: A Biography*)首次印行。

德斯蒙德·麦卡锡的《戏剧》(*Drama*)首次印行。

伦纳德·伍尔夫的《和平之战》(*The War for Peace*)首次印行。

位于梅克伦堡广场的贺加斯出版社遭到轰炸,随后迁至赫特福德郡(Hertfordshire)。

整个战争期间,E. M. 福斯特定期参与英国广播公司向印度播送的节目的制作。

1941 弗吉尼亚·伍尔夫的《幕间》(*Between the Acts*)首次印行。

弗吉尼亚·伍尔夫自杀身亡。

瓦奈萨·贝尔举办画展。

1942 E. M. 福斯特的《弗吉尼亚·伍尔夫》(*Virginia Woolf*)首次印行。

弗吉尼亚·伍尔夫的《飞蛾之死及其他随笔》(*The Death of the*

Moth and Other Essays)首次印行。

安杰莉卡·贝尔和戴维·加尼特结婚。

J. M. 凯恩斯担任音乐和艺术激励委员会(the Committee for the Encouragement of Music and the Arts)主席,该组织于 1945 年改为艺术协会(the Arts Council);凯恩斯被授予贵族头衔。

1943 弗吉尼亚·伍尔夫的《闹鬼的房子及其他短篇小说》(*A Haunted House and Other Short Stories*)首次印行。

瓦奈萨·贝尔、邓肯·格兰特和昆汀·贝尔完成为伯里克(Berwick)教区教堂创作的绘画,伯里克是位于苏塞克斯郡的弗勒附近的一个村庄。

1944 J. M. 凯恩斯出席在美国布雷顿森林(Bretton Woods)举办的一个国际会议。

1945 E. M. 福斯特当选国王学院荣誉研究员,并在母亲去世之后长期居住于国王学院。

BBC 播出 J. M. 凯恩斯的文章《艺术协会:政策与希望》(*The Arts Council: Its Policy and Hopes*)。

邓肯·格兰特举办个人画展。

J. M. 凯恩斯前往美国,为英国洽商一笔贷款。

1946 J. M. 凯恩斯获得荣誉勋章(Order of Merit),但在奖章颁发前夕辞世。

约翰·莱曼提出收购贺加斯出版社,但是伦纳德·伍尔夫却将出版社转让给了查图—温都斯书局(Chatto & Windus)。

1947 E. M. 福斯特的《故事集》(*Collected Tales*)首次印行。
弗吉尼亚·伍尔夫的《瞬间集》(*The Moment and Other Essays*)首次印行。

1948 阿德里安·斯蒂芬去世。

1949 J. M. 凯恩斯的《两份传记》(*Two Memoirs*)首次印行。

1950 弗吉尼亚·伍尔夫的《船长弥留之际及其他随笔》(*The Captain's Death Bed and Other Essays*)首次印行。

1951 德斯蒙德·麦卡锡的《萧》(*Shaw*)首次印行。
E. M. 福斯特的《对民主的两声欢呼》(*Two Cheers for Democracy*)首次印行;是年他又为本杰明·布里顿(Benjamin Britten)的歌剧《比利·巴德》(*Billy Budd*)创作歌词。
德斯蒙德·麦卡锡被封为爵士。

1952 德斯蒙德·麦卡锡去世。

1953 德斯蒙德·麦卡锡的《人性》(*Humanities*)和《回忆》(*Memories*)首次印行。
伦纳德·伍尔夫的《政治原理》(*Principle Politica*)(《洪水之后》的第三卷)首次印行。

弗吉尼亚·伍尔夫的《一位作家的日记》(*A Writer's Diary*)首次印行,该书编者为伦纳德·伍尔夫。

E.M.福斯特的《女神山》(*The Hill of Devi*)首次印行。

玛丽·麦卡锡去世。

戴维·加尼特的《洪亮的回声》(*The Golden Echo*)首次印行。

1954 德斯蒙德·麦卡锡的《剧院》(*Theatre*)首次印行。

1955 戴维·加尼特的《爱情面面观》(*Aspects of Love*)和《森林之花》(*The Flowers of the Forest*)首次印行。

1956 克莱夫·贝尔的《老朋友》(*Old Friends: Personal Recollections*)首次印行。

E.M.福斯特的《玛丽安·桑顿:一部家族史》(*Marianne Thornton: A Domestic Biography*)首次印行。

弗吉尼亚·伍尔夫和利顿·斯特雷奇的《书信集》(*Letters*)首次印行。

瓦奈萨·贝尔举办画展。

"传记俱乐部"举办最后一次聚会。

1957 邓肯·格兰特举办画展。

1958 弗吉尼亚·伍尔夫的《花岗岩与彩虹》(*Granite and Rainbow: Essays*)首次印行。

邓肯·格兰特为林肯大教堂里的罗素小教堂创作装饰画。

1959　邓肯·格兰特在泰特美术馆举办回顾展。

1960　伦纳德·伍尔夫的《播种》(Sowing: An Autobiography of the Years 1880~1904)首次印行;是年重游锡兰。

1961　伦纳德·伍尔夫的《成长》(Growing: An Autobiography of the Years 1904~1911)首次印行。
瓦奈萨·贝尔去世;人们举办瓦奈萨画展,以示纪念。

1962　伦纳德·伍尔夫的《锡兰日记:1908~1911》(Diaries in Ceylon: 1908~1911)首次印行。
萨克逊·锡德尼-特纳去世。
戴维·加尼特的《熟悉的脸庞》(The Familiar Faces)首次印行。

1964　伦纳德·伍尔夫的《重新开始》(Beginning Again: An Autobiography of the Years 1911~1918)首次印行。
利顿·斯特雷奇的《旁观的随笔》(Spectatorial Essays)首次印行。
是年举办"邓肯·格兰特和他的世界:一次画展"。
英国艺术协会为瓦奈萨·贝尔举办纪念画展。
克莱夫·贝尔去世。

1965　弗吉尼亚·伍尔夫的《论当代作家》(Contemporary Writers)首次印行。

1967 伦纳德·伍尔夫的《一路下滑：1919～1939》(*Downhill All the Way: 1919～1939*)首次印行。

1969 伦纳德·伍尔夫的《非关到达事宜之旅》(*The Journey Not the Arrival Matters: An Autobiography of the Years 1939～1969*)首次印行。
英国艺术协会举办邓肯·格兰特的肖像画展。
E. M. 福斯特被授予荣誉勋章。
伦纳德·伍尔夫去世。

1970 E. M. 福斯特去世。
卡琳顿的《书信以及她的日记之摘选》(*Letters and Extracts from Her Diaries*)首次印行，该书编者为戴维·加尼特。

1971 E. M. 福斯特的《莫里斯》和 *Albergo Empedocle and Other Writings* 首次印行。
利顿·斯特雷奇的《自画像》(*Lytton Strachey by Himself: A Self-Portrait*)首次印行。

1972 罗杰·弗莱的《书信集》(*Letters*)(两卷本)首次印行。
E. M. 福斯特的《即将到来的生活及其他故事》(*The Life to Come and Other Stories*)首次印行。
利顿·斯特雷奇的《真正有趣的问题及其他文章》(*The Really Interesting Question and Other Papers*)首次印行。
邓肯·格兰特举办水彩作品和素描作品画展。

1973 弗吉尼亚·伍尔夫的《达洛卫夫人的派对：超短篇系列》(*Mrs Dalloway's Party: A Short Short Sequence*) 首次印行。

1975 《弗吉尼亚·伍尔夫书信集》(*The Letters of Virginia Woolf*) 开始出版(至1980年，共出六卷)。

1976 弗吉尼亚·伍尔夫的《存在的瞬间》(*Moments of Being*) 首次印行(1985年出版增订本)。

1977 《弗吉尼亚·伍尔夫日记》(*The Diary of Virginia Woolf*) 开始出版(至1984年，共出五卷)。
弗吉尼亚·伍尔夫的《书和画像》(*Books and Portraits*) 首次印行。

1978 邓肯·格兰特去世。
E.M.福斯特的《备忘录》(*Commonplace Book*) 摹本首次印行；该摹本于1985年被转录。

1979 戴维·加尼特的《知己》(*Great Friends*) 首次印行。

1980 E.M.福斯特的《北极之夏及其他小说》(*Arctic Summer and Other Fiction*) 首次印行。

1981 戴维·加尼特和莉迪亚·凯恩斯去世。

1983 《E. M. 福斯特书信选》(*Selected Letters of E. M. Forster*)开始出版（至1985年,共出两卷）。

1985 弗吉尼亚·伍尔夫的《短篇小说全集》(*The Complete Shorter Fiction*)首次印行（1989年出版增订本）。

1986 《弗吉尼亚·伍尔夫散文集》(*Essays of Virginia Woolf*)开始出版（至今共出六卷）。

1989 《伦纳德·伍尔夫书信集》(*Letters of Leonard Woolf*)首次印行。

1990 《弗吉尼亚·伍尔夫的早期日记》(*The Early Journals of Virginia Woolf*)首次印行。

1993 《瓦奈萨·贝尔书信选》(*Selected Letters of Vanessa Bell*)首次印行。

参考书目

以下是关于布鲁姆斯伯里文化圈成员的主要著作,以及相关的传记、评论的参考书目。除有特殊说明之外,所列书目的出版地都是伦敦,所列出版时间都是首次出版时间。

布鲁姆斯伯里文化圈

Anscombe, Isabelle, *Omega and After: Bloomsbury and the Decorative Arts*, 1981

Bell, Quentin, *Bloomsbury*, 1968

– *Elders and Betters*, 1995

Bell, Quentin, Angelica Garnett, Richard Shone, *Charleston Past and Present*, 1987

Bloomsbury: The Artists, Authors, and Designers by Themselves. Ed. Gillian Naylor, 1990

Bloomsbury Group Reader, A. Ed. S. P. Rosenbaum, Oxford, 1993

Coss, Melinda, *Bloomsbury Needlepoint from the Tapestries at Charleston*

Farmhouse, 1992

Garnett, Angelica, *Deceived by Kindness: A Bloomsbury Childhood*, 1984

Palmer, Alan and Veronica, *Who's Who in Bloomsbury*, Brighton, 1987

Richardson, Elizabeth P., *A Bloomsbury Iconography*, Winchester, Hampshire, 1989

Rosenbaum, S. P., *Edwardian Bloomsbury: The Early Literary History of the Bloomsbury Group*, vol. 2, 1994

— *Victorian Bloomsbury: The Early Literary History of the Bloomsbury Group*, vol. 1, 1987

Shone, Richard, *Bloomsbury Portraits: Vanessa Bell, Duncan Grant, and Their Circle*, 2nd edition, 1993

Twitchell, Beverly H., *Cézanne and Formalism in Bloomsbury*, Ann Arbor, Michigan, 1987

克莱夫·贝尔

克莱夫·贝尔所著作品

评论

Art (1914), ed. J. H. Bullen, Oxford, 1987

Pot-Boilers, 1918

Since Cézanne, 1922

Landmarks in Nineteenth-Century Painting, 1927

Proust, 1928

An Account of French Painting, 1931

Enjoying Pictures: Meditations in the National Gallery and Elsewhere, 1934

社会与政论作品

Peace at Once, Manchester, 1915

On British Freedom, 1923

Civilization: An Essay, 1928

Warmongers, 1938

诗集

Editor and contributor, *Euphrosyne: A Collection of Verse*, Cambridge, 1905

Ad Familiares, privately printed, 1917

Poems, Richmond, Surrey, 1921

The Legend of Monte della Sibilla or Le Paradis de la Reine Sibille, Richmond, Surrey, 1923

自传

Old Friends: Personal Recollections, 1956

关于克莱夫·贝尔的作品

Bywater, William G., *Clive Bell's Eye*, Detroit, 1975

Laing, Donald A., *Clive Bell: An Annotated Bibliography of the Published Writings*, New York, 1983

瓦奈萨·贝尔

Dunn, Jane, *A Very Close Conspiracy: Vanessa Bell and Virginia Woolf*, 1990

Gillespie, Diane Filby, *The Sisters' Arts: The Writing and Painting of Virginia Woolf and Vanessa Bell*, Syracuse, New York, 1988

Selected Letters of Vanessa Bell, ed. Regina Marler, 1993

Spalding, Frances, *Vanessa Bell*, 1983

Vanessa Bell's Family Album, ed. Quentin Bell and Angelica Garnett, 1981

多拉·卡琳顿

Carrington: Letters and Extracts from Her Diaries, ed. David Garnett, 1970

Carrington, Noel, *Carrington: Paintings, Drawings, and Decorations*, Oxford, 1978

Gerzina, Gretchen, *Carrington: A Life of Dora Carrington 1893 ~ 1932*, 1989

Hill, Jane, *The Art of Dora Carrington*, 1994

摩根·福斯特

摩根·福斯特所著作品

文集

The Abinger Edition of E. M. Forster, edited by Oliver Stallybrass and Elizabeth Heine: vol. 1: *Where Angels Fear to Tread*, vol. 2: *The Longest Journey*, vol. 3: *A Room with a View*, vol. 4: *Howards End*, vol. 4a: *The Manuscripts of "Howards End"*, vol. 6: *A Passage to India*, vol. 6a: *The Manuscripts of "A Passage to India"*, vol. 8: *The Life to Come and Other Stories*, vol. 9: *Arctic Summer and Other Fiction*, vol. 11: *Two Cheers for Democracy*, vol. 12: *Aspects of the Novel*, vol. 13: *Goldsworthy Lowes Dickinson*. vol. 14: *The Hill of Devi and Other Indian Writings*

小说

Where Angels Fear to Tread, Edinburgh, 1905

The Longest Journey, Edinburgh, 1907

A Room with a View, 1908

Howards End, 1910

The Celestial Omnibus and Other Stories, 1911

The Story of the Siren, Richmond, Surrey, 1920

A Passage to India, 1924

The Eternal Moment and Other Stories, 1928

Maurice, 1971

The Life to Come and Other Stories, 1972

随笔、评论及其他

Alexandria: A History and a Guide, Alexandria, 1922

Pharos and Pharillon, Richmond, Surrey, 1923

Anonymity, 1925

Letter to Madan Blanchard, 1931

Abinger Harvest, 1936

What I Believe, 1939

England's Pleasant Land: A Pageant Play, 1940

Virginia Woolf, Cambridge, 1942

Two Cheers for Democracy, 1951

Albergo Empedocle and Other Writings, ed. George H. Thomson, New York, 1971

传记和自传

Goldsworthy Lowes Dickinson, 1934

The Hill of Devi, Being Letters from Dewas State Senior, 1953

Marianne Thornton: A Domestic Biography, 1956

Commonplace Book, ed. Philip Gardner, 1985

Selected Letters of E. M. Forster, ed. Mary Lago and P. N. Furbank, 2 vols., 1983~1985

关于摩根·福斯特的作品

Aspects of E. M. Forster: Essays and Recollections Written for His Ninetieth Birthday, ed. Oliver Stallybrass, 1969

E. M. Forster: The Critical Heritage, ed. Philip Gardner, 1973

Furbank, P. N., *E. M. Forster: A Life*, 2 vols., 1977~1978

Kirkpatrick, B. J., *A Bibliography of E. M. Forster*, 2nd edition, Oxford, 1968

McDowell, Frederick P. W., *E. M. Forster: An Annotated Bibliography of Writings about Him*, De Kalb, Illinois, 1976

Stape, J. H., *An E. M. Forster Chronology*, 1993

Summers, Claude J., *E. M. Forster*, New York, 1983

Summers, Claude J., *E. M. Forster: A Guide to Research*, New York, 1991

Trilling, Lionel, *E. M. Forster*, Norfolk, Connecticut, 1943

罗杰·弗莱

罗杰·弗莱所著作品

评论

Giovanni Bellini, 1899

Sir Joshua Reynolds, *Discourses*, introduction and notes by Roger Fry, 1905

Vision and Design (1920), ed. J. H. Bullen, Oxford, 1981

The Artist and Psycho-analysis, 1924

Art and Commerce, 1926

Transformations: Critical and Speculative Essays on Art, 1926

Cézanne: A Study of His Development, 1927

Flemish Art: A Critical Survey, 1927

Henri-Matisse, Paris, 1930

Characteristics of French Art, 1932

Reflections on British Painting, 1934

Last Lectures, Cambridge, 1939

其他作品

Twelve Original Woodcuts, Richmond, Surrey, 1921

A Sampler of Castile, Richmond, Surrey, 1923

(Translator) Stephane Mallarmé, *Poems*, with commentaries by Charles Mauron, 1936

Letters of Roger Fry, ed. Denys Sutton, 2 vols., 1972

关于罗杰·弗莱的作品

Collins, Judith, *The Omega Workshops*, 1983

Laing, Donald A., *An Annotated Bibliography of the Published Writings*, New York, 1979

Spalding, Frances, *Roger Fry: Art and Life*, 1980

Woolf, Virginia, *Roger Fry* (1940), ed. Diane Filby Gillespie, Oxford, 1995

戴维·加尼特

小说

Lady into Fox, 1922

A Man in the Zoo, 1924

The Sailor's Return, 1925

Go She Must! 1927

The Old Dovecote and Other Stories, 1928

No Love, 1929

The Grasshoppers Come, 1931

A Terrible Day, 1932

Beany-Eye, 1935

Aspects of Love, 1955

A Shot in the Dark, 1958

A Net for Venus, 1959

Two by Two, A Story of Survival, 1963

Ulterior Motives, 1966

A Clean Slate, 1971

The Sons of the Falcon, 1972

Purl and Plain and Other Stories, 1973

Plough Over the Bones, 1973

Up She Rises, 1977

历史作品与传记

Pocahontas, Or the Nonparell of Virginia, 1933

War in the Air, September 1939 to May 1941, 1941

The Campaign in Greece and Crete, 1942

自传

A Rabbit in the Air. Notes from a Diary Kept While Learning to Handle an Aeroplane, 1932

The Golden Echo, 1953

The Flowers of the Forest, Being Volume Two of The Golden Echo, 1955

The Familiar Faces, Being Volume Three of The Golden Echo, 1962

Great Friends: Portraits of Seventeen Writers, 1979

邓肯·格兰特

Living Painters: Duncan Grant, with an introduction by Roger Fry, Richmond, Surrey, 1923

Mortimer, Raymond, *Duncan Grant*, Harmondsworth, Middlesex, 1948

Watney, Simon, *The Art of Duncan Grant*, 1990

约翰·梅纳德·凯恩斯

约翰·梅纳德·凯恩斯所著作品

文集

The Collected Writings of John Maynard Keynes, ed. D. E. Moggridge et al., 29 vols. 1971~1989; vol. 30 Bibliography and Index, 1971~1989

经济学著作

Indian Currency and Finance, 1913

The Economic Consequences of the Peace, 1919

A Revision of the Treaty, 1922

A Tract on Monetary Reform, 1923

The Economic Consequences of Mr Churchill, 1925

A Treatise on Money, 2 vols., 1930

Essays in Persuasion, 1931

The General Theory of Employment, Interest and Money, 1936

传记和自传

Essays in Biography, 1933

Two Memoirs, 1949

其他作品

A Treatise on Probability, 1921

A Short View of Russia, 1925

The Arts Council: Its Policy and Hopes, (1945) 1951

关于约翰·梅纳德·凯恩斯的作品

Essays on John Maynard Keynes, ed. Milo Keynes, Cambridge, 1975

Keynes and the Bloomsbury Group, ed. Derek Crabtree and A. P. Thirlwall, 1980

Mini, Piero V., *Keynes, Bloomsbury and the General Theory*, 1991

Moggridge, D. E., *Maynard Keynes: An Economist's Biography*, 1992

Skidelsky, Robert, *J. M. Keynes: Hopes Betrayed, 1883 ~ 1920; The Economist as Saviour, 1920 ~ 1937*, 3 vols., 1983 ~

德斯蒙德·麦卡锡

德斯蒙德·麦卡锡所著作品

评论

The Court Theatre 1904 ~ 1907: A Commentary and Criticism (1907), ed. Stanley Weintraub, Coral Gables, Florida, 1966

Remnants, 1918

Portraits I (no further volumes issued), 1931

Criticism, 1932

Experience, 1935

Leslie Stephen, Cambridge, 1937

Drama, 1940

Shaw, 1951

Humanities, 1953

Memories, 1953

Theatre, 1954

关于德斯蒙德·麦卡锡的作品

Cecil, Hugh and Mirabel, *Clever Hearts: Desmond and Molly MacCarthy, A*

Biography, 1990

Desmond MacCarthy, The Man and His Writings, ed. David Cecil, 1984

玛丽·麦卡锡

玛丽·麦卡锡所著作品

小说

A Pier and a Band, 1918 (reprinted "With an Introductory Appreciation by David Garnett", 1931)

自传

A Nineteenth-Century Childhood, 1924

随笔

Fighting Fitzgerald and Other Papers, 1930

Handicaps: Six Studies, 1936

The Festival, Etc., 1937

关于玛丽·麦卡锡的作品

Cecil, Hugh and Mirabel, *Clever Hearts: Desmond and Molly MacCarthy, A Biography*, 1990

利顿·斯特雷奇

利顿·斯特雷奇所著作品

文集

The Collected Works of Lytton Strachey, ed. James Strachey, 6 vols., 1948

传记和评论

Landmarks in French Literature, 1912

Eminent Victorians: Cardinal Manning, Florence Nightingale, Dr. Arnold, General Gordon, 1918

Queen Victoria, 1921

Books and Characters, French and English, 1922

Elizabeth and Essex: A Tragic History, 1928

Portraits in Miniature and Other Essays, 1931

Characters and Commentaries, ed. James Strachey, 1933

Spectatorial Essays, ed. James Strachey, 1964

诗歌、小说及其他

Contributor, *Euphrosyne: A Collection of Verse*, Cambridge, 1905

Ermyntrude and Esmeralda, 1969

The Really Interesting Question and Other Papers, ed. Paul Levy, 1972

书信和自传

Virginia Woolf and Lytton Strachey: Letters, ed. Leonard Woolf and James Strachey, 1956

Lytton Strachey by Himself: A Self-Portrait, ed. Michael Holroyd, 1971

关于利顿·斯特雷奇的作品

Edmonds, Michael, *Lytton Strachey: A Bibliography*, New York, 1981

Holroyd, Michael, *Lytton Strachey* (2 vols., 1967), 1994

Merle, Gabriel, *Lytton Strachey (1880 ~ 1932) biographie et critique d'un critique et biographe*, 2 vols., Paris, 1980

Spurr, Barry, *Diabolical Art: The Achievement of Lytton Strachey*, 1994

伦纳德·伍尔夫

伦纳德·伍尔夫所著作品

社会、政治、历史和评论性作品

International Government: Two Reports, 1916

The Future of Constantinople, 1917

Co-operation and the Future of Industry, 1918

Economic Imperialism, 1920

Empire and Commerce in Africa: A Study in Economic Imperialism, 1920

Socialism and Co-operation, 1921

Fear and Politics: A Debate at the Zoo, 1925

Essays on Literature, History, Politics, Etc., 1927

Hunting the Highbrow, 1927

Imperialism and Civilization, 1928

After the Deluge: A Study of Communal Psychology, 2 vols., 1931, 1939 (see also *Principia Politica*)

Quack, Quack! 1935

Barbarians at the Gate (*Barbarians Within and Without* – the American title), 1939

The War for Peace, 1940

Principia Politica: A Study of Communal Psychology (vol. 3 of *After the Deluge*), 1953

诗歌、小说和戏剧

Contributor, *Euphrosyne: A Collection of Verse,* Cambridge, 1905

The Village in the Jungle, 1913

The Wise Virgins: A Story of Words, Opinions and Few Emotions, 1914

"Three Jews", Virginia and L. S. Woolf, *Two Stories*, Richmond,

Surrey, 1917

Stories of the East, Richmond, Surrey, 1921

The Hotel, 1939

自传

Sowing: An Autobiography of the Years 1880 ~ 1904, 1960

Growing: An Autobiography of the Years 1904 ~ 1911, 1961

Diaries in Ceylon, 1908 ~ 1911: Records of a Colonial Administrator, 1963

Beginning Again: An Autobiography of the Years 1911 ~ 1918, 1964

Downhill All the Way: An Autobiography of the Years 1919 ~ 1939, 1967

The Journey Not the Arrival Matters: An Autobiography of the Years 1939 ~ 1969, 1969

Letters of Leonard Woolf, ed. Frederic Spotts, New York, 1989

关于伦纳德·伍尔夫的作品

Luedeking, Leila, and Michael Edmonds, *Leonard Woolf: A Bibliography*, Winchester, Hampshire, 1992

Meyerowitz, Selma S, *Leonard Woolf*, Boston, 1982

Wilson, Duncan, *Leonard Woolf: A Political Biography*, 1978

弗吉尼亚·伍尔夫

弗吉尼亚·伍尔夫所著作品

文集

The Shakespeare Head Press Edition of Virginia Woolf: *To the Lighthouse*, ed. Susan Dick, Oxford, 1992; *The Waves*, ed. James M. Haule and Philip H. Smith, Jr, Oxford, 1993; *Night and Day*, ed. J. H. Stape, Oxford, 1994; *Roger Fry*, ed. Diane Filby Gillespie, Oxford, 1995

小说

The Voyage Out, 1915

"The Mark on The Wall", Virginia and L. S. Woolf, *Two Stories*, Richmond, Surrey, 1917

Night and Day, 1919

Kew Gardens, Richmond, Surrey, 1921

Monday or Tuesday, Richmond, Surrey, 1921

Jacob's Room, Richmond, Surrey, 1922

Mrs Dalloway, 1925

To the Lighthouse, 1927

Orlando: A Biography, 1928

The Waves, 1931

The Years, 1937

Between the Acts, 1941

A Haunted House and Other Short Stories, 1943

The Complete Shorter Fiction, 2nd edition, ed. Susan Dick, 1985

随笔及其他

The Common Reader, 1925

A Room of One's Own, 1929

The Common Reader: Second Series, 1932

Three Guineas, 1938

The Death of the Moth and Other Essays, ed. Leonard Woolf, 1942

The Moment and Other Essays, ed. Leonard Woolf, 1947

The Captain's Death Bed and Other Essays, ed. Leonard Woolf, 1950

Granite and Rainbow: Essays, ed. Leonard Woolf, 1958

Contemporary Writers, ed. Jean Guiguet, 1965

The London Scene: Five Essays, New York, 1975

Books and Portraits, ed. Mary Lyon, 1977

The Essays of Virginia Woolf, 6 vols., ed. Andrew McNeillie, 1986 ~

传记及其他

Flush: A Biography, 1933

Roger Fry: A Biography, 1940

Freshwater: A Comedy, ed. Lucio Ruotolo, 1976

自传类作品

A Writer's Diary: Being Extracts from the Diary of Virginia Woolf, ed. Leonard Woolf, 1953

Virginia Woolf and Lytton Strachey, *Letters*, ed. Leonard Woolf and James Strachey, 1956

The Letters of Virginia Woolf, ed. Nigel Nicolson and Joanne Trautmann, 6 vols., 1975 ~ 1980

The Diary of Virginia Woolf, ed. Anne Olivier Bell and Andrew McNeillie, 5 vols., 1977 ~ 1984

Moments of Being, 2nd edition, ed. Jeanne Schulkind, 1985

The Early Journals of Virginia Woolf, ed. Mitchell A. Leaska, 1990

关于弗吉尼亚·伍尔夫的作品

Bell, Quentin, *Virginia Woolf: A Biography*, 2 vols., 1972

Bishop, Edward, *A Virginia Woolf Chronology*, 1989

Dick, Susan, *Virginia Woolf*, 1989

Dunn, Jane, *A Very Close Conspiracy: Vanessa Bell and Virginia Woolf*, 1990

Fuderer, Laura Sue, "Criticism of Virginia Woolf from 1972 ~ 1990: A Selected Checklist", *Modern Fiction Studies* 38 (Spring 1992), 303~342

Gillespie, Diane Filby, *The Sisters' Arts: The Writing and Painting of Virginia Woolf and Vanessa Bell*, Syracuse, New York, 1988

Gordon, Lyndall, *Virginia Woolf: A Writer's Life*, Oxford, 1984

Kirkpatrick, B. J., *A Bibliography of Virginia Woolf*, 3rd edition, Oxford, 1980

Majumdar, Robin, *Virginia Woolf: An Annotated Bibliography of Criticism, 1915~1974*, New York, 1976

Virginia Woolf: A Feminist Slant, ed. Jane Marcus, Lincoln, Nebraska, 1983

Virginia Woolf: The Critical Heritage, ed. Robin Majumdar and Allen McLaurin, 1975

Zwerdling, Alex, *Virginia Woolf and the Real World*, Berkeley, 1986

赠 书 卡

尊敬的读者：您好！

感谢您选购苏教版社科图书。为了更好地为您服务，让您及时了解我社图书的出版信息，请抽空填写此卡。凡购买我社附有此赠书卡的图书金额累计超过200元者，请将您收集的赠书卡填好寄回，即可获赠价值为您所购图书定价总和10%的图书(购买盗版书不在赠书之列)。请登陆www.likebook.com挑选您想要的赠书，我们将给您免费寄赠。

姓 名		性别		年龄		学历/职称	
工作单位							
通讯地址							
邮政编码			电话/传真				
E-mail							
是否愿意获得本社其他图书信息	□ 愿意 □ 不愿意		希望获得新书信息的方式		□ 信函　□ 传真 □ 电子邮件		
您选择的赠书书名							
您的建议							
本书信息	"布鲁姆斯伯里文化圈"/《岁月与海浪》 定价: 21.00元						

江苏教育出版社北京社科图书出版中心 发行部
(北京乐知博克出版顾问有限公司)
北京市西直门内五根檩胡同11号通华苑写字楼B101室
邮编:100035
邮购热线:010—62223842;62233619—810

裁切线